青蓝工程
专业能力必修系列

初中 **语文教师**
专业能力必修

chuzhong yuwen jiaoshi zhuanye nengli bixiu

教育部基础教育课程教材发展中心　组编

编委会主任：曹志祥　周安平
本　册　主　编：郑桂华

西南师范大学出版社
全国百佳图书出版单位　国家一级出版社

图书在版编目（CIP）数据

初中语文教师专业能力必修/郑桂华主编. —重庆：
西南师范大学出版社，2012.5
（青蓝工程系列丛书）
ISBN 978-7-5621-5713-7

Ⅰ.①初… Ⅱ.①郑… Ⅲ.①中学语文课—教学研究—初
中—师资培训—教材 Ⅳ.①G633.302

中国版本图书馆 CIP 数据核字（2012）第 077897 号

青蓝工程系列丛书
编委会主任：曹志祥　周安平
策　划：森科文化

初中语文教师专业能力必修
郑桂华　主编

责任编辑：钟小族　任占弟
封面设计：红十月设计室
出版发行：西南师范大学出版社
　　　　　　地址：重庆市北碚区天生路 1 号
　　　　　　邮编：400715　市场营销部电话：023-68868624
　　　　　　http://www.xscbs.com
经　销：新华书店
印　刷：重庆华林天美印务有限公司
开　本：787mm×1092mm　1/16
印　张：13.25
字　数：270 千字
版　次：2012 年 5 月　第 1 版
印　次：2015 年 8 月　第 4 次印刷
书　号：ISBN 978-7-5621-5713-7

定　价：27.00 元

《青蓝工程》
编委会名单

编者的话

在基础教育课程改革 10 周年之际，伴随着义务教育课程标准的再次修订与正式颁布，我们隆重推出这套"青蓝工程——学科教师专业能力必修系列"丛书。丛书立足于教师应该具备的最基本的教学专业知识与普适技能，为有效实施新修订的义务教育课程标准，深化基础教育课程改革，贯彻落实《国家中长期教育改革和发展规划纲要（2010－2020 年）》，助力素质教育高质量地推进提供了保证。

"教育大计，教师为本。"课程改革的有效实施和素质教育的贯彻落实需要一支高素质、专业化的教师队伍做支撑。教师的专业化发展在我国历来受到高度重视，但今天我国教师的专业化水平与社会的现实需求和时代的进步，特别是与教育改革发展的需要还存在着较大的差距。

以往，我们常常说教师要提高自身的专业水平或教学技能，但一个合格的教师究竟需要哪些最基本的专业知识与专业技能？教师的专业发展又该朝着哪个方向和目标去努力？这些问题，在教师专业化发展，尤其是在学科教师专业能力的提高上，一直以来并不是十分清晰。因此，我们聘请了当前活跃在基础教育学科领域的顶级专家，他们中的绝大多数是直接参与义务教育课程标准修订、审议或教材编写的资深学者，以担任相应学科的中小学教师应该（需要）了解（具备）的最基本的常识性知识和技能为出发点，总结了具有普适意义的学科教育教学知识和技能，力求推进教师教育教学能力的均衡发展，实现大多数教师教育教学能力的达标。从这个意义上，可以说这套丛书是教师专业化水平建设与发展的一个奠基工程，也是 10 年基础教育课程改革成果的结晶。我们希望青年教师不但能从书中充分汲取全国资深专家与优秀教师的经验、成果，更能"青出于蓝而胜于蓝"，在前辈的引领下，大胆创新，勇于超越，也因此，我们将丛书命名为"青蓝工程"。

丛书从"知识储备"和"技能修炼"两个维度展开论述（个别学科根据自身特点在目录形式上略有不同）。"知识储备"部分一般包括：①对学科课程价值的理解与认识；②修订后课标（义务教育）的主要精神；③针对该学段、该学科的教学所需的基本知识和内容等。"技能修炼"部分主要针对教学设计、目标把握、教学实施与教学评价等专题展开论述。每个专题下根据学科特点和当前教学实际设有几个小话题，以案例导入或结合案例的形式阐述教师教学所必需的技能以及形成这些技能所需要的方法和途径等。

本丛书具有权威性、系统性和普适性，希望对广大教师，特别是青年教师的专业成长能有实实在在的帮助。

丛书编委会
2012 年 1 月

目 录

C o n t e n t s

下篇　技能修炼　*109*

上 篇

知 识 储 备

在语文课堂教学中，语文教师常常会产生诸多困惑，如阅读怎么教？写作怎样教？口语交际怎样教？识字写字怎样教？实际上，这些涉及教师的知识储备问题，也是教师的基本功问题。语文教师只有掌握扎实的基本功，借鉴他人的经验，摸索属于自己的经验，才能解决上述困惑。

专题一 阅读教学

第一节 解读课文的基本流程

问题展示

秦老师：每次拿着课文备课，我总是不由自主地翻开教学参考书，接着就是上网搜索一些教学设计和课件，从参加工作到现在已经 5 年多了，我发现自己备课越来越离不开教参和网络了。前几天参加县里组织的教学基本功比赛，其中一个项目就是分析一篇散文，这篇教文应该是当代作家写的，但不是教材上的课文。我冥思苦想，都没有什么特别的好想法，于是写了一些我自己的理解，也不知道情况如何。平时不觉得自己解读文本的能力有多差，但这次离开了教参，离开了网络，才发现自己的基本功之差，不禁吓出了一身冷汗。我想请教，怎样才能提高文本解读的能力呢？

潘老师：我教语文 20 多年了，对备课、上课有自己的一套东西，拿到一篇课文，我只要看两遍，基本上就能抓住文章的重点，说出这篇课文的特点在哪里，应该教什么，虽然有时候与教参上的提示有很大距离。最近我带了一个徒弟，是一个研究生，他很佩服我这一点。他说这些文章他也都学过，看上去没有什么难懂的地方，可就是不知道应该教什么。他问我："您为什么能一眼就看出这样的地方？有没有简单易行的方法可以学？"老实说，我还真说不出什么道理，只是凭多年积累的经验而已，难道真有什么解读文章的法宝？

案例分析

秦老师和潘老师的疑问，都涉及对教材的理解、对教学内容的把握问题，这是许多教师都会遭遇到的。有的语文教师常常会问自己：为什么我会失去独立解读课文的能力？我该怎样解读一篇课文？我在处理课文时到底有多少主动性？面对一篇陌生的课文，我依据什么来确定教学目标？诸如此类的问题，常常让我们很纠结，尤其是青年教师。

解读文本和教学设计是语文教师的基本功，要用很多时间和精力去磨炼。但如果我们从教伊始，总是备课看教参，上网查资料，把那些东西改造成自己的教案，那么，我们用的只是别人的结论，教的只是别人的设计。日复一日，我们在大学读书时培养的那一点作品分析能力也就逐渐被消磨掉了，又如何能独立地解读文本、恰当地确定一篇课文的教学目标呢？

参考书和信息工具为备课提供了许多便利。但教参只能提供一些基本材料，而网络是一个大杂烩，水平参差不齐不说，并且都是别人的东西，因此都只能作为参考、辅助工具。要把它们变为自己的东西，关键还得教师自己有足够的处理能力、消化能力。也就是说，教师本身要具备较强的文本解读能力，才能使各种参考资料为我所用，化腐朽为神奇。

阅读分析能力不是一蹴而就的，需要长期的有意识地培养。我建议从以下几个方面入手，提升教师解读文本的能力。

首先，要大量阅读。我们说培养学生的语感要多读书，同理，培养教师的"文感"也得多读文章，并且是阅读不同体裁、不同风格的文章。有些女教师不喜欢读平实的说明文，也不喜欢读"枯燥"的议论文、调查报告等，这不仅会让人对这类文章越来越陌生，还会阻碍知识面的扩展，以及逻辑分析能力的提高。有些男老师不喜欢"矫情"的散文诗歌，觉得缺少阳刚气，但读这类文章，可以锻炼细腻的感觉神经，培养对文章的敏感度。因此，如果从个人的角度来说，喜欢读什么或不喜欢读什么都可以，但作为语文教师，必须强迫自己大量阅读不同种类、不同语言风格的文章。

其次，要阅读一些优秀的分析文章。其实，前人对一些经典课文、名家作品有许多精辟的解读，多翻阅这类文章，看看专家是怎么去分析一篇文章的，不仅能开阔眼界，而且无形之中就提升了分析能力。如果愿意进一步挑战自己的阅读能力，提升独立解读文本的能力，还需要阅读一些文艺理论和教育学书籍。现在，书店里文字学、文章学、叙述学、阐释学、学习理论的专业书籍很多，甚至教你"怎样读书"的书也不少，这类书可以帮助我们从本质上把握阅读是怎么回事，不同类型的文章该如何阅读等。比如，《如何阅读一本书》就把阅读的目的分为"为娱乐而阅读""为获得资讯而阅读""为追求理解力而阅读"；把阅读分为四个层次：基础阅读、检视阅读、分析阅读和主题阅读。这些大家之作会从根本上给我们以指引。

再次，要总结和掌握一些提高分析文本能力的方法。多阅读仅仅是打基础，其他方面的修炼也很重要，如养成独立思考的习惯、多与他人讨论、掌握一些解读文章的套路和方法、及时总结，这些也都是教师提高解读能力不可缺少的途径。那位潘老师虽然读书多，经验丰富，但没有及时总结，没有将经验上升为规律性的东西，知其然，而不知其所以然，所以就不能很好地将自己的经验传授给别人，这是很可惜的。

张大千说："作画如欲脱俗气、洗浮气、除匠气，第一是读书，第二是多读书，第三是有系统、有选择地读书。"我想作画如此，做语文老师也应如此。

理论点拨

阅读理解文本是语文教师的基本功之一。语文教师阅读课文与上学时读书的意图不一样，与一般读者读书看报的意图也不一样，因此，阅读角度、方法也都会有所不同。

普通读者为什么会去阅读一篇文章？他可能是为了获得信息，增加见识。他们读报纸，主要就是想知道最近发生了什么事，也可能是为了怡情养性或单纯娱乐；读诗歌、散文或小说，也许是出于个人兴趣爱好；看专业杂志，是为了了解每个领域的状况。当然，也有的人阅读文章纯粹就是为了消磨时间，并没有什么直接原因。以上这几类阅读活动，都是随个人意愿，比较随意，我们把这几类阅读叫做"自然状态下的阅读"。

一般来说，在自然阅读中，人们只要能读出"这篇文章写了些什么"或者"从这篇文章中悟出点什么"就算达到目的了，即停留在文章内容的层面。人们最多会想了解"作者为什么要写这篇文章"，即进入文章写作意图层面，阅读活动也就基本结束了。很少有人读完一篇文章会去思考这样一些问题："这篇文章是怎样写的？""这一段为什么要这样写？""这篇文章为什么会给我一种这样的感受？"这些是关于文章表达技巧与表达特点这一层面的问题。

当然，一个语文教师，平常在读一篇文章的时候，也可以把自己当做一位普通读者，但是一旦进入备课、设计等工作状态，他就与普通读者不一样了。语文教师阅读一篇课文应该经历这样三个阶段：

1. 普通读者的自然阅读，读出个人的感受与理解——"这篇文章表达了什么"

我们强调语文教师要专业阅读，不是不要自然阅读。恰恰相反，教师第一次接触一篇课文，最好是独立地在自然状态下完成阅读。

自然状态的阅读就是在没有任何辅助资料的情况下，独立地阅读课文、理解文意。这个阶段的关键是教师的自我体验，避免让他人的解读结论"先入为主"地代替自己的原始感受与理解。举个最简单的例子，我们若是先看了电视剧版的《红楼梦》，再去读《红楼梦》的原文，我们脑中黛玉、宝玉、宝钗的形象往往就是电视剧中演员塑造的形象。这种先入为主的印象给我们提供了一个迅速理解人物的框架，但也阻碍了我们对书中人物更丰富、更带有自己感情的想象，这就是受他人影响带来的弊端。而人们对重拍的电视剧《红楼梦》所选的演员多有不同看法，也与人们对原版电视剧演员形象认可的这种先入为主的观念有一定关系。然而，这一点往往会被教师所忽视。不少教师贪图省事，常常跳过自然阅读而直接去翻阅教参，或到网上搜索别人现成的教案。教师失去了对课文真实的感受和体验，对文章思想和语言的细微之处自然会缺乏独立的理解。他的教案可能写得洋洋洒洒，而实际上教师的"主体"则可能处于失语的状态。因为教师表达的，好像别人都说过了、说尽了，他再也说不出自己的阅读体验，更别说新鲜的观点了。这种先入为主的阅读带来的后果是，教师习惯做别人的"传声筒"，久而久之，教师就会成为一个被动的接受者、一个没有新观点的人。所以，在一定意义上说，提倡"自然状态的阅读"，也就是让我们的阅读触角保持敏锐和活力。

因此，我们拿到一篇课文以后，首先是让自己静下心来品味文章，本能地感受作者的真性情、真感觉，这对我们从真正意义上理解一篇课文是大有帮助的。

很多时候，我们能自己读出教参上没有写明的观点，感受到人物细微的情绪。有了这样的感受之后，再去进一步细读课文，再广泛涉猎有关参考资料，我们就不再是一个被动的接受者，而是带着自己的最初感知和体验，努力要和别人进行对话的积极的参与者。进行"自然状态的阅读"很多时候也是化被动为主动的一个过程，在这个过程中，教师自然而然地掌握了理解课文的主动权。

另外，自然阅读还有一层意义。教师在自然阅读中获得的体验，包括感受、理解、遇到的障碍，以及产生的疑问，这些东西很可能就是学生阅读课文的最初体验，因而自然阅读也是教师与学生进行有效沟通的方式。所以，初始的自然体验对我们确定教学内容、明确教学起点是至关重要的。

2. 语文教师的"定位"阅读，读出课文的教学价值——"这篇文章可以教什么"

完成"自然状态的阅读"之后，教师对课文有了丰富的感性体验，接下来就要以一名语文教师的身份再审视课文，由自然阅读转向专业阅读，以确定文章的教学价值。

课程改革的一个新观念就是"用教材教，而不是教教材"。用教材"教什么"？当然不是教教材本身，而是教隐含在教材中又对语文学习、生活和发展有价值的东西。这就需要教师把这些东西找出来，这个过程应经历两个阶段。

（1）找出课文中可能的教学价值点

和普通读者不一样，语文教师有自己的职业敏感，又有许多参考工具，在经过几遍的课文阅读后，就会比较容易地找出课文的许多特点。如主题、结构、文体、写作规律、人文素养，等等。这些都有可能成为学习一篇课文的目标，教师把这些内容找出来，就为下一步备课做好了充分准备。

考虑一篇文章的教学价值有哪些，可以提出下面这几个问题：

①这些内容是语文学习需要的，而不是非语文的。

②这些内容是文章里自然隐含的，而不是牵强赋予的。

③这些内容在这篇文章里是比较突出的，而不是无关紧要的。

④这些内容是这篇文章独有的，而不是所有文章所共有的。

把具备这些条件的内容列出来，这些内容中的每一点，都有可能成为教学设计的依托，成为这一课的教学目标。

（2）确定教材的核心教学价值

如上所述，一篇文章必然存在许多值得教的地方，而一堂课、一个教学单元的时间是有限的，因此，上面选出来的教学内容只能算是候选。而要完成教学设计，还必须从里边挑选最有价值、最值得教的东西。

首先，语文教师要抓住这篇课文的文体特点。每个文体包含着仅属于这种文体的语文知识和阅读路径等，应该把最能体现文体特点的内容找出来。其次，语文教师要了解这篇课文在教材体系中的地位。教材为什么把这篇课文放在这一册、这一个单元呢？课文一般都不是随意安排的，因为课文服从于单元，单元受制于整册教材，教材又服务于课程标准，所以，教材编者已经考虑了这篇文章基本的价值点了。因此，语文教师要仔细阅读教材单元提示、课后练习，从中发现教材所强调或暗示的教学价值。

教材的核心价值可以通过下面两个过程进行检验：

单篇课文——单元课文——整册教材——整个学段的几册教材。

整个学段的几册教材——整册教材——单元课文——单篇课文。

在检验教材核心价值的过程中，语文教师不妨看一看参考书，看一看他人对文章的解读和教案，以帮助自己确定合适的教学内容。

3. 为学生学习语文的"定点"阅读，读出课文的课程价值——"这堂课应该教什么"

备课中完成了上述阅读程序，对许多语文教师来说已经很不错了，可是要成为一个优秀语文教师还有一段距离。因为语文教师还没有经过最后一道关，这一关就是语文教师所在班级的情况，就是自己的学生。钱梦龙老师说过："我备课时最关心的问题，不是自己怎样教，而是学生怎样学——带着什么动机和情绪，以什么态度，用什么方法，等等。"钱老师说的不是套话、空话，这些话应该落实在备课中，而且体现在阅读教材的过程中。教师在分析教材的时候，要想着"教什么"与"怎样教"，不仅是从课文的角度想"教什么"，更要从自己班级学生的角度想"我今天应该教什么"。这就需要考虑自己的学生有哪些认知特点，学生的兴趣点是什么，学生原有的认知结构怎么样。当我们对学生有了足够的了解，再回头读教材时，才会心中有数，确定的教学内容才可能取舍有据、详略得当、深浅合宜。

以上是语文教师阅读一篇教材一般要经历的三个阶段。当然，在具体实践中，每一个教师都可以根据自己的特点灵活掌握阅读课文的步骤，不一定非要按部就班地做。福建特级教师陈日亮老师就曾把"如何确定教学内容"的经验总结为"三问"：

（1）先问自己这一篇为什么要"学"。如果回答因为是精品或是经典，那么，让学生知道"精"之所以为"精"，"典"之所以为"典"，就是这一篇课文的教学内容。如果回答是"因为既然编进了书本，所以要学"，那么实际学不学它也就无所谓了。

（2）再问这一篇为什么需要"教"。通常一篇文章不"教"也能"读"懂，否则它就不会有读者。那么为什么还需要"教"？你应该找出需要"教"的三五条理由，再根据"课标""学情"等筛选和提炼一下，教学内容就出来了。

（3）最后，还需确定"什么不教"。"不教"包括学生已经知道的"不教"，今天学生还不需要知道的"不教",不是本单元教学重点的"不教"。尽可能多地剔除"不需要教"的，才能使教学内容更精粹、任务更明确。

除了上述关于语文教师阅读课文的过程和方法以外，需要提醒的是，在阅读教材的过程中，教师还要有一种积极、主动的态度。教师阅读越主动，效果当然越好。

拓展延伸

孙绍振教授在《春天：九种不同的古典诗情》中分析了贺知章的《咏柳》的艺术价值，他对文本的解读细致入微。语文教师从他的分析中，能很容易认识到古诗词学习不只是朗读背诵，不只是对诗句大意的串讲，还包括品味古诗词炼字炼句的艺术，是对优美意境的欣赏，是对艺术感受的分享。下面一段文字是从孙先生的书中节选出来的，有兴趣的老师可以细读《名作细读：微观分析个案研究》，相信你会受到启发。

在这首诗里，最精彩的是后两句："不知细叶谁裁出，二月春风似剪刀。"赏析文章说，"比喻很巧妙"。巧在哪里呢？用还原法，首先就要问"二月春风"原来是不是"剪刀"？当然不是。不是剪刀，却要说它是剪刀，就有两种可能。第一，是歪曲了，但是，诗歌给人的感觉不是歪曲，而是充满了感染力，而且经受住了一千多年的历史考验。那么第二，可以肯定它是有艺术的。但是，有人说，本来"春风"是柔和的、温暖的，一般来说，不用剪刀来形容的。也有人说，"二月春风"，虽然说的是阴历，等于阳历的3月，毕竟还是初春，还有一点冷的，所以用刀来形容并不是绝对不合适的。这有一点道理。但是，同样是刀，为什么只有剪刀比较贴切？如果换一把刀——"二月春风似菜刀"——行不行呢？显然是笑话。这是因为，汉语的潜在特点在起作用。前面一句"不知细叶谁裁出"有个"裁"字，后面"剪"字才不突兀。如果是英语，就没有这种联想的自由和顺畅。在汉语中，"剪"与"裁"是现成的组合关系。

这是诗人的锦心绣口，对汉语潜在功能的成功探索。而这种成功的探索，表现的并不仅仅是大自然的特征，更重要的是诗人对大自然的美的惊叹。那么，美在哪里呢？

诗中第二句说"万条垂下绿丝绦"，意思是柳丝茂密，用还原法分析，一般的树，枝繁则叶茂，而柳树的特点不同，枝繁而叶不茂，柳丝茂密，而柳叶很纤细，很精致。诗人发现了这一点，就觉得这很了不起，太美了。

再用还原法分析：本来柳丝柳叶之美是大自然季节变化的自然结果，但是，诗人觉得，这用无心的自然而然来解释是不够的，应该是有意剪裁、精心加工的结果。诗人对想象的这种美的欣赏和感叹，本身就有独立的价值，不用去依附道德教化和认识价值，比自然美更美。

春天柳叶柳丝之美，在诗人看来，比之自然美还要更美。

采用了还原法，则一系列矛盾都显示出来了。

第一、第二句的矛盾：柳树本不是碧玉，但就要说它是玉，柳叶不是丝，偏偏要说它是。这里当然有柳树的特征，但更主要的是诗人的情感特征——用珍贵的物品来寄托珍贵的感情。但是，从语言的运用上来说，这样的说法，并不见得特别精彩。最为精彩的，是诗的三四句，把春风和剪刀联系起来以后，前面的句子也显得有生气了。

剪裁在古代属于女红，和妇女联系在一起。有了这个联想，前面的碧玉"妆"成，就有了着落了。女红和"妆"是自然的联想。这首诗在词语的运用上就显得更加和谐统一了。但只是这样分析似乎尚未穷尽这首诗全部的艺术奥秘。因为剪裁之妙，不光妙在用词上，而且妙在句法上。

"不知细叶谁裁出，二月春风似剪刀"，诗人明明要说是二月春风剪出来的，却为什么先说"不知"？这首诗之所以精致，就是因为诗人追求句法统一中的错综。精彩的唐诗绝句，往往在第一二句是陈述的语气，第三四句，如果再用陈述语气，就会显得呆板，情绪节奏也稍显单调，不够丰富。绝句中的上品，往往在第三句变换为祈使语气、否定语气、疑问语气，或者感叹语气。[1]

修炼建议

1. 选择一篇你喜欢的课文，梳理你对这篇文章的阅读过程：
回忆你第一次读这篇文章（或早年时读它）的印象、感受；
回忆你第一次教这篇文章（或早年教学）时教的主要内容；
重新阅读这篇文章，看看今天你会从哪个角度设计教学；
比较不同时期内的阅读，发现其中的异同，想想产生这种异同的原因。

2. 从报纸或书刊中选择一篇不熟悉的文章，分别试着以普通读者、普通教师和为自己学生实际需要的教学设计的教师这三种身份阅读该文，记录阅读感受和发现，体会三种阅读状态的差异。

3. 思考：体会三种阅读角色、阅读状态，是不是有截然不同的收获？为什么？

第二节 多元解读课文

问题展示

邱老师：《背影》是我很喜欢的一篇课文。每每读到这篇文章，我都会潸然泪下。朱自清描述了父亲的艰难，以及自己年轻时的气盛和日后的醒悟，从中我仿佛看到了我的父亲母亲，中国式的父亲母亲，他们是那样的任劳任怨，为了子女打拼不止。我

---

[1] 孙绍振. 名作细读：微观分析个案研究（修订版）[M]. 上海：上海教育出版社，2009.18—19.

也仿佛看到了自己年轻时的张狂，不知天高地厚，对父母的付出缺少感受，更少有感恩之情。

可是我教《背影》这么多次，少有成功的时候。学生不喜欢《背影》，有些学生在课上讨论时居然提出"父亲违反了交通规则"的想法，不少学生觉得"父亲的形象很不潇洒"。我哭笑不得，这么经典的一篇作品，怎么就读成这样呢？

更让我难以接受的是，有一次我参加某市举办的"新课程、新阅读"的研讨会，大会上居然有名师大谈："学生从《背影》里读出父亲违反交通规则，这也是一种个性化的阅读，是值得教师鼓励肯定的。"从研讨会回家的路上，我看着从我身旁经过的一个个父亲，看着他们或匆忙或沉稳的脚步，或幸福或忧伤的神情，我很感伤。

案例分析

邱老师对学生读《背影》读出了"父亲违反了交通规则""父亲的形象很不潇洒"深感遗憾，这是不少有责任心的语文教师的共同感受。经典之作内涵丰富、语言精练，但在不少学生心中却不能引起共鸣，有的学生只看到一些负面的东西，还有的学生更是任意解读，不着边际地说。这令语文教师感到无奈和痛苦。

上述现象的出现，固然与一些经典课文同今天的生活相隔久远有关，但究其根本，它与我们今天这个时代的文化氛围有必然的联系。如今"戏说"充斥着荧屏和杂志，"恶搞"布满网络，人们对经典的尊重、对民族文化经典的亲近，被这些"戏说""恶搞"不断消解，青少年深受这些庸俗文化的负面影响，曲解课文就不难理解了。

2010年，网络上曾经有一个热门事件，就是对《鲁提辖拳打镇关西》能不能作为初中生课文的讨论。此前，《鲁提辖拳打镇关西》一直是初中语文教材中的经典课文，文中描绘的鲁提辖一直是正义勇敢的代表，其细腻的描写、生动的语言也为许多师生喜爱。然而，北京一位教授在博客中提出问题：这段描写有过分血腥之嫌，人格尚未定型的中学生会否受其负面影响？该不该把它从中学语文课本中拿掉？这篇博文立刻引起了网络的大讨论。该教授表示，现代公民应当有着健全的人格，珍惜乃至敬畏生命、恪守法制……而《鲁提辖拳打镇关西》一文的核心，无非是描写一个杀人场面，尽管血淋淋的内容被生动的比喻、花团锦簇的文字所掩饰，但丝毫不能改变一个生命当场陨灭的残酷现实。人格尚未定型的十几岁的孩子，会由此产生何种联想，这又会如何影响他们的思维和行为，是很难确知的。而华南师范大学一位博士生导师在接受记者采访时说，《水浒传》很有价值，应在中学课本中保留，但是中学生心理发展不成熟，授课老师有必要进行引导。他认为《鲁提辖拳打镇关西》给12至15岁的初中生学不太合适，宜挪到高中教材里。①

这些学者对此事的看法自然有他们的道理，对《鲁提辖拳打镇关西》的解读确实

---

① 洪启旺. 教授称《鲁提辖拳打镇关西》血腥　不适合中学生［N］. 羊城晚报，2010—06—02（10）.

可以有很多种。但是，有一点我们必须认识到，不同时代的经典有它独特的价值，我们不能求全责备，要求每一部经典都完美至极，与当下的价值观完全吻合，这是不现实的，也是没有必要的。语文教师教授《鲁提辖拳打镇关西》时，教学的重点设计是什么，教学活动怎么展开，这在很大程度上决定着《鲁提辖拳打镇关西》一文的教学价值，决定着它是否适合作为初中课文。这种课文价值因教学而变化的特点，无疑给我们的语文教师增加了不小的责任。

新教学理念提倡个性阅读、多元解读，但人们对课堂上多元解读的特点、规律的认识尚未完善。自新课标实施以来，一些研究者与语文教师对课程标准中倡导的个性化阅读、多元解读存有误解。课程标准中的确强调尊重学生的独特阅读体验。《义务教育语文课程标准》（2011 年版）（以下简称《课程标准》）在"课程基本理念"中指出："语文课程丰富的人文内涵对学生精神世界的影响是广泛而深刻的，学生对语文材料的感受和理解又往往是多元的。因此，应该重视语文课程对学生思想情感所起的熏陶感染作用，注意课程内容的价值取向……同时也要尊重学生在语文学习过程中的独特体验。"在"教学建议"中指出："在理解课文的基础上，提倡多角度、有创意的阅读，利用阅读期待、阅读反思和批判等环节，拓展思维空间，提高阅读质量。"但是，教师尊重学生独特的阅读体验并不等于让学生去曲解作品，甚至断章取义地解读作品，解读与误读还是需要区别对待的。

理论点拨

阅读文学作品是丰富生活体验、开拓文化视野、建立审美趣味、促进一个人精神成长的有效途径。因此，文学作品的阅读教学是语文教育的一个重要环节。文学作品往往有丰富的含义，每个人的文化背景、知识积累、感情倾向、审美情趣和阅读目的多少都会存在差异，这种差异为多角度理解文学作品提供了可能。在中学教学中引进多元解读的理念，既有利于体现课文的价值，也有利于激发学生的创造性，锻炼学生的思维能力。这就要求教师明了多元解读的含义，引导学生初步掌握多元解读的技能，提醒学生注意多元解读的边界，这也是语文教学的一项基本任务。

一、理解多元解读的价值

传统解释学以德国哲学家狄尔泰等人为代表，他们认为意义是文本自身所固有的，不以解释者的理解为转移，因而解释者的任务就在于清除自己的各种偏见，投入作者原有的环境中去，客观地理解和把握文本的意义。而德国当代哲学家伽达默尔认为，文本的意义并不完全是客观、静态的凝固于文本之中的东西，而是与人的理解密不可分，读者的知识、经历、审美趣味、当时的心境等因素，都会影响对某一文本的解读。

其实，对文学作品进行多元解读，自古以来就是中国诗论的一个传统，古人也留下了许多精辟的论述和范例。例如，对李商隐《锦瑟》主旨的理解，就有"咏物诗""爱情诗""悼亡诗""政治感遇诗"和"自况诗"等多种。有人认为这首诗是"咏物诗"，诗中主要吟咏的对象是一种被称作"瑟"的古乐器，诗中的四句描写"庄生晓梦迷蝴蝶，望帝春心托杜鹃。沧海月明珠有泪，蓝田日暖玉生烟"分别用典故和意象生动地写出了瑟的四种乐调："适""怨""清""和"。有人认为李商隐是用"锦瑟"来形容年轻时相知、后来却不幸去世的一个女子，还指出此女子可能就是"令狐家青衣"（李商隐曾长期寄居在高官令狐楚家，与令狐家的歌妓产生爱情），四句诗描写的是女子死后幻化的形象，基调优美、缥缈、悲凉，与主旨吻合。也有人认为，这是首"爱情诗"，因为这首诗回忆了"我"与某人心心相印又无缘相会、只能在幻想的时空里相爱的复杂感情。还有人认为，这是"感遇诗"，诗人借古琴抒发自己一生怀才不遇、只能在等待与幻想中无奈老去的抑郁和悲愤之情，这在诗中也不难找到证据。而更多的人相信这首诗是李商隐"以古瑟自况"的"自况诗"，也就是回忆诗人自己 50 年坎坷的人生经历，总结自己上下求索、呕心沥血写诗的经历。这些说法都有一定的根据，但也都是带有鲜明的个人感情色彩的理解。金人元好问曾在《论诗绝句三十首》中发出这样的感叹："一篇《锦瑟》解人难。"但也正因为如此，才形成了文字世界丰富的景象。

我们从上面的例子中可以悟出这样的道理：多元解读既是读者对文本意义的不断发现，也是读者在原来文本基础上的再创造。适当开展多元解读训练，对语文教学来说具有三重意义：第一，为我们阅读前人的文章、理解复杂的艺术实践活动、吸收先哲们博大精深的思想成果、继承人类长期积累的精神财富提供了无限的可能；第二，突破传统语文教学中普遍存在的只有单向思维——问题都有预设结论、有标准答案的教学模式，有利于培养学生的质疑精神、深入研究问题的态度和创造性的思维方式的形成；第三，丰富教学手段，可使教学组织形式更为灵活多样。

语文新课程标准对多元解读也给予了充分肯定。《课程标准》指出："阅读是学生的个性化行为……但不应以教师的分析来代替学生的阅读实践……要珍视学生独特的感受、体验和理解。"课程标准中的阅读教学建议借鉴了现代文艺理论研究的成果，倡导关注文学阅读的主体姿态，对开展多元解读教学具有指导意义。

二、多元解读应遵循一定的规则

多元解读是一道通往丰富多彩的文本世界的大门。但是，这扇门却不是随随便便就能够进入，它需要一些符合要求的钥匙，也就是使用一定的工具，沿着一定的路径，否则，不仅无法走进文本的真正天地，还可能对作者精心建构起来的文本世界造成破坏。在文本解读上，我们大体可以借用这样一些钥匙：

1. 看权威性的介绍，如教材、教学参考书、百科全书、词典上面发表的权威性介绍。这些资料中对文本的介绍，有的会提供多种视角、多种观点，有的虽然只有一种观点，但它能提供一种参照，是进行多元解读的基础。

2. 参考他人的学术研究成果。如一般书刊、网上发表的评论，这类文章往往标新立异，我们可以借此启发思路，但也要持谨慎态度，注意分辨。

3. 看作者自己的介绍。作者的介绍为解读文本提供了第一手材料，但是，有时作者的言说会受社会环境、作者自身性格等因素的影响。

4. 根据社会常识来判断。常识是大多数人都认可的思维逻辑和处事习惯，如"人往高处走，水往低处流"。

5. 从自己独特的生活经验、心理活动出发，推己及人。在某些情景下，不同的人会产生不同的感受，做出不同的举动。因而，如果用自己独特的心理感受理解文本中的某人某事，常常会有独特的发现。

6. 使用一定的解读工具对文本进行专业分析。前人在解读各类文本的过程中，创造了许多专门的分析视角和阅读理论，如心理分析、原型批评、符号学批评等。用一些新的学说分析文本，常有令人耳目一新的结论。但使用理论工具时要注意其合理性，不要生搬硬套、胡乱联系。例如，有人曾经用心理分析学说解读我国四大古典名著之一的《西游记》，说孙悟空对观音菩萨有"恋母情结"，这就属于生搬硬套、胡乱联系。

7. 与同类作品之间进行比较，从两者的异同来分析、理解文本特点。

8. 从词语、修辞的角度，分析言语的特点。

在运用解读工具进行文本分析的时候，需要注意以下几点：首先，每一种方法都有自己的长处，也有它的局限性。一方面，我们可以借鉴某一种方法，从而获得富有个性的解读；另一方面，也要从整体感受和文本的实际出发，实事求是，不要迷信方法，不应抓住一些只言片语牵强附会，不应为创新而创新。鲁迅先生在论及对《红楼梦》的阅读理解上有段名言："……单是命意，就因读者的眼光而有种种：经学家看见《易》，道学家看见淫，才子看见缠绵，革命家看见排满，流言家看见宫闱秘事。"对于这段论述，我们既可以把它看做是鲁迅先生对文本多元解读的肯定，也可以看成他对"胡乱解读"的一种批评。其次，中学课堂里对文学作品的多元解读，其主要目的还是让学生从多个角度理解多面的社会生活，见识人类丰富的感情世界，培养他们从不同视角看问题的意识和能力，不是进行提出"新说法"的文学批评游戏。因此，即使是多元解读学习，也是以了解基本的常识为主，不必盲目增难度、赶时髦，初中的语文学习尤其应该如此。

三、多元解读应该有边界

有些人在进行多元解读时忽视了作品的整体和本质意义，忽视了作品创作的来龙去脉，脱离了文章的历史背景，违背了常识常理，很容易走到随意肢解作品的道路上去，这些是我们在开展多元解读教学时应该避免的。一句话，多元解读应该有边界。

多元解读是解读而不是误读、错读。接受美学的代表人物伊瑟尔在肯定作品意义的不确定性的同时，也在寻找意义相对的"确定性"。在他看来，文本中的"空白"虽然指向文本中未曾实写出来的部分，但文本中已经写出的部分却为读者提供了"重要的暗示或提示"。他把这个能给予读者暗示或提示、召唤读者参与创造的部分叫做"召唤结构"。一方面，文本的空白吸引、激发读者进行想象和填充；另一方面，"召唤结构"又暗示乃至决定着读者解读的自由度和意义阐释的大体范围，这可以看做是多元解读的边界。相反，如果超出文本的基本约定，不考虑当时的条件和背景，不顾人类理性的约束，不遵循思维逻辑，就会成为无原则的解读。如下面这些所谓"解读"，都是很不严肃甚至是荒唐的：

《愚公移山》里的愚公不懂得科学，搬山是破坏自然，带领子孙搬山是强迫童工劳动。

《武松打虎》里的武松违反动物保护条例。

《背影》里的父亲横跨栏杆为儿子买橘子是不遵守交通规则。

《出师表》里的诸葛亮假装低调，虚伪。

以前，"一千个读者就有一千个哈姆雷特"这句话广为人知。近些年来，另外一句话也很流行，那就是"一千个读者有一千个哈姆雷特，但总归是哈姆雷特，不会成为哈里·波特"。这两句话加起来，恰好概括了多元解读的两条基本原则，即多向度和有边界。多向度是指思维和价值的丰富性，有边界是指不能远离文本的核心，少了其中的任何一条，文本解读都是有缺陷的。

拓展延伸

上海市宝山教师进修学校的莫晓燕老师在教学改革中带领该区教师进行了文本解读的研讨，她在执教《狼》一课时，引导学生进行多元解读，颇有借鉴意义。

她设计的一个教学目标是"挖掘故事中的哲理"，并将此确定为教学难点。下面是她设计的一个环节的活动：

深入思考（着力分析"屠"这一形象，进而挖掘文本内涵）

我们已经感受到作者对故事中两个角色的描写非常生动。那么，在对其描写的过程中，有没有一些深刻的哲理呢？

学生小组讨论，班级交流，思考角度如下：

1. 一屠遇两狼，说明了什么？说明了人少狼多，人弱狼强。（哲理一：少与多/弱与强）

2. 屠与狼，分别代表（象征）了什么？人与狼分别是善与恶的化身。（哲理二：善与恶）

3. 开始屠惧，后来屠"暴起"说明了什么？说明他开始胆怯，后来勇敢。（哲理三：怯与勇）

4.开始是屠退狼进，后来"狼不敢前，眈眈相向"——狼退屠进，说明了什么？说明了进与退会随条件发生变化。（哲理四：进与退）

5.屠与狼对峙时，"一狼径去，一狼犬坐于前"，且坐于前的狼"目似瞑，意暇甚"，说明什么？说明一狼以假睡觉诱骗屠放松警惕，为同伙从背后攻击赢得时间——表面的睡觉与真实的意图相悖。（哲理五：真与假）

6.狼犬坐看似聪明，其实为屠提供了一个良好的进攻机会。于是"屠暴起，以刀劈狼首，又数刀毙之"；而那只"身已半入，只露尻尾"的狼，还傻乎乎地打洞呢，至死都不明白自己是怎么死的。这说明了什么？说明屠的"智"在于他勇敢而准确地把握时机；而狼则自作聪明。（哲理六：智与愚）

7.故事的结尾狼死屠胜，说明了什么？说明勇者胜，智者胜。（哲理七：胜与败）

莫晓燕老师引导学生从课文的某一局部内容展开探讨，发现《狼》一课的哲理启示。有的老师对《狼》一文编入"动物单元"——"人与动物要和谐相处"的主题单元中提出不同意见，认为《狼》一文只是取"狼"这一动物为小说的一个艺术形象，作者借这一艺术形象所要传递的也不是"人与动物要和谐相处"的主题。

这些解读都有各自的道理，《狼》作为文学作品，不同的读者从不同视角看到的作品内涵有所不同，这正是文学作品多元解读的充分体现。

修炼建议

1.想一想，你听过的关于多元解读的成功的观摩课，当时师生主要是围绕哪个问题展开讨论，在这个问题上，当时的多元解读具体都有哪些"理解"。

2.尝试对一篇课文进行多元解读的教学，之后可对照本书中介绍的常识，反思教学过程中的得失。

3.选择几篇课文，查阅资料，看看人们对这篇文章有哪些分析、评论，判断这些观点是否可以在教学中采用，说说你是以什么标准来衡量它们的。

4.根据你的教学经验，判断哪些课文内容不适合进行多元解读。

第三节　文学作品的阅读教学

问题展示

毛老师：昨天我听了一节初中一年级的公开课，老师教的是宗璞的散文《紫藤萝瀑布》。那位老师一上来就请学生速读一遍课文，然后要求找出文章中的关键句。我很疑惑，这么好的一篇散文，没有引导学生沉下心来认真朗读，整体感知课文的情感基调，反而一上来就用速读的方法进入课文的阅读，这是不是不符合散文的阅读教学要求啊？上完课，我听了两位专家的评课，也不知道是不是因为场面比较大，还是其他原因，没有一位专家指出这位老师第一个教学环节做得不妥。我想问一问，我的看法对不对？

朱老师：我听过一位老师的示范课，教的是一首新诗。作为教学的第一个环节，这位老师朗读全诗，要求学生听，然后让学生指出他读错的地方。令人意外的是，这位老师在很多地方故意读错！看着初一的小孩子此起彼伏地举手说："老师，你读错了！""老师，你把这三个词语的顺序颠倒了！"……我茫然了：这样优美的诗歌，给孩子的第一印象却是教师故意读错的版本！他的教学很是热闹，可是让学生怎么喜欢这首诗呢？我们语文老师要怎样教孩子读诗歌的方法？

案例分析

从上面描述的两个情景来看，毛老师和朱老师的批评是很有见地的。这些年来，我们国家对基础教育的探索很积极，语文教育领域自然也一样。但奇怪的是，恰恰在一些基本问题上，我们的理论和实践探讨进展并不大。其中，文学作品的阅读教学就是一例。两位老师谈的现象都关乎文学作品的阅读教学，一是散文的阅读教学，一是诗歌的阅读教学。

长期以来，文学作品的阅读教学并不理想，这是语文教学难以回避的问题。张志公先生在1984年就提出要在中学语文中推进文学教育。他洞察到当时语文教学的一大弊病："目前的语文教材里有比例很不小的文学作品，但并不是用来进行文学教育，而是用来进行'读写训练'的，连古典文学作品也不例外。这样的语文教学、语文教材，实际上是一种互相掣肘、两败俱伤的作法。"前不久一位老师在讲解贾平凹的《月迹》时，就出现了张志公先生担忧的现象。学生交流完课文内容之后，教师提出第一个问题："文章开篇写孩子们什么都不满足，结尾写大家都觉得满足了，月亮如此牵动人心究竟是为什么呢？"没等学生深入思考，教师就用多媒体给出结论：第一，"寻月的过程让孩子们明白：美好的月亮是属于我们每个人的"；第二，"形成前后照应，结构严谨，浑然一体"。接着又是多媒体投影：

仿一仿

弟弟说：月亮是我所要的。

妹妹说：月亮好美。

"我"说：月亮是我们按在天空的印章。

我说月亮是_____

教师请了两位学生回答后，马上又问："文中奶奶的作用是什么？"整节课学生目不暇接，仅幻灯片就有20多张。当前类似这样的教学还是不少的，教师似乎是为了实现"读写结合"，就忘记了文学教育中感受、分析、鉴赏一气呵成的重要，把课上得支离破碎的，学生对文学作品的整体把握很难形成。

初 中语文教师专业能力必修 Chu Zhong Yu Wen Jiao Shi Zhuan Ye Neng Li Bi Xiu

文学作品应该怎样阅读？正如前面毛老师所言，首先要整体感知，而且是沉下心来，认真阅读，反复体味。有些时候，还需要教师创设一些情境，帮助学生走进作品营造的氛围中去。速读、找错误本来就不是文学教学的常法，尤其是学生刚接触文本时就这样教，或者总是这样教，都是有悖于文学作品初读时的常态阅读方法的。

文学作品应该学一些什么？《课程标准》中关于7～9年级的阶段目标里有这样的表述：

"能够区分写实作品与虚构作品，了解诗歌、散文、小说、戏剧等文学样式。

"欣赏文学作品，有自己的情感体验，初步领悟作品的内涵，从中获得对自然、社会、人生的有益启示。对作品中感人的情境和形象，能说出自己的体验；品味作品中富于表现力的语言。"

总之，文学作品阅读教学的基本任务表现为：首先，培养学生面对作品时主体投入的阅读姿态，引导学生整体感知文本的内容、情感基调等，学会阅读各种文学作品，并能够接通文本世界与生活世界的关联；其次，要教会学生如何阅读文学作品。当然，文学作品阅读教学的任务还不只是这些，我们还需要引导学生阅读经典作品，传承民族文化。

理论点拨

语文教材中的文学作品所占比例非常高，文学作品的教学面临的问题也不少。若要开展好文学作品阅读教学，教师首先应思考与文学作品阅读有关的一些基本问题，理清教学的逻辑思路。基本问题如下：

（1）人们为什么要阅读文学作品？

（2）学生在课堂里阅读文学作品，与在社会生活中阅读相比，有什么特殊意义？

（3）教师通过文学作品教学，能够实现哪些教育目的？

（4）通过具体的"这一篇"作品（课文）的教学，教师要重点落实哪项意义、达到什么目标？

首先看第一个问题。考察世界文学史不难发现，世界上几乎每个民族都有自己的文学作品经典，人类对文学作品的需要超越国家、民族、文化等界限，可见其意义重大。文学作品是人类共同的精神食粮，它对人类社会的功能，主要可以概括为以下几类：

（1）满足语言学习的需要。人可以借助文本阅读学习语言，保持对文字符号的敏感。

（2）传承历史文化。文学作品都是在特定的历史背景中写出来的，能够反映特定的历史时代和文化。

（3）满足娱乐需求。即通过看别人的故事，获得心理愉悦。

（4）满足认知需求。阅读文学作品可以补充生活体验和感情体验，学习生活知识和专业知识，接受最新的发现以帮助自己提高认识能力和生存能力。

（5）丰富精神生活。即借助阅读与自己对话，确立自己精神世界存在的意义。

（6）提供自我反思的镜子，通过审视他人的行为进行对自我的反思。

（7）在满足上述诸多功能的基础上提升生命境界。

上面所列的一些功能，在当今社会生活中，在很大程度上已经被其他媒体所取代，如娱乐功能、社会沟通功能，以及一部分认知功能，已经被现代影像传媒——电视和网络所取代。但是，阅读的语言学习功能、丰富精神生活功能以及自我反思功能，具有其不可替代的一面，这就是文学作品存在的价值。

在中学课堂里，学生阅读的文学类的课文，当然也具有学习语言、丰富精神生活、反思自我的功能。但是，如果学生在课堂里阅读文学作品与他们在生活中阅读文学作品所获得的收效一样的话，那么，为什么非要让他们在课堂里读文学作品而不让其回家去读呢？显然，在课堂里阅读一定有与在其他地方阅读不一样的目的，能有不一样的收获。

从阅读方式看，课堂阅读具有这样的一些特殊性：

（1）课堂阅读是可以集体阅读的。

（2）课堂阅读是有教师指导的阅读。

（3）课堂阅读是按照课程计划的有意义的阅读。

（4）课堂阅读是一种教育目的明显、追求高效率的阅读。

从阅读目的看，课堂阅读应实现以下的目标：

（1）既要获得知识，接受人文熏陶，又要有计划、有选择。

（2）既要通过发现文章的结构特点理解这篇文章，又要理解文章隐含的信息组合规律，以提高阅读这类文章的能力。

（3）既要通过感受文章的语言特点理解文章旨趣，又要学习文章隐含的表达特点，以提高这类文章的写作能力。

总而言之，课堂里的阅读，就不仅仅是阅读本身，还要学习阅读；也不仅仅是理解这一篇，还要通过这一篇去理解这一类。课堂阅读的这些特点，要求教师在阅读教学前，应该慎重考虑这一堂课、这一篇课文"教什么"更重要、更有价值一些。为了便于选择，我们把文学作品阅读教学的价值排出一个系列来：

1. 文学作品的一般价值

（1）社会认识价值。

（2）情感体验价值。

（3）语感熏陶价值。

（4）提升思维品质价值。

（5）提高人文修养价值。

2. 文学作品阅读教学的特殊价值

（1）发现这一篇课文所蕴涵的文体知识。

（2）发现这一篇课文所蕴涵的人类共同的人文、情感信息。

（3）示范阅读方法，即通过读一篇，总结这一类作品怎么读。

（4）借鉴表达方法，即通过读一篇，总结这一类作品怎么写。

3. **课程设计者（通过课标、教材、教参）建议的教学价值**

（1）这一篇在单元中、分册中的位置。

（2）这一篇文章写了什么，怎么写的。

（3）这一篇文章应该教什么。

4. **教师自己选择的该课文的教学价值**

即从上述价值中选择一点或几点作为这篇课文的教学目标。

在做上述选择的时候，可能需要考虑这样的问题：

（1）要不要遵循教材设定的内容？

（2）以学习文章内容为主（认知功能），还是以总结阅读方法为主，或是以借鉴表达方法为主？

（3）如果定位于"教内容"，那么哪一点内容最值得教？

（4）如果定位于"教方法"，那么哪一种方法最有价值？

把这些问题想清楚了，才有可能进一步明确文学作品应该"教什么"和"怎么教"的问题，这是文学作品阅读教学准备的第一步。

需要提醒的是，对具体的一节语文课来说，老师教学生"理解课文内容"和"学习阅读方法、表达方法"，很难说哪一点更有价值。一般来说，如果仅仅让学生知道文章"写了一件什么事""表达了什么思想感情"，这种针对浅层内容理解的教学，其意义当然不大。但是，教师如果通过对一篇文章进行细致入微的解析、声情并茂的讲授，使学生从某个话题中认识到生活里不易触及的问题，思考达到平时难以达到的深度，理解人类感情的某一表达模式，从而对某篇课文留下深刻的印象并影响他一生，那么，这种教学的效果是巨大的。例如，引导学生体会《安妮日记》中表现出来的对生命的希望与绝望，这种教学就很有价值。因此，不能笼统地因为教师仅仅是"教内容"就轻易去否定这节课。

教材中的文学作品，主要是散文、小说和诗歌，戏剧的分量较少。这几种文体虽然并称为文学，但它们之间的差异非常大。在阅读教学中，既可以依据其相同之处设计教学目标，又需要区分这三类文体的差异，抓住某一类作品甚至某一篇作品的独特之处开展教学，这样才能更好地发挥课文的示范作用，即通过教学活动，让学生在课堂里的阅读比自己在家中的阅读收获更多。

诗歌、小说、散文都属于文学艺术作品，艺术作品的共同特点是都包含特定情感、形象和个性。阅读一部文学作品，要看它表达了怎样的思想情感，塑造了怎样的艺术形象，作者运用了什么结构、语言，来体现其个性和创造性。但三种文体在这几方面的侧重点不同，它们之间的主要差异可以用下面的图表简单表示：

文体	诗　歌	散　文	小　说
文体特征	直接抒发情感	借助写景、状物、叙事间接抒情或说理	思想情感隐含在虚构的故事中
核心概念	意象	意境	人物形象、故事情节
主要研习点	抒发了什么感情：喜、怒、哀、乐、忧、悲。 怎么写的：运用什么抒情方式等。 表达得怎样：节奏、韵律、隐喻等。	写了什么：景、物、人、事。 表达了什么：情、理。 怎样表达：观察角度、材料的顺序、说理技巧等。 表达得怎样：情与景的关系，事与理的关系（如情景交融、缘事说理），语言特点等。	写了什么：故事。 表达了什么：反映社会的深广程度。 怎么写的：叙事角度、结构特点等。 写得怎样：人物是否典型、生动、有个性，情节起伏，语言特点等。

　　在文学作品阅读教学设计和实施中，应充分考虑它们的文体特点，有针对性地确定教学目标，设计教学活动，以求得最佳的阅读示范价值。

　　另外，在设计教学目标时，还需要注意两点：（1）一篇文学作品，尤其是经典作品，可能有许多内容值得教，如欧·亨利的《最后的常春藤叶》，既可以把"感受人间真情、接受人文精神熏陶"作为主要教学目标，也可以把"发现巧妙的人物形象塑造手法"作为主要教学目标。对具体的一堂课来说，到底以哪一项内容为主去进行阅读教学，应考虑多种因素，尤其要看整体的课程计划安排，不可轻易断言别人"教错了"。（2）在同一类文体里，不同篇目间还有细微差异。以散文为例，有人按描写对象与表达内容的侧重点不同，将散文分为叙事散文、写景散文、抒情散文和哲理散文四类。在阅读教学中，有时还可以根据某一篇课文的具体特点来设计教学目标。

拓展延伸

　　关于对《藤野先生》教学内容的开发，我写过一篇小文《"有什么"与"教什么"》，提出《藤野先生》可以作为叙事散文来教，可以作为纪念性文章来教，可以作为语言表达的典范来教，还可以重点教学鲁迅的句法结构，通过感受叙述者的态度和情感色彩来理解文章的主旨，也可以将其作为研究性学习的材料。以上六项都能作为教学内容。下面是通过感受叙述者的态度和情感色彩理解文章主旨的案例：

　　《藤野先生》的叙述者是"我"，在文中，"我"对他人、对生活、对国家的态度前后有明显的变化，甚至截然相反。在前一部分里，叙述者"我"是生活的旁观者，对人冷漠怀疑，对学习不甚用心，对生活条件无所谓，甚至对自己的祖国也没有多少归属感（称"清国留学生""明朝遗民"，而不叫"我国"），前一个"我"是一个旁观者、

初 中语文教师专业能力必修
Chu Zhong Yu Wen Jiao Shi Zhuan Ye Neng Li Bi Xiu

批判者，与此相应，文章前一部分的词语、语调，总是带有调侃、反讽的意味；行动上，"我"是消极的、无所用心的。而后一个"我"则出现明显的转变。下表可以清晰的表现出来：

区域、时间	身份	态度	语气语调	最后的行动
东京会馆、初到仙台	旁观者	冷漠、挑剔的	调侃的、讽刺的	逃避，到仙台去
到仙台一年后	当事人	切身的	严肃的、坚定的	良心发现，弃医从文

　　从哪些事件、细节可以看出这种前后区别呢？如在东京看樱花，本来是美极之事，"我"却只注意到负面的东西：旁边有讨厌的清国留学生；仙台人对"我"很好，"我"却不以为意，以为是"物以稀为贵"。而后来，"我"的态度与行为发生了明显变化。文中这种变化的痕迹，可以整理成下表：

事件	心态与情绪	虚词	主要行为
日观富士山	失望，冷漠	无非是，确也像，还要，实在	蔑视清国留学生
夜回留学生会馆	格格不入	还值得，倘在，倒也还可以，但到，不免	一转 坐坐
去仙台的路上	漫不经心	只记得，还没有	想起明朝遗民
初到仙台	戒备之心，好奇之心，做客之心	居然，可惜	尊为，美其名曰 不以蚊子、监狱为恶
初进课堂	挑剔，无所用心	并	认为医学不比中国早
改讲义	不安和感激	可惜	后悔不太用功
匿名信事件	不平	无怪	感叹中国是弱国
看幻灯片	满腹愤懑	偏有，呜呼	听得刺耳
离开以后	坚定、一往无前	时时，只有，每当，正想，忽又，而且，于是	记起、感激、鼓励、热心、希望、伟大、责成寻回

　　从上面的梳理可以看出，"我"从对周围事物的漠不关心，到后来的弃医从文、以身许国，转折点正是藤野先生的关心。从文章中可以看出，"我"是先有感激之心，再有切身之痛，然后才被激起救国之梦的。藤野先生的真诚关心，对唤起"我"的生活热情、爱国热情起到了至关重要的作用，因此，文章开始说"在我所认为我师之中，他是最使我感激，给我鼓励的一个"，这也是"我"对藤野先生充满怀念之情的原因。简言之，"我"的经历，综合了一个青年学生由反叛到爱国的成长史，一

21

个弱国青年由关注个人感受到担负民族责任的进步史，而促成这一变化的催化剂，就是藤野先生。从这一点来理解文章的主旨，就不会得出藤野先生不是文章叙述主人公的结论了。

修炼建议

1. 查阅资料，了解"什么是文学"，整理不同文学作品的文学性表现在什么地方。

2. 以你本学期正在使用的一册教材为考察对象，从单元导语、课前提示、课后训练题等板块中归纳本教材编写者为这些课文设定的教学内容，看看这些教学内容有哪些与"文学"有关。

3. 选择几篇课文，试着列出教材中没有涉及的文学概念，看看它们有没有教学价值，说说你是以什么标准来衡量它们的。

第四节　非文学作品的阅读教学

问题展示

谢老师：关于散文、诗歌、小说的教学我听过很多观摩课，备课资料也相对比较丰富。而对于说明文、议论文的教学，大家上观摩课的热情就低一些，少有人上。偶尔查到一些资料，也是难以令人满意。下面就是我找到的一份设计——《克隆技术的伦理问题》的教案：

学习目标：

1. 通读全文，积累文中重点字词。

2. 细读课文，了解克隆技术的伦理问题，对克隆人有正确的认识。（重点）

学习过程：

1. 以自己喜欢的方式读课文，边读边圈画生字词，结合课下注释或利用工具书解决。

重点掌握下列字词。（下面是易读错、易写错的字和重点的词语，你一定要掌握哦）

①给加点字注音：伦理（　）脊椎（　）歧视（　）畸形（　）

②佳词解释：父本歧视　截然不同

③字词过关。任意抽查三个字、两个词，你敢迎接挑战吗？

2. 细读课文，思考：在克隆人的问题上，有人认为克隆人可行的理由可能有哪些？而这些又存在哪些伦理问题？作者的观点是什么？依据是什么？

虽然这是一课时的教案，但我觉得这节课没有教学生什么阅读技能，很想听听大家的意见。

案例分析

谢老师的意见，抓住了一个很重要的问题，阅读教学的关键是"用课文教"，而不是"教课文"。谢老师提供的学案，其设计的主要不足就是将教学的重点落在对课文内容的理解上，而没有提供提高阅读技能的学习方法。

学习一篇议论文，我们如果只是为了知道这篇文章说了什么，那就只是进行信息筛选。如果要教学生阅读议论文信息筛选的方法，那得判断学生面对一篇议论文时进行信息筛选可能会遇到的问题与困难，并针对这些问题和困难展开教学。比如，学生不会区分论题与话题，对分论点与分析句的区分不清晰，不会从分析句中提炼分论点等。而这位老师在教案中设想了几个问题："在克隆人的问题上，有人认为克隆人可行的理由可能有哪些？而这些又存在哪些伦理问题？作者的观点是什么？依据是什么？"这些问题当然有一定的价值，但是，学生自己独立阅读这篇议论文时对这些问题感兴趣吗？他们能够解决这些问题吗？如果他们不能，那么教学生独立、快速、有效地阅读一篇议论文，才是这次教学的目的。也就是说，该文的教学内容不应是"文章中有哪些信息"，而是"如何找出文中的这些信息"。

议论文教一些什么？老师们可以见仁见智。徐贲在《说理教育从小学开始》一文中介绍了美国中小学的说理教育，下面是书中介绍的5～8年级教学目标的节选：

五年级：分辨文本中的"事实""得到证明的推论"和"看法"（尚有待证明的观点）。

六年级的公共说理的重点在于区分"事实"和"看法"。"事实"是公共的知识，"事实"的陈述是可以确认的，"事实"陈述使用哪些具有可共同确认词义的字词；而"看法"只是个人的，"看法"的陈述则必须通过说理、讨论才能确认，陈述"看法"使用的字词是个人理解的。任何"想法"都不具有自动的正确性，必须经过证明。证明也就是说服别人，清楚地告诉别人，为什么你的说法是正确的，理由是什么。

七年级对学生"说理评估"能力的要求是："评估作者在支持结论和立场时所用的论据是否恰当、确切、相关，并注意有偏见和成见的例子。"其中注意"偏见"和"成见"是新要求，也是从形式逻辑向社会公正内容的过渡。

八年级要求的重点在"评估文本的统一性、连贯性、逻辑以及内部的一致性和结构"。

这些目标对学生阅读一篇说理文提出了不同层级的要求，明确、清晰、可落实、可检测，很值得我们在议论文教学中借鉴。福州一中的陈日亮老师教议论文、说明文时，就要求学生为课文编提纲或列图表、找线索、寻因果。陈老师的目的就是引导学生阅读这两类文章时梳理结构、筛选和整合信息。

无论是议论文还是说明文，或是新闻报道、应用文，我们都需要将教学的重点由关注文章内容转向关注阅读方法，转向关注文章的表达形式，从而有效地提升学生的思维品质。

非文学作品，是指以介绍知识、传播信息为主要目的的文章。在日常的生活和工作中，人们阅读非文学作品的目的主要有以下几种：

（1）满足认知需求，即了解客观世界的状态和变化等信息。

（2）交流对世界的认识，即获得他人对某些问题的看法。

（3）学习必要的科学知识和社会生活经验，帮助自己更好地生存、生活。

一、非文学作品的阅读教学不能以帮助学生获取知识或信息为主要目的

编入初中语文教材里的非文学作品，大体也是这样三种类型：以介绍社会事件为主的新闻报道，以讨论某个话题、表达个人观点为主的论述文，以及以解释某件事物包含的知识为主的说明文。阅读非文学作品，学生可以获得文中所载的信息或知识。例如，如果不知道"赵州桥"的来龙去脉、造桥原理，阅读说明文《中国石拱桥》就可以弥补这方面知识的不足；不知道"骨气"对一个人、一个民族的意义，学了《谈骨气》可能就会明白有关道理。不过，如果我们把学校语文课堂中的阅读教学活动当做生活中阅读活动的延伸，即主要目的是让学生掌握课文内容，如了解课文反映的社会事件、学习课文介绍的科学与生活知识、知道作者在某个问题上的思想观点等，其价值定位无疑不够合理。因为，语文教材中的新闻报道早已失去了时效性，如初中教材里的一篇有名的新闻报道《百万解放军横渡长江》，它记载的事件已经成了60多年前的旧闻，学生并不需要通过语文学习来了解这件事。一些课文表达的思想观点，在文章发表的当时可能代表了国内甚至人类思考的高度和深度，但是到语文教材里，这些观点可能已成为多数人的共识，如马丁·路德·金的著名演讲《我有一个梦想》，从政治社会理念的角度看，文中的平等观念已经成为普世价值，未必需要通过语文阅读让学生来掌握。一些课文所介绍的事物原理、科学文化知识，对于能广泛接触发达媒体资讯的青少年而言，可能早已经熟知，这类信息已经很难有吸引力，如《死海不死》《苏州园林》中谈到的知识，在多数学生看来，不需要再重复学习。退一步说，就算学生不知道文章里介绍的某些学科知识，学生只要花几分钟时间翻阅两三遍课文，基本上也能了解其大概，是用不着通过几堂课来学这些知识的。因此，非文学作品的阅读教学，肯定不能以帮助学生获取文中知识或信息作为主要目的。

那么，在课文知识层面的教学价值大大降低以后，学生在语文课堂里阅读非文学作品，应该学习什么才最有价值呢？或者，从教师的角度看，通过非文学作品的阅读教学，应该给予学生什么帮助呢？这是非文学作品阅读教学设计及实施必须考虑的问题。

显然，在语文课堂里、在教师指导下阅读这类非文学作品，除了让学生了解文中一定的内容信息以外，还应该让学生通过非文学作品表层内容的认读获得更重要的东西，如下所示：

（1）通过获取具体信息，了解某类信息的编码方式和特点，以便更方便地阅读这类文章，更有效地获取自己需要的信息，即学习"怎么读"。

（2）通过对文章结构、次序的梳理，学习如何更好地组织材料、阐述观点，即学习"怎么写"。

（3）通过对语言运用特点的了解、分析，培养对该类文本的语感。

（4）通过对文章内涵的逻辑联系的梳理，如核心概念与一般概念、材料与观点、形式与内容关系的辨识，锻炼思维品质。

上述这些目的，才是非文学作品阅读教学应重点关注的。

二、不同文体的非文学作品阅读教学内容的侧重点

与文学作品的阅读教学一样，不同文体的非文学作品的阅读教学，也应抓住其文体特点，即抓住该种文体在信息编码方面的独特意义，使学生建立阅读该类文体的一般方式。因而，对不同文体的作品，其教学内容选择应有所侧重。

1. 新闻类文体的教学侧重点

新闻是通过一定的媒介，向大众介绍最新发生的有意义的事件。这就决定了新闻的信息编码方式有这样一些特点：

（1）以真实报道为核心，内容是实事加评价。

（2）以一定的时间、空间（地点）或事件的逻辑顺序为线索，讲述事件的过程。

（3）具有一定的讲述身份。讲述身份会影响事件的真实性和意义，如同一件事，可以从当事人、媒体人（记者）、社会公民、专家等不同身份来介绍，不同身份叙述出来的事件，其报道价值会有很大差异。

（4）看问题的角度多变。同一件事件，从不同的角度来写，其新闻价值会不一样，这种发现与挖掘事件意义的能力，就叫做"新闻眼"。

（5）更具有读者意识，也就是更看重商业利益。作者为提高订户数和收视率，在叙述手法、结构安排、词语运用等方面，非常关注读者的心理需求，在吸引力上大做文章。

这些特点，可以帮助我们确定新闻类课文的教学点，如新闻结构。以著名的"倒金字塔"结构为例，它是新闻报道中特有的结构方式，即把最重要、最有吸引力的信息放在前面，依此类推，意图是在最短的篇幅里介绍最重要的信息，以吸引读者的注意力。如果课文是典型的"倒金字塔"结构，在教学中就可以分析"在整个事件介绍中，为什么先讲这一段而后讲另一段"。

需要说明一点，新闻文体内部还有不少分类，如消息、报道、特写、新闻故事、新闻综述、新闻评论。上面所论主要是以消息为例，若是其他类型的新闻，当然还有其他教学价值可以挖掘。

2. 论述性文体的教学侧重点

论述性文章就是以议论为主要表达方式，围绕一个话题阐明自己看法的文章。论

述文与其他类型的非文学作品有共同特点，即以传播信息为主，只不过论述文所传播的重点信息，是作为人的认识对象——客体背后的原理、规律，以及作为认识主体的人——作者，对客体的认识过程。但作为语文学习材料，其教学价值又不是以了解这些信息为主，而是通过让学生了解这些信息，学习如何更好地阅读这类文章，如何更好地获得有价值的信息。一句话，教学点选择也应该凸显该类文体的特征。论述文的基本特征可以归纳如下：

（1）以客观世界中的事物——包括自然现象与社会生活现象为研究对象，以发现事物之间的联系、揭示事物的运行规律为目的。

（2）以概念、判断、推理为主要元素，以论证自己的判断或结论为主要内容。

（3）以事物的逻辑关系或研究过程为文章的结构线索。

（4）结构严谨、表达严密。

（5）以说服力取胜，一般应隐藏作者的情感、个性，语言风格特点不突出。

根据上述特点，我们就可以针对具体的一篇课文来确定教学目标，如：

（1）基于学科知识的学习，以读懂文章、获取文中信息为阅读目的。

（2）基于论证过程的学习，以辨析概念、判断、推理的关系，探究推理过程，提升逻辑思维能力为阅读目的。

（3）基于信息组织特点的学习，以获取阅读经验、技能，建构阅读图式为阅读目的。

（4）基于语感的学习，以学习句式特点、词语特点、语体特点等为阅读目的。

（5）基于文章表达特点的学习，以提高写作技能为目的。

从文体角度考虑，上述教学目的中，一般越靠前的，教学价值相对小，越往后的，价值越大一些。我们应该通过文章内在逻辑关系的梳理，培养学生的理性思维能力。如辨别核心概念与一般概念的关系、材料与观点的关系、形式与内容的关系、情感态度对结论的影响，借此可锻炼学生的逻辑思维能力。这种把课文置于研究对象的地位，冷静地审视文章、平等地与作者讨论的阅读方式，被称为批判性阅读。需要说明的是，由于初中生的逻辑思维能力还不够强，初中语文教材中纯粹的论述文——也就是以概念、判断、推理为逻辑结构的文章比较少，而较多的论述文往往与哲理散文比较相近。因此，对初中生来说，可以不必强求开展批判性阅读。另外，考虑到初中学生语言素养的提高也是语文学习之要义，因而若是把个别论述文的教学目的定位于学习文章的语言表达特点，似乎也没有问题。到了高中，教师的非文学作品教学则应该以训练逻辑思维为主了。

3. 说明类文体的教学侧重点

说明文是解说某一事物的特点，包括形状、结构、功能、特点、价值、事理，以帮助人们了解该事物。一篇说明文一般有这样三项要求：

（1）确定说明要点，即对这件事物我"说什么"，这决定了说明文的实用价值。

（2）把事物的特点说清楚、明白，便于读者了解。

（3）把话说得有意思、有趣味些，使读者乐于阅读。

那么，对于说明文的教学点，就不妨按照上面这三项要求去发现和确定。例如，影响"说明白"的主要因素是说明顺序、说明方法和说明难度。因而考察说明文是否说得明白，可以这样来衡量：

首先是说明顺序，这是引导读者认识被说明事物的路径。按照人们生活中认识事物的一般顺序展开说明，一般会利于读者明白。例如，我们观察事物的顺序都依时间、空间的连续变化为线索，一般不会跳跃；我们认识事物一般都按照由浅入深、从现象到本质、由果求因的线索，一般不会乱；另外，工具的操作使用顺序、工程的推进顺序、生物的成长顺序、风景的参观顺序等，一般不会颠倒。这都是符合人类思维习惯的结构线索。

其次是说明方法，它是说明文中传递信息的工具和手段。我们可以把"说明"比作"专家"向"普通人"做"翻译"，那么说明方法就是翻译所用的词汇和语法。说明文中主要价值点的解说，一般都会运用相应的说明方法。说明内容与说明方法一致，说明目的与说明方法一致，则有利于把事物"说明白"。当然，考察说明方法不能停留在"用了什么方法"，还要进一步探究"为什么运用这种说明方法"和"这种说明方法用得怎么样"。

再次是说明难度，即作者对说明难度的控制。通常，可以从假定阅读对象、写作时代、发表媒体的角度衡量说明难度。曾听到有人批评说，一些语文教材中的说明文写得太浅显，其实，不是这些文章写得浅，而是时代变化了。须知这些文章的写作年代大多是 20 世纪 50 年代，当时，人们的受教育程度普遍不高，小学水平已经算是有文化了，这样的文章，就是写给当时普通人看的。因此，在考察说明难度时，应充分考虑其时代性。

拓展延伸

下面是上海外国语大学附属中学陈彤老师《松鼠》一课的教学设计。陈老师的设计关注了科学小品文的文体特征，教学目标与教学过程都很明确，不失为说明文教学设计的优秀范例。

教学目标：

知道科学小品的特点，学习文章将准确说明与形象描写相结合的写作特点；培养热爱小动物的感情。

教学重点：

知道科学小品的特点，即知识性、科学性和趣味性。

教学难点：

分析典型的科学小品文的语言特点，如用比喻、拟人手法，将准确说明与形象描写融为一体。

教学过程（2课时）

环节	教师活动设计	学生活动预设	设计意图
一 导入	1. 同学们知道关于小动物的儿歌吗？ 2. 老师也来说一个：小松鼠，教老虎，学什么？学爬树。记得教上树，忘了教下树，害得老虎下不了树，抱紧树干大声哭。大家比较一下这首儿歌和课文，课文会不会把松鼠和老虎放在一起呢？提示：布丰是博物学家，代表作有《自然史》《地球形成史》《动物史》《人类史》《鸟类史》《爬虫类史》等。 小结：这是一篇科学小品，具有科学性和知识性。（板书加点字）	1. 学生肯定掌握不少关于小动物的儿歌： 小白兔，白又白，两只耳朵竖起来，爱吃萝卜爱吃菜，蹦蹦跳跳真可爱。 小蜜蜂，嗡嗡嗡，飞到西，飞到东，传花粉，采花蜜，我们学它爱劳动。 2. 学生应该可以讲出松鼠和老虎共存的不科学性。老师适当引导，如由学生自己说出说明文比儿歌更准确（甚至科学小品比儿歌更讲究科学性、知识性）、更好。	1. 通过经典童谣的回忆和交流，激发学生的兴趣，调动学生对松鼠特征的感性经验。 2. 通过对比帮助学生直观体会文章说明的准确性（科学小品的科学性和知识性）。
二 建立对应	提到科学性和知识性，较典型的代表有《辞海》《百科全书》。今天我们要学《松鼠》，让我们看看《辞海》上相关条目是怎么描述的。 PPT 出示： 【松鼠】①亦称"灰鼠"，哺乳纲，松鼠科。②体长约 20～28 厘米；尾蓬松，长约 14～24 厘米。③体毛灰色、暗褐色或赤褐色，腹面白色。④冬季耳有毛簇。⑤林栖；用树叶、草苔筑窝，或利用鸦、雀的废巢。⑥嗜食松子和胡桃等果实，有时食昆虫和鸟卵。⑦年产 1～4 窝，每次产 5～10 仔。⑧分布于我国东北至西北，以及欧洲各地。⑨毛皮可制裘，尾毛可制笔。 这里一共是 9 句话，请大家把每一句用阿拉伯数字标出来，标好后请你们用很快的速度把课文浏览一遍，把条目里介绍的有关内容和文章里的有关段落对应起来。比如说，最后一句"毛皮可制裘，尾毛可制笔"与文章哪里对应？（文章最后一句话）在有关语句旁边写个⑨。现在很快地把这 9 句对一对，看谁对得快，对得准。	学生应该基本能将每句话与文章相应部分对应起来。 ①④⑧ ②——§2 ⑥——§3 ⑤——§3、5 ③⑦⑨——§6	通过建立词典内容与文章相关部分的对应关系，引导学生浏览全文并对文章内容有基本把握。

环节	教师活动设计	学生活动预设	设计意图
三 展开对比	把词典上介绍松鼠的语句和课文《松鼠》对照起来看,你们会发现哪些不同之处?(提示:可以从内容、顺序、表达方式和语言特点等方面来讲) (1) 内容:词典更全面;文章更充分。 (2) 顺序:横式结构,并列式;总分。 (3) 表达:说明;说明、描写(比喻、拟人)。 注意提醒学生:"像人们用手一样",不是拟人,而是比较;"像鸟类似的",不是比喻,而是比较。 有"像、好像"的句子不一定是比喻句,也可以表示比较、举例、猜测、联想。 说明方法:作比较、列数字、举例子。 (4) 语言:准确、简洁、平实;优美、生动。	根据具体段落和句子分析: (1) 内容:①④⑧讲了松鼠隶属的科目和分布情况等,所以词典更全面;⑤——§3,词典上用一个词:林栖,文中却用一整段来写,文章更充分。 (2) 顺序:横式结构,并列式,一件一件说,也不用任何连接;总分。§1讲了漂亮、驯良、乖巧的特点(符合人们的认识规律)。2~6从三个方面具体说明松鼠的特点:§2外形特征"漂亮";§3生活方式特征"驯良";§4~5行动特征"乖巧";§6补充。可以进一步启发学生,即使在每个局部,仍有总分结构:漂亮(面容、眼睛、身体、四肢、尾巴和吃食姿势等),驯良(活动范围——不侵犯人类,活动时间——不骚扰人类和食物——不伤害其他动物),乖巧(横渡溪流的方式、触动大树的反应、跑跳的动作和不高兴的声音)。 (3) 表达:说明、描写(比喻、拟人)。①比喻:§2帽缨。②拟人:§2衬托(突出了松鼠头小尾大的特点,将松鼠的自然特征拟人化,成了人的装扮,松鼠就像贵族小少年);§3歇凉、玩耍等;§5不高兴的恨恨声等。 (4) 语言:准确(数字)、简洁、平实(名词和动词为主);优美、生动(形容词、拟人化动词)。	通过对比,帮助学生直观体会本文运用比喻、拟人等手法,将准确说明与形象描写融为一体(科学小品的趣味性)
四 反思差异	《辞海》介绍松鼠的条目跟我们今天要读的课文,就内容、顺序、表达方式和语言来讲,都有不同之处,大家觉得哪一个更好?为什么? 小结:写得好不好,要结合作者的写作意图来判断。词典是给人翻检的,介绍的时候要准确、简洁和平实;文章要具体地说明和描写,生动有趣,大家才有读的兴趣。尤其是本文,作为科学小品,具有(指板书)科学性、知识性、趣味性。 作为词典,我们注重科学性和知识性,而作为科学小品,不仅仅要有科学性和知识性,还要具备趣味性。	学生畅所欲言。 (学生齐声说:科学性、知识性和趣味性)	表面比较优劣,意在加深学生对两种表达差异特点及其作用的认知和印象。

环节	教师活动设计	学生活动预设	设计意图
五 拓展	1. 现在我们再回忆一下开始时老师教大家的儿歌，我们的小松鼠"害得老虎下不了树，抱紧树干大声哭"也很有趣啊，和本文的趣味性有何不同？ 2. 儿歌虽然不如科学小品讲究科学性和知识性，但是这首儿歌有没有讲出松鼠在树上活动的特征？其他儿歌有没有揭示一些动物的特征？这说明儿歌也是包含着知识和道理的。 大家翻到课本 84 页，说明：事物的特点，有些是外显的，如形状、色彩、气味、重量（即五官能感觉的）；有些则是内隐的，如性质、关系、成因、功能。儿歌是给小朋友们念的，考虑到儿童以形象思维为主的认知特点，儿歌会以外显特征为主要说明对象，如小白兔白又白，小蜜蜂嗡嗡嗡，小燕子有剪刀。现在大家已经是初中生了，如果我们要去了解动物世界，又不想打开枯燥的词典，我们该看什么呢？（手指板书：科学小品） 本单元的《云雀》《森林中的绅士》，大家都可以在课后自己阅读。另外老师给大家推荐一本书：《动物描写》（布丰）。 朗诵部分段落（如果时间允许，选择大家能接触到的马和狗）。	学生应该可以回答出：趣味性是以不违背科学性和知识性为前提。（如果学生答不出，可以手指板书给予提示）	通过对儿歌的回顾，再一次强化学生对科学性、知识性和趣味性融为一体的理解，本文是真正做到了将准确说明与形象描写融为一体。 鼓励学生对科学小品的阅读，并在阅读中掌握知识和写作方法。
六 情感拓展	1.《松鼠》这篇文章我们学完了，最后再问大家一个问题：这篇文章中有一句话其实很不"和谐"，大家能找到吗？为什么不"和谐"？ 所以说，拟人手法在这里，不仅产生了形象生动的表达效果，而且还拉近了我们和小松鼠的情感距离，对吗？所以我们在描写我们喜爱的小动物、小宠物的时候，可以运用——（等学生说出拟人的修辞手法） 2. 作者写这篇文章，把小松鼠写得那么漂亮、驯良和乖巧，就是希望我们喜爱小松鼠，和它做好朋友，那为什么不删去这句话呢？ 3. 其实动物是我们大家的朋友，下面老师给大家看一组图片，大家要仔细看照片中小姑娘的表情哦（PPT 展示：tippi 和她的非洲朋友）	学生应该可以找到：松鼠也是一种有用的小动物。他们的肉可以吃，尾毛可以制成画笔，皮可以制成皮衣。 学生应该可以答出：作者笔下，松鼠就像是我们的朋友一样。 学生应该可以答出：科学性和知识性要求作者必须补充。（教师补充：作者将其压缩在最后，一笔带过，没有展开，已经表明了倾向）	再巩固科学小品的三个特征。 培养学生在描写动物作文时自觉运用拟人手法的意识。 激发学生热爱小动物的情感，以及与小动物和谐相处的愿望。

作业设计

1. 完成同步练习册相关练习。

2. 阅读《动物世界》。

修炼建议

1. 从教材中选择几篇典型的非文学作品的课文，上网收集部分语文教师关于这些课文的教学设计或上课实录，看看他们的教学设计与课文的文体性质有多少关联性。

2. 以目前你正在使用的一套教材为研究对象，分析其中的非文学作品，尝试列出其中的属于文体特征的教学内容。

3. 思考：文学作品与非文学作品之间有没有根本的分界？为什么？

第五节　古诗文的阅读教学

问题展示

于老师：文言文的教学很重要，这我也很清楚，毕竟那是我们中华民族文化的精粹。可是我们得承认一个事实，学生生活中的语言表达方式与文言表达距离太远。学生对文言文的字词语法发憷，读不懂，教师只好先串讲字词。教师一串讲，学生就打不起精神，如此造成恶性循环。如果不是中考要考，文言文真没有多少学生愿意学习。

我想，教学中能不能跳过文言文的文字障碍，直接讲古文故事？其实许多古文故事还是很精彩的。

张老师：对于古诗词教学，我想很多老师应该都有和我一样的困惑，那就是学生对古诗词的学习兴趣和教师想象的相去甚远。一首优美的古诗词能够激起教师满腔的热情，可是教师在声情并茂地朗读之后，看到的却是大多数学生漠然的表情。甚至对于一些脍炙人口的古诗句，学生也很难跟着上句接下句。教师对古诗词的教学热情也在逐渐冷却，有时干脆就填鸭式地满堂灌，把本该用心用情鉴赏体悟的课堂教学过程变成了机械的笔记和背诵。于是，教学效果每况愈下，学生的古典文学底蕴越发贫乏，甚至出现了很多对背诵古诗"深恶痛绝"的学生。

案例分析

于老师指出了一个古文教学的核心问题：文言文的"言"和"文"的关系，这是中小学文言文学习不可回避的问题。对于这个问题，的确存在着不同观点，但是，文言文的"言"和"文"并不是对立的，有统一的一面。北京师范大学民俗典籍文字研究中心主任王宁教授谈到"言"的学习对"文"的理解的重要性时，举了一个例子：

"如何理解'春潮带雨晚来急，野渡无人舟自横'的妙处？'横'是'横向的挡门的门闩'，引申为'横竖'与'横逆'两义，由'横逆'引申为'迂曲''任意''不定向'等意思。'江水横流''才华横溢'等'横'的意思都是'多向的''不定向的'。'舟自横'的'横'字用的正是这个义项。船在渡口的湾里，自由自在地、方向不定地漂泊，完全是一种动态的景象。横的客观词义决定了舟的形象，也落实到诗意上。得到了词义，就得到了风景，有了词义，才有鉴赏，语言和文学才能融为一体。"王宁教授在《语言学视野中的语文教学》中还指出："语文课的教学不直接讲语言学，怎么培养语理？应该通过语言现象帮学生养成一种随时观察活生生的言语、从中捕捉规律的敏锐性，培养一种'语言具有规律性'的观念，一种寻求语言规律的意识，这对学习语言和文学，都是十分重要的。"

学习"言"是学好"文"的基础，学习"言"是为了学好"文"。但"言"的学习，不应是靠教师直接讲授，而应在讲"文"中自然带出来为好，但串讲对"言"的学习效果十分有限。

一旦学生在教师的指引下，感受到文言和白话的相同、相近、相通之处，便不再觉得文言离自己很遥远，文言不再是可有可无的东西，学生对"言"的学习兴趣定会提高。因此，教师应从"字字落实，句句翻译"这种枯燥的语言学习方式中摆脱出来，走进感受、体验、想象、比较、鉴赏、评价、发现的学习世界中，使学生的学习兴趣和学习效果得到提高，文言诗文的经典魅力也会得以充分彰显。钱梦龙老师执教《愚公移山》时，可以说做到了"言"和"文"的和谐共振，其中一个片段如下：

师：啊，很好。愚公和智叟都是老头子。那么，那个遗男有几岁了？

生：七八岁。

师：你又是怎么知道的？

生：从"龀"字知道。

师：噢，龀。这个字很难写，你上黑板写写看。（生板书）写得很好。"龀"是什么意思？

生：换牙。

师：对，换牙。你看这是什么偏旁？（生答："齿"旁）孩子七八岁时开始换牙。同学们不但看得很仔细，而且都记住了。那么，这个年纪小小的孩子跟老愚公一起去移山，他爸爸肯让他去吗？

（生一时不能回答，稍一思索，七嘴八舌地："他没有爸爸！"）

师：你们怎么知道？

生：他是寡妇的儿子。孀妻就是寡妇。

师：对！遗男是什么意思？

生：（齐）孤儿。

师：对了！这个孩子死了爸爸，只有妈妈。你们看书的确很仔细！

相信大家看了这个教学片段后，关于文言文教学中"文"和"言"的关系一定有豁然开朗的感觉。

理论点拨

所有的语文教学，都要回答"教什么"与"怎么教"的问题，而且，"教什么"往往在很大程度上影响甚至制约着"怎么教"。因此，要讨论古诗文教学，还得从古诗文的特点入手，知道它们与现代文的共同点与差异，才能对古诗文的教学价值有比较准确的把握。

简单来说，古诗文的教学内容，可以归为言、文、道三个层面：

言，即古汉语知识，包括古文字写法、古文字字义的理解、古汉语语法现象、古文阅读的语感与技能。

文，即古诗文中的文章学知识，包括古诗文文体知识、结构与章法知识、古诗文表达特点。

道，即文章主旨，包括文章中的思想情感和价值观、古人的审美倾向、传统文化信息等。

对古诗文中三种教学内容价值的判断，决定了古诗文教学的不同做法。与现代文相比，古诗文的特点更多地体现在"言"和"道"两个方面。对我们今天的人来说，现代文是我们一直在使用的语言，除了个别词语以外，阅读起来基本没有障碍。而古诗文就不同了，不仅许多字词的意思与今天不同，语法也不同，即使你理解了每个字词的意思，也不一定能理解句子的意思；理解了一些句子，但是不一定能明白段落或全文的意思。正因为这样，在教学中，很多教师把古诗文教学的重点放在"言"上，即以疏通字词、翻译句意、理解全文大意为主，我们不妨称其为"重言"派。

另一方面，被教材选入的古诗文的数量不多，一般一个朝代只有了了数篇作品入选，说是万里挑一也不为过。它们的确都是经过了千百年的检验精选出来的优秀作品，不仅文辞优美，而且浓缩了中国传统文化精髓。如《桃花源记》里崇尚清静自然的生活态度，《捕蛇者说》里忧国忧民的社会责任感，《小石潭记》里爱自然、爱自由的审美意趣，《出师表》里鞠躬尽瘁死而后已的人格魅力，《湖心亭看雪》里含蓄蕴藉的情感表达方式等，都代表着典型的中国传统文人的精神气质和价值取向，是值得我们继承的宝贵财富。由于古诗文是中华民族优秀传统文化的载体，近年来，在古诗文教学中，重视思想文化价值的呼声时有高涨。其中以上海提倡的突出"两纲"教育（即民族精神教育和生命教育）最为典型。我们不妨称他们为"求道"派。

相对于"言"与"道"来说，从文章学的角度来审视古诗文特点，并把它作为教学的核心内容的教学设计则要少一些。其中的原因，我们猜想，除了古诗文自身的文言特点和思想文化内涵非常突出，很容易遮蔽古诗文的文章特点之外，还有一些客观上的原因。现代文的文体类型、概念知识体系均来自西方，它们是随着西方的办学模式以及语文教材编写样式一起被引进中国的。考察我国现代文的教学内容与课文的文体特点的一致性是比较高的，如从人物形象、情节、冲突的角度教小说，从意象的角度教诗歌，从概念和论证思路的角度教社科文等，走的都是西方文章学的道路。而源自我国本土的古诗文，则没有或无法纳入西方文体知识、文论知识的框架之内。这可能也是导致古诗文教学对"文"的方面开发滞后的原因之一。

不过，在近年来的语文教育界，有人已经开始注意到这个问题，并试图让古诗文教学走出单纯的文言字词学习和思想文化熏陶的局限，从文体、文章学的角度来开发古诗文的教学价值，但是，这种做法还处于探索阶段，其主要特征是：

（1）知识开发不够。能用来阐释古诗文特点的概念不成系统，难以作为公共知识（只有"赋体诗""格律"等一些概念可用于诗歌教学）。

（2）概念模糊，教学内容笼统。本来，中国传统文论中有一些描述、评价古诗文的概念，如婉约、豪放、雄奇、性灵、神韵、文气，这些概念都过于含蓄、笼统，多依靠个人的感觉来把握，难以直接作为教学点。如由谢冕主编的《唐宋八大家散文选读》中对古诗文的描述："感受或幽深曲折，或挥洒自如的风格。""峭拔的骨力和清冷的色调相糅合，构成了柳宗元山水散文独特而典型的风格。"这里出现的几个界定文体及表达特点的关键词"幽深曲折""挥洒自如""峭拔的骨力""清冷的色调"等，都属于那种"只可意会，不可言传"的感觉描述，内涵不确定，作为教学目标则很难落实。

（3）有的教材在学习提示和训练部分往往只出现术语概念，没有对其内涵的阐释，更没有运用概念开展训练的步骤。如这样的训练题："韩愈以夹叙夹议的笔法，塑造的张巡……等形象，具有强烈的感染力。"但在课文前后的提示及训练题中，均没有关于用"夹叙夹议"的视角阅读韩愈文章的训练；《陈涉世家》《张衡传》的训练题，都涉及"传记"，但有关"传记体"这一概念的基本问题——"为什么写传记""写什么内容""怎么写"等，教材几乎没有任何阐述，更没有要求围绕"传记体"这一核心知识来学习《陈涉世家》《张衡传》，这就使得这些古文的教学，依然还是回到以学习文言和思想内容为主的套路上去了。

当然，在这里，我们不是说古诗文教学不应该教文言，也不是说古诗文教学不能重在教人文思想，而只是说，古诗文中的文体知识、文章表达方面的价值，也应是我们学习的一笔宝贵财富，应该适当补充到教学内容中去。

应该看到，近些年来我国的古诗文教学，在教学内容的选择与教学目标的设定上，已经出现了一些变化，这些变化是值得肯定的。例如：

在学习重点上，从单纯的文句串讲到文章的整体理解。

在学习内容上，从较多的主旨理解到有了一定的文体特点、表达方法的意识。

在语言的学习上，从基本的修辞表达效果的分析，到篇章结构的鉴赏。

在教学活动上，从模糊、笼统的感受到具体、可操作的训练。

其实，关于古诗文的现代教育实践探索，也不乏先行者，如20世纪80年代初由张中行先生主编的《文言读本》，其中很多教学内容就是从文体特点来考虑的。我们应该继续前人的探索，拓展古诗文教学内容，全面继承古人留给我们的丰富遗产。另一方面，我们也不妨以现代文章学、叙事学等视野来重新审视古人的文章，发掘这些文章被忽视的一些教学价值。如：

《曹刿论战》的人物塑造（环境、对比衬托）技巧。

《愚公移山》里"障碍——排除"式叙事模式。

《桃花源记》里的悬念设置。

《捕蛇者说》叙述中大起大落的"情绪曲线"。

《出师表》的精心选择材料、多角度铺陈的说理艺术。

《湖心亭看雪》里的简约至极的白描手法。

如上所列，如果抓住这些古文在文体、结构及语言上的突出特点，应该能够设计出一些很精彩的教学方案。不过，教材里的古诗文都是千挑万选出来的优秀作品，在很多方面都有学习价值。无论是学文言、接受思想文化熏陶，还是借鉴它的表达技巧，对具体的一堂课来说，很难说选择哪一项是最有价值的。

另外，教学目标——教学内容——教学方法三者应有一定的相关性。赋予一篇古诗或古文什么样的教育价值，应选择相应的教学内容，同时在教学方法选择、教学流程的设计上，都该相应的有所体现。下面，我们简要列出用于古诗文教学的各类方法及相适应的教学内容，供大家参考：

背诵：文辞释义、文史知识、文化意象、名句名篇，有利于积累语料。

讲解：解决字词障碍，挖掘思想内涵，赏析表达妙处，有利于理解全文。

吟诵：借助母语学习特点，帮助记忆，培养语感，有利于字词积累和把握整体感受。

分析：对把握篇章结构特点、理解主旨有帮助，便于总结规律，提高学习效率。

鉴赏：修辞、句法、章法等表达方面的特点、意境和意蕴的精微，有利于情感体验、提高文本细读能力。

探究：对文章特点、思想内涵可深度挖掘，有利于多元的、理性的、批判性思维的培养。

需要注意的是，教学方法与教学内容的相关性不应该是机械的，不同的教学方法也没有绝对的优劣，而应依据课程要求、学生情况及教师特点灵活选择。

拓展延伸

为一篇（首）古文（古诗词）确定合适的教学目标，并设计达成该目标相应的教学活动，是提高古诗文学习成效的关键。学生在学有所得的情况下，才能获得古诗文学习的成就感，有成就感才是激发学生学习古诗文动机的根本。

下面是华东师范大学中文系研究生朱丹萍的硕士论文中的一部分内容，她的论文是关于古诗词教学内容的构建。华东师范大学中文系学科课程论的诸多研究生对小说、散文、诗歌、议论文写作等领域的教学内容正在进行研究，已完成多篇论文。相信经过更多人的努力，古诗文阅读教学"教什么"的问题会有越来越多的回答。

教学内容：意境与意象

1. 区分意象与意境；2. 判断主要意象与辅助意象；3. 分析意境的层次。

天净沙·秋思

马致远

枯藤老树昏鸦，小桥流水人家，古道西风瘦马。夕阳西下，断肠人在天涯。

准备与预习

1. 了解作者马致远的人生经历。

2. 查找资料，了解作者所处时代的文人遭遇。

3. 小组合作，根据对诗的理解，画一幅"秋郊夕照图"。

整合与建构

一、文字与视觉转化，找出物象层次

1. 每组派代表将预习作业"秋郊夕照图"呈现在黑板上，全班讨论哪一幅画得好，说明理由。

2. 结合自己的图画，回答下列问题：

①在画的过程中，你遇到哪些问题？你是如何思考的？

②你认为画这幅图的关键在哪里？最核心的是哪个意象？

③绘画中有图意象和底意象之分，底意象是指作为背景的意象，图意象是指图中要集中表现的意象（也可称为核心意象和辅助意象）。诗歌文字转化为视觉之后，也具有图意象和底意象之分。请指出这首散曲中的图意象和底意象分别是什么？

二、体会断肠人不同层次的情感

1. "断肠人"是否一定要出现在画面中？说明理由。

2. 如果断肠人出现在画面中。

①"小桥、流水、人家"传达出什么样的氛围？与断肠人形成什么关系？

②"枯藤、老树、昏鸦""夕阳西下"传达出什么样的氛围？与断肠人形成什么关系？

③以"断肠人"为参照点，你是站在哪个角度观看全景的？你认为哪个观赏角度更符合诗歌的原意，为什么？

3. 如果断肠人没有出现在画面中。

①断肠人指代什么？

②诗中所传达出来的情感与题2中的情感有何不同？

4. 诗歌的总体基调是凄凉，具体的语境中，凄凉所指不同。结合下面不同的语境，谈谈你的感想。

①如果画中的断肠人是作者自己，结合作者的身世和时代背景，说说凄凉的含义。

②如果诗中的景是"断肠人"家乡的景，凄凉作何解？同样，如果诗中的景是"天涯"的景，到家的日子遥遥无期，你又会有什么感想？

③不考虑作者的身世背景和时代特色，只面对这样一幅"秋郊夕照图"，你认为凄凉体现在哪里？

④如果你的家在小屋里，面对西风中的路人，你觉得他凄凉吗？

5. 情感可以分为作者本人的情感、作者所处时代人的情感、人类的普遍情感，上面第4题中四种不同情境中的情感分别属于哪一类？

6. 结合前面的分析，参考下面的层次图，通过这首散曲中具体语句回答下列问题：

①图意象和底意象的关系是什么？

②图意象与情感的关系是什么？

③三类情感之间的关系是什么？

④该图如何修改才更合理？

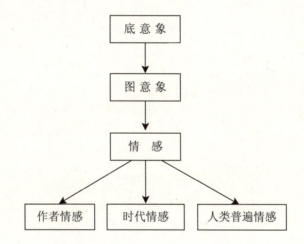

应用与拓展

1. 结合本课的学习，谈谈你对下面一段话的理解。

有一位学者在评价《天净沙·秋思》的时候，这样说道："小漂泊是指个人的有限之身与有限之生，在有限的时间历程中的四处流徙，在有限的空间境域中的漂泊寄寓。大漂泊，则是由个人到人类，指芸芸众生在无尽的时间与无尽的空间中本质的生存状态……地球已有45亿年的历史，人只有短短的一生。然而，在茫茫宇宙之中，地球何尝不是一位资深的来日尚称方长但毕竟有其大限的漂泊者？太空中其他星球何尝不是这样？"（李元洛：《小漂泊与大漂泊——马致远〈天净沙·秋思〉新赏》，载于《中学生阅读（初中版）》2008年10期）

2. 从第二部分第4题中，任选一个场景扩写成一段短文。

修炼建议

1. 回忆你的教学经历,想一想你上古诗文课一般都教什么,又是怎样教的?

2. 重新阅读教材中的古诗文,试着从语言形式等角度去理解这些古诗文,尝试为每一篇古诗文确定一个表达方面的教学目标,并为此做几篇教学设计。

3. 选择一篇你比较满意的古诗文教学设计,试着在班里上一次课,看看教学效果与设想是否一致,并分析总结得失。

4. 思考:如何判断不同类型古诗文的教学价值?

初

中语文教师专业能力必修

Chu Zhong Yu Wen Jiao Shi Zhuan Ye Neng Li Bi Xiu

专题二 写作教学

第一节 认识作文教学

问题展示

加老师：我做语文教师也有十多年了，可是越教越不知道怎么教，阅读教学还好一点，但作文教学基本处于"三无"状态，无序列、无策略、无效果。我很想改变自己的作文教学现状，可是似乎没有什么好办法。以前我也问过一些老教师，他们基本上也是觉得"学生的作文水平不是靠老师教的"，最多只能让学生多读多写。我知道，多读多写当然有用，可是，只是要求学生多读多写，我们教师干什么呢？

朱老师：我在学校里一直带作文班，我常常写些下水作文，也很喜欢教作文，看到自己的学生在作文上有进步，心里很有成就感，因此，我一直坚信作文是可以教好的。但是，最近几年，我对这一点却产生了一些怀疑。因为我用的是同样的教法，可是，这几届学生的作文水平却赶不上以前的学生，很多学生对参加作文竞赛不感兴趣，我用了不少办法，可是收效甚微。我自己也很担心，是我的教学水平下降了，还是现在的学生有问题？

案例分析

作文教学的确让不少语文教师发憷，有的教师上作文课就是一种样式——布置题目写作文，有的则采取回避法，少上作文课，一些学校的作文教学甚至形同虚设。分析其原因，客观上，写作文是综合性的语言活动，也是思维活动，受多种因素的影响，难以把握规律，需要一段时间才能见效，因此，作文教学的成效难以测定。

但是，见效慢不等于没有效果，教与不教肯定有很大的不同。只不过，若是教师教得用心，教学得法，见效周期就会短一些。教师教作文不能急功近利，更不能以不好教而放弃教师的指导职责。

当然，一部分有写作天赋的学生的写作能力的确与作文教学关系不大，但中学写作教学的目标不是培养作家，而是提高学生的基本表达能力。对此，《课程标准》在"课程目标"的"总目标"中有明确的阐释："能具体明确、文从字顺地表述自己的见闻、体验和想法。能根据需要，运用常见的表达方式写作，发展书面语言运用能力。"所以，我们需要引导学生正确认识课堂上的写作教学，区分竞赛作文与课堂作文、考试作文的不同类型、不同功能等，文学写作与实用写作的训练都需要重视，二者不可偏废。

写作活动是一项复杂的实践活动。首先，它需要学生有一定的积累，包括写作素材和语言的积累。积累到一定程度，表达能力自然会水涨船高，这也就是古人主张"熟读唐诗三百首，不会作诗也会吟"的道理所在。其次，需要学生勤练。再次，还需要教师指导有方。三者缺一不可，其中，学生自身的积累应该是基础。

朱老师在教学中遇到的问题，原因既不在于教学，也不在于练习，因为是同样的教师、同样的教法。那么，问题很可能就出在学生身上了，他们写作的素材、语言模型的数量与质量发生了变化，表达自然就有差异了。有专家指出，近一二十年来，有两样东西对学生的阅读方式和生活方式影响巨大，一是网络阅读、快餐阅读对传统书面阅读的侵袭，二是城市生活导致的生活经验简单化和应试制度导致的生活经验单一化，使青少年的生活经验被大大压缩。

因此，如何在当前社会背景下增加学生的阅读量、丰富生活形式，就是教师目前在写作教学中应认真考虑的问题，也是语文课程建设很重要的一个方面。

理论点拨

写作文是对语言的综合运用，在某种程度上体现着一个人的语文水平。20世纪二三十年代的大学入学考试，就有只凭一篇作文定高低的做法。今天，作文也仍然是检测学生语文综合能力的一项重要内容，一般的，在一张试卷中作文分数差不多占到半壁江山。因此，教师要让学生学好语文、考出好成绩，就不能忽视作文教学。

实际上，语文教师无不知道作文的重要性，可是在实际操作中，不少人还是对作文教学的认识存在着一定的误区。教师对作文教学的认识误区，主要有以下几种表现：

1. 认为作文能力是天生的或是学生靠大量阅读、长期写作自己摸索锻炼出来的，而不是教师教出来的，因而上课只是布置作文题目，课后写几句空泛的批语，基本上就放弃了作文教学，这种做法我们可以称之为作文教学的"无为主义"。

2. 让学生背诵一些所谓的优秀作文，考试的时候直接套用，我们不妨把这种做法叫做"投机主义"。

3. 将作文能力知识化，即光讲解"什么是好作文""如何写好作文"的道理，对怎样写好作文则缺乏具体指导，这种做法可以把它命名为"纸上谈兵"。

在作文教学中无为也好，无助也罢，最后都指向一个结果：教与不教差别不大。这样造成的连锁反应是学生对作文课不感兴趣，对作文教学不信任，社会各界对学校的作文教学不满意。在报纸上，几乎每年都有指责作文教学不力的文章，这在其他基础教育学科教学上是很少见的。

要改变学校作文教学教与不教差别不大的问题，改变教师对作文教学的认识应该是第一步。

的确，作文是个性化的创作活动，与艺术创造有相通的一面，需要学生运用自己的观察、体验，抒发内心独特的感情，进行自然的、个性的表达。不可否认，艺术创作需要一定的天赋，因此，从这个角度上说，作文的确有不可教的一面。

此外，写作需要大量阅读和长期练笔。据统计，一个普通人的文字表达能力，若要达到发表水平，一般要有写100万字以上的练笔过程。我们看曹雪芹的《红楼梦》，觉得他的文字已经达到炉火纯青的水平，但这正是他"批阅十载，增删四次"的成果。我们可以来算一下，《红楼梦》版本不同，字数也不一样，有人说，就算曹雪芹只写了前80回，每增删一次，就意味着把六七十万字的文稿重新转抄、修改一遍，那么加起来，曹雪芹光写《红楼梦》就至少有300万字的练笔积累，如果如此，其文字功夫自然了得。从这个例子可以看出，优秀作家的写作能力的确是他们自己练出来的。

但是，中学生学习写作不同于作家搞文学创作，作文教学是青少年在语言社会化方面必须经过的基础阶段，目的是培养一个社会人应该具备的基本文字表达能力，如遣词造句的常见技巧、谋篇布局的基本章法、传情达意的基本技能，以避免初写作文者容易犯的低级错误。学习语言运用的基本规范，主要目的是为了与他人进行有效的沟通，因此对中学生写作技能有基本的要求。教师完全可以通过讲授，使学生通过训练得到写作能力的提高。这就有点像学下棋先学定式，体育项目先练分解动作。高级棋手或运动员在赛场竞争，与强手对决，大部分要靠个人的天赋，靠临场的即兴发挥，但是在刚入门时的初级学习中，在他平时的训练中，他都需要用分解动作来提高基本技能。基本动作要领是入门必备，体现了该项活动的基本要求，基本动作做得好，才能为以后的发挥打下基础。中学的作文教学，主要工作就是打基础。因而，中学作文课要解决的，首先不是个性表达，而是运用语言文字的基本能力，是要教学生将眼前的事物、自己的想法向别人说清楚、讲明白，形成基本能力、常用技巧。因此，选择写作的一些基本技能作为教学内容，训练一些写作的基本步骤，探索一些作文训练的可操作定式，应该是中学作文教学的一个重点。从这个角度上说，中学生的作文有规律可循，一句话，作文教学是可为的。

由不可教到可教，需要我们先做这样的梳理工作：

（1）明白哪些知识是可以教的，哪些是需要学生自己摸索的。

（2）可以教的这些内容，用切实的步骤有效地教给学生。

（3）对不能教的那些部分，指导学生更好、更有效地去摸索。

如果明白了这些，并按照这些原则去做，那么，就等于是在进行有效的作文教学了。不过，这些工作最好不要让一线的语文教师来承担，而应该由课程专家来负责。其实，把写作分成不同的知识和能力要素，分别对学生进行训练，是很早就有的做法。20世纪二三十年代，在语文教育前辈陈望道、夏丏尊、叶圣陶等人早期谈作文的著作里，已经有了把作文能力分成许多知识和能力以便分别教授的想法。夏丏尊、叶圣陶等在《文章讲话》里把表达能力分成"静境""动态""文气"等概念，并分别介绍这些概念的含义、价值、训练要求，以及如何写作才能达到这些要求。例如，就"文气"是如何产生的，怎样能增强文章的"文气"这一问题，夏丏尊、叶圣陶给出了三种解释：

（1）以一词句统率许多词句，足以加强文气。因为许多词句为一词句所统率，读去就不能中断，必须一口气读到段落才可停止。凡具有这种构造的文章，文气都强。

（2）在一串文句中叠用调子相同的词句，也足以加强文气。

（3）多用接续词，把文句尽可能地上下关联，也是加强文气之一法。

以今天的眼光来看，老一辈学者对"文气"的理解未必科学，所列出的增强"文气"的方法也不够周全。因为一篇文章的"文气"既体现在词语、句式上，同样也涉及篇章结构、思想内涵、逻辑关系。"文气"似乎应是意气、才气和语气的有机融合。尽管如此，老一辈学者这种试图解剖作文过程、在作文训练路径上下工夫的做法是十分可贵的，值得继承和发扬。可惜后来在很长的一段时间里，由于种种原因，我们在作文过程化教学这个纬度上的探索几乎完全中断，直到新时期以后才渐渐恢复。

20世纪80年代初，上海华东师大一附中的陆继椿老师带领的课题组曾尝试过用"双分"教学理念来解决语文教学过程化的问题。"双分"即"分类集中、分阶段训练"。前一个"分"是把具有共同的语文知识和表达特点的几篇课文编为一个单元集中学习，让学生把一项知识、技能弄明白，学扎实；后一个"分"是把整个初中的教学内容排成一个有机序列，将中学阅读与作文所必备的知识与技能串接起来。其实，"双分"要解决的无非是语文学习中的两个问题，一个是"点"，一个是"序"。所谓"点"，是指一个合格的中学生应该掌握的语文知识、表达技能；所谓"序"，就是学生必须掌握的这些语文知识、表达技能之间是什么关系。经过研究，他们筛选出记叙能力、文言文阅读能力、说明能力、论述能力和文学作品赏析能力这五种类别，共108个知识点，并以此为圆心，在教材编写和课堂教学系列中建立了108个训练点，对学生进行分项训练。其中，《分类集分阶段进行语言训练试验课本》中的第一册教材是记叙文训练专项，列有"记叙建筑物""记叙环境的一角""记叙一幅画""记叙日出夜色""记叙植物""记叙动物"等。

不过，以分解的语文知识、技能要素构建语文教学（包括作文教学）的过程，不仅要解决"点"和"序"的问题，更重要的还在于能不能围绕这些教学"点"，分别设计成科学、有效、具有可操作性的训练步骤。缺了这最后一步，知识和能力点又变成了空泛的概念描述和目标要求，而"双分"教材和教学没有继续探索下去，问题也就在这里。

近年来，语文有效教学的呼声日益高涨，但同时，反对机械肢解语文教材、分解写作过程的意见也不在少数。不过，现在大家对这个问题的讨论已经处于比较理性的状态，知道无论是笼统地喊口号、提建议，还是简单地提意见、扣帽子，都不能解决问题，关键还是要拿出建设性的课程计划和训练实效。

拓展延伸

下面是福建省泉州市现代中学袁敏老师设计的"准确使用动词"的学习活动：

同学们在写作时，经常会发现自己的文章缺乏对生活、事件的细致描摹，无法写出一个鲜活的世界。那怎么办呢？

用动词！

用动词可以写出鲜活的世界、鲜活的人物、鲜活的故事。

化静为动，让我们使笔下的世界动起来。

（一）用动作分解的方法让笔下的世界活起来

1. 例文对比

材料1，学生习作《棋》片段

周末，我闲着没事，便与爸爸下起象棋来。时间过得很快，才一会儿工夫，我就连输了两局，我不服气，便要求爸爸再来一局。

在第三局中，我吸取前两局的教训，认真思考每一步，"兵来将挡、水来土掩"，爸爸下一步马，我马上跟上一步炮，爸爸移士，我就进车……

一番苦战，我终于赢了一局。爸爸连夸我有进步。

材料2，学生仿写习作《棋》片段

"啪！"

一颗晶莹剔透的棋子轻轻落在了棋盘上，我探出食指，又在上面抚摸数下，这才恋恋不舍地收回。此子一下，我的形势顿时变得好起来，我终于松了一口气，面带得意之色，望着对面盘坐的爸爸。

"好棋！"

爸爸面色凝重，手中拈起一颗黑子，刚伸出去，可又立刻缩了回来，最后轻敲棋盘，久久没有落下……

两则材料都写到了下棋的过程，找出其中的动词，并想想哪一篇的效果更好，为什么？

2. 小试身手

（1）阅读下面的材料，画出动词，想一想这些动词的表达效果。

老头儿放下了钓丝，把它踩在脚底，然后把渔叉高高地举起来，举到不能再高的高度，同时使出全身的力气，比他刚才所聚集的更多的力气，把渔叉扎进正好在那大胸鳍后面的鱼腰里，那个胸鳍高高地挺在空中，高得与一个人的胸膛齐平。他觉得渔叉已经扎进鱼身上了，于是他靠在叉把上面，把渔叉扎得更深一点，再用全身的重量推到里面去。

（海明威《老人与海》）

（2）结合你的生活经验，并展开想象，使用动作分解的方法，将下面的句子写成一段话。

原句：树叶飘落。

(二) 结合语境准确使用动词

1. 例文对比

材料1

在一条清澈见底的小溪旁，他听见了"救命"的呼救声。原来是两个贪玩的孩子落入了小溪中，小孩的身子在水中一会儿出现，一会儿消失，眼看就要被水流带着冲向远方……情况万分紧急。他顾不上多想，立即跳入溪中，奋力向落水儿童游去。（学生习作《郊游》片段）

结合语境，说说上面材料中哪些地方动词使用不当，为什么？

材料2

自习课的铃声响过许久，李勤的脑袋才从教室后门悄悄探出半个，左瞄右瞥，仔细查看教室里的状况。

"好机会！"李勤欣喜地发现王老师背对着他，正在给前排的同学讲解作业。他随即伏下身子，蹑手蹑脚飘进后门，贴着墙壁，如小偷般一步步往自己的位子挪去。（学生习作《那天，那节课》片段）

阅读材料，画出动词，想一想这些动词的表达效果。

2. 小试身手

根据下文提示的语境，请续写一段话。

书房内，胡俊逸刚偷偷拿出漫画书，突然身后轻响，妈妈一手端着牛奶，一手推开房门……

(三) 结合人物身份、年龄、性格等特点准确使用动词

1. 例文对比

材料1

待到增加了秃头的老头子以后，空缺已经不多。而立刻又被一个赤膊的红鼻子大胖补满了。但是后面的一个抱着孩子的老妈子想乘机挤进来……一个小学生奔上来，一手按住自己头上的小布帽，向人丛中直钻去。他（壮汉）于是仿佛自己就像犯了罪似的局促起来，终于慢慢退后，溜出去了。

上面几句都用了表示排队时进出动作的动词，但是各人身份不同，心情不同，所选用的动词也就不同。

材料2

孔乙己一到店，所有喝酒的人便都看着他笑，有的叫道，"孔乙己，你脸上又添上新伤疤了！"他不回答，对柜里说，"温两碗酒，要一碟茴香豆。"便排出九文大钱。

我温了酒，端出去，放在门槛上。他（孔乙己）从破衣袋里摸出四文大钱，放在我手里，见他满手是泥，原来他便用这手走来的。不一会，他喝完酒，便又在旁人的

说笑声中，坐着用这手慢慢走去了。（鲁迅《孔乙己》）

孔乙己前后两次喝酒，他喝酒与付钱的动作发生了哪些变化，请在材料中画出，并说说这些动作的表达效果。

2. 小试身手

连连看

（1）热闹的笑　　　眉开眼笑

（2）难看的笑　　　奸笑

（3）可怕的笑　　　嘲笑

（4）残酷的笑　　　皮笑肉不笑

（5）阴险的笑　　　冷笑

（6）恶毒的笑　　　哄堂大笑

（7）开心的笑　　　狞笑

袁老师设计的这个写作活动特点非常明显。其一是教学目标明确、具体。张富老师在《如何简化语文教学》中第一条就指出"教学任务——简明"。一节课，无论是作文教学还是阅读教学，教师若不能明明白白地描述"教什么"，恐怕很难保证教学的有效性。从该案例看，袁老师不仅具体描述出这节课的教学目标——"准确使用动词"，还进一步把目标分解为以"动作分解的方法让笔下世界活起来""结合语境准确使用动词"和"结合人物身份、年龄、性格等特点准确使用动词"。人们常说"条条大路通罗马"，但是，在教学目标的确定实施中，我们首先要知道"罗马在哪里""罗马是什么样的"，然后才是选择道路问题。其二是袁老师设计的学习活动集中而简约。"集中"是指学习活动径直指向学习目标，不转弯抹角，没有喧宾夺主的花招；"简约"是指学习活动不烦琐，或范文引路，或比较优劣，或学生自主尝试，都简单明了。

当然，该案例中的缺陷也是有的，主要是辨析活动较多，而相对来说学生的写作实践还是少了点。写作能力还是要在写作、反思、修改的活动中才能有好的提升效果。

修炼建议

1. 梳理自己写作教学中遇到的问题，把它们分分类，看看哪些是来自学生方面的，哪些是来自教师的，哪些是所有语文教师共同面对的，哪些是属于你自己的困难。

2. 选择其中的一个难题，查阅资料，看看在这个问题上别人有哪些经验，这些经验能否帮助解决你的问题。

3. 在作文教学上，你最有特色或最有成效的做法有哪些？尝试做些总结，与自己的同事、朋友交流、分享。

第二节　落实写作过程的指导

方老师：下面是我在网上搜索到的一份作文教学设计。说实话，看了设计我很无语，知道这样的设计有问题，但问题在哪里又说不清楚，很希望同行们谈谈自己的看法。

作文课教学设计

教学目的：

1. 让学生建立团结合作的精神。

2. 训练学生的朗读能力。

3. 查阅资料，在这个过程中，积累知识，直观地了解作品的中心思想、写作特点、语言特点，等等。

4. 让学生去找自己喜欢的作文，而不是老师把观点强加于学生，这样不仅发挥了他们的主观能动性，而且便于他们接受，教学效果会更好，从而最终达到提高学生写作水平的目的。

教学重点：

1. 抓住学生所选文章的优点进行教学。

2. 抓住文章立意、结构、语言、表达等特点。

3. 训练学生的分析能力和归纳总结的能力。

4. 从学生所选的文章中寻找德育点，不失时机地对学生进行德育。

5. 仿写一篇好文章。

教学课时：一课时

教学步骤：

1. 课前准备

根据班级人数分成几个小组，每一组选定一个负责人，把几个小组分序（如第一组、第二组等）。

给一周时间让学生课下查阅有关资料，选定一篇好的作文。

每组指派一名学生把本组找的作文录入磁带备用。

2. 教学过程

教师放学生录的磁带，让全班学生有个初步的印象。教师再播放磁带，让学生评价朗读者的朗读效果。

让录磁带的一组指派一名学生分析选这篇文章的目的、文章的优点，以及对以后的写作带来的好处。

全班一起讨论文章的优、缺点。教师不参与讨论意见，让学生发挥主观能动性，通过自身内心的感受说出自己的看法。

学生评论结束，教师作适当的总结性发言，对学生讲评的遗漏点补充完整，指导学生写类似的文章。

家庭作业：模仿例文（构思、结构、语言等）写一篇作文。

案例分析

方老师提供的作文教学设计反映出来的问题有一定的代表性。

首先，我们来说说优点。这则设计的亮点之一是对作文教学过程有一定的设想，且三个步骤清晰，即通过找文章、听文章、评文章，总结写文章的技巧。其次，学生是学习活动的主体，这十分契合新课程理念。

但这个教学设计反映出来的问题也很明显，具体可从以下三个方面来看：

第一，教学目标乱。这份设计的"教学目的"有 4 项，但是没有一项是直接针对提高学生的写作技能而设计的。第一项属于"情感、态度与价值观"维度，放在第一项里不够规范，且"团结合作精神"与写作文关系不大，除非作文题目是关于团结合作精神的；第二项和第三项似乎更像阅读教学的目标，且比较空泛；第四项"找作文"有一定的"过程"，但描述语言不够规范。核心问题是目标不明确、不集中。在"教什么"上没有清晰的目的和针对性，教学效果无从谈起。当然，一些教师可能会认为这样的设计至少可以训练学生的语感。语感的培养显然有助于写作能力的提高，但是，如何提高学生"直观地了解作品的中心思想、写作特点、语言特点"等语感，在"查阅资料"的活动中却没有体现。

第二，"教学重点"表述不专业。所谓"教学重点"，就是学生在一堂课里最应学会的知识或技能，融合了核心目标和教学主体活动，也是这堂课的价值所在。一节课只可能有一两个重点，若是有五项教学重点，也就无所谓重点不重点了。教案里写的"抓住同学所选文章的优点进行教学"和"从学生所选文章中寻找德育点，不失时机地对学生进行德育"，只能看做该课想强调的特点，而"仿写一篇好文章"还是学生的课后作业，它们都不适合做"教学重点"。

第三，主要教学活动不太合理。从教学过程的设计来看，"听文章"是学习的关键，后面的评析与总结都基于前面的"听"，但是为什么要选择"听"而不选择"读"与"看"呢？"录文章"的价值在锻炼朗读能力，但对"交流"习作反而不利，因此，听录音不如让学生看到书面的习作。这就属于教学手段与教学目的不一致。学生自主学习也看不出指导过程，教师缺乏对具体过程的要求与指导，这也是值得改进的，当然这也是最难的。

需要补充的一点是，该设计中还有一点值得肯定，即"家庭作业"的设计。学生在真实的写作活动中进行实践，如果写完后有进一步的交流，那一定是有助于学生写作能力的提高的。

学生写作文的过程应该得到具体指导，即作文教学过程化，它是作文有效教学值得探索的方向之一。

在作文教学过程化上的探索，可以沿着两条思路展开，一是从作文的写作过程入手来探讨作文教学过程的合理性和有效性；另一种是从构成作文的知识和能力要素入手，来设计作文的分项训练过程。

一、按照"学生写作过程"设计作文教学

写作是思维和语言活动在时间上的展开。一篇文章从准备到构思再到完成，存在着一个时间流程。那么，以文章的写作过程为线索组织教学活动，是很自然的教学程序。以作文过程为线索组织作文教学，需要完成以下工作：

（1）列出完成一篇"作文"的主要环节。

（2）按照写作的主要环节，将教学活动划分为几个教学板块。

（3）确定每个教学板块具体的目标和步骤。

（4）通过教学活动设计，合理组织作文训练，获得预期效果。

一般来说，以往中学的作文教学基本上都是按照作文写作流程来展开教学的。我国的中学作文教学有两种基本流程：一是四阶段指导模式，即"教师写前指导——学生写作——教师批改——交流展示"；另一种为两阶段指导模式，即"学生写作——教师批改"，当然，后者也可以看成是前者的简化版。两种教学模式的内容与过程，如下表所示：

作文阶段	训练内容与过程	
	模式1	模式2
写前指导	范文借鉴、教师给出作文题、头脑风暴（获得写作素材）、教师进行思路点拨、学生拟提纲	教师布置作文题，学生完成写作
写作	学生独立写作	
批改	以教师批改为主（偶尔采用自批、小组批改、面批）	教师在作文本上写批改意见；学生看批改意见、完成修改
交流展示	教师讲评（读优秀作文＋问题分析）、张贴优秀作文（黑板报、墙报、班级网页；佳作园地、作文排行榜等）	

从上表可以看出，在"写作"这一最需要指导的中心环节上，上述两种模式其实大同小异，都没有作具体指导。或者说，这样的作文教学还是基于多写多练、让写作能力自然提升的理念，即作文基本上由学生独立完成，学生在写作的"进行时"里，

初 中语文教师专业能力必修 Chu Zhong Yu Wen Jiao Shi Zhuan Ye Neng Li Bi Xiu

缺少必要的讨论和具体的帮助，比如，怎样判断哪则材料更好一些？如何提出更好的立意？怎样让描写生动一些？等等。即使以后学生能通过教师评语、课堂讲评甚至在面批中了解教师的意见，但是，学生当时的写作情景已经不可重现，指导和训练都无法融为课程的有机部分，因此说，教师在其中的作用并不明显。

有人把教师在作文教学中的"失语"和"无为"归咎于作文课堂教学本身，也就是说，是这种以写作环节来组织作文教学的做法使得教师的指导失去了用武之地。虽然从总体上来说，班级上课制不利于个性化写作能力的提高，但是，"不利于"指导并不是"不能够"指导；教师不能够逐个对学生的写作过程实施指导，并不是不能对课堂写作过程施加有效的控制和影响，使之体现一定的程序。在这方面，美国课堂的作文教学，为我们提供了一种方式。

美国的写作训练有不同模式，如分段写作模式、头脑风暴写作模式、环境写作模式等。这些模式都将写作过程分解为若干阶段，其中"写作构思""写作""审阅""修改"几个环节几乎是所有模式共同强调的。这些环节的性质、功能与我们的作文教学四阶段大同小异，只不过美国的课程标准除了为作文分出几个阶段以外，还规定了每一个阶段学生和教师分别做什么、怎么做，这就在很大程度上降低了集体上课可能导致的空泛性，而强调了教学的可操作性，从而能使教师把作文教学的过程化落到实处。下面我们来看王爱娣著的《美国语文教育》中美国马萨诸塞州英语语言艺术课程框架的普通五阶段模式的具体操作要求：

49

阶　段	策　　略	过　　程
确立中心与制订计划	通达先前的知识，建构目的，辨别听众（读者），形成问题，理解任务的标准。	讨论列表，画图，网络，草拟，角色扮演，自由写作，组织，分类，列提纲
打草稿	（看普通标准19）	添加事实与细节，删减不必要的细节和多余的话
评价与修改 评价与编辑	带着听众意识、目的和焦点问题重新读。辨别含糊不清及逻辑错误。注意是否连贯、阐述是否具体、是否有细节描写。（看普通标准19）对照标准和英语语言规范重新读。（看普通标准22）	重新组织 注意句型变化、正确的句子结构、技巧、惯用法和拼写
出版与评定	审视标准和任务目的、听众的需要；计划和准备最后的产品；反思和计划未来的写作任务。（看普通标准25）	设计 格式化 排演和上交 评价最后的产品

中美在作文过程指导方面差异表现如下：

阶　段	相　同	不　同	
		中　国	美　国
写作前	范文借鉴、知晓写作任务、获得写作素材、拟提纲	教师命题、点拨写作思路，学生独立拟提纲；以激活学生完成写作任务（教师的命题作文）为导向。	命题关注实用表达，贴近学生生活需要；学生根据表达目的交流素材，修改、完善提纲；以激活学生的表达愿望与已有经验为导向。
写作	独立写作	一次性的活动。	反复的活动：初稿——讨论修改——成稿。
写作后	批改、交流	教师评价为主，教师主导交流；成果展示是部分同学的事情。	学生修改和完善习作是不可缺少的环节；成果展示是所有学生的事情。

　　从美国人的做法可知，并不是课堂教学一定会限制作文教学的过程性指导，而是我们的作文教学设计比较粗糙或缺乏过程意识，尤其是在作文教学的主要环节上，我们长期缺乏可操作的规定和要求。要改变以往的面貌，必须使作文指导再具体一点、细致一点、明确一点，使教学过程或训练过程有迹可循。

二、按照"指导过程"设计作文教学

　　作文教学过程化应该努力的第二个方向，是从构成作文知识和能力的诸要素入手，通过分项训练提高学生的写作能力，在每一项训练上不仅仅是提出笼统的要求，还要设计具体指导过程。如"描写能力"的训练，教师不仅仅是让学生知道"描写要具体、描写要生动"的要求，还要通过具体训练帮助学生学会如何才能做到具体生动的描写。记叙性文章的选材，教师不仅仅是让学生懂得"材料应该具体、典型、新颖"，还应教会学生怎样选择"具体、典型、新颖的材料"。这个"怎样"的训练就需要教师进行一系列的过程指导，将写作训练设计成学生能够做的和愿意做的一系列活动，使他们在这一系列的活动过程中获得写作知识技能。

　　沿着这条路实现作文教学过程化，以下几项工作至关重要：

　　（1）列出构成作文能力的基本要素，如观察、描写、叙述、抒情、议论、虚构、写实、立意。描写又可以分为场面描写、人物肖像描写、动作描写、对比描写等。

　　（2）将这些要素按照序列构成一组训练点，围绕每一个训练点设计具体可操作的训练步骤。

　　（3）每一堂作文教学课或一个教学单元，分别完成一项训练内容，训练一项能力。

（4）把各分项训练综合起来，提高整体的写作能力。

教师或学生依照这些设计，可以真正完成训练过程，使学生在规范有效的教学过程的约束或指导下，提高写作能力。

有人将按知识、技能要素指导作文训练的做法称为要素主义或技术主义，这显然有失偏颇。吕叔湘认为，"使用语文是一种技能，跟游泳、打乒乓球等技能没有什么本质上的不同。""任何技能都必须具备两个特点，一是正确，二是熟练。要正确必须善于模仿，要熟练必须反复实践。""技能的获得要通过学生的活动，教师是无法包办代替的。"他一再强调，"从某种意义上说，语言以及一切技能都是一种习惯。凡是习惯都是通过多次反复的实践养成的。"

例如，要教会学生"生动地叙述"，我们可以尝试将这一总目标分成下面诸多分目标，围绕一个目标，编制一套相应的训练步骤，通过分项训练形成综合能力（见郑桂华、冯善亮的《初中作文实验教程》）：

1. 制造悬念——在作品的某一部分故意设置疑团，引起读者对人物命运、矛盾冲突的关注，使其产生急切期待、欲知后事的心理。如《草船借箭》（罗贯中）。

2. 铺陈误会——利用时间、地点、人为因素，故意造成人物之间的误解，为情节推波助澜，丰富情节的戏剧性。如《醉人的春夜》（吴金良）。

3. 着力突转——故事情节不是按常理发展，而是陡遇情理中的"意外"，转向另一方面去。如《我的叔叔于勒》（莫泊桑）。

4. 抑扬结合——常见的有欲扬先抑和欲抑先扬两种方法，"抑"是蓄势，"扬"是兴波。如《阿长与〈山海经〉》（鲁迅）。

5. 虚实相生——正面直接地写叫实写，侧面间接地写叫虚写。虚写为实写服务。文章要以实带虚，虚中见实，相辅相成，形成一个又一个波澜。如《第二次考试》（何为）。

此外，曲折生动的表达技法还有利用巧合、张弛相间、预埋伏笔、渲染气氛等。在写记叙文的时候，如果能够灵活运用其中的一两种技法，就能使文章跌宕起伏、引人入胜。

上面列举的每一个分目标里，都应结合具体实例，安排训练段落，列出评价标准，指导反思修改。经过反复训练，学生写作能力的提高，应该是值得期待的。

当然，关于作文的过程指导，有几点是必须说明的。作文过程化教学的进程，都只是提高学生写作能力的入门问题，提高写作水平当然要结合大量阅读、大量写作，但是只做这样的训练对学生写作能力的提高肯定不够，这是毫无疑问的。

就目前来看，我们还不能对作文教学的各种文体、各个环节进行科学合理的分解。以科学思维破解作文教学难题，可能未必是终极思路，我们只能说，这还属于一种尝试。

近几年来，关于作文教学的探索变得多起来，尤其是在作文过程化教学的设计方面。下面的案例是浙江省舟山中学朱丹萍老师为初中二年级学生做的作文教学设计。

材料的选择与顺序安排

教学目标：能够有目的地区分材料的主次；知道并尝试合理安排材料的顺序。

教学时间：1课时

教学流程

一、发现问题

1. 用10分钟时间，以"我与北京奥运"为题写一篇短文。写自己在奥运期间经历的事情，记录自己的所见、所闻、所感。字数不限，尽量多写。

（设计说明：这个题目非常大，学生肯定都会有许多话说，10分钟可能还不够他们写尽想写的事，但是很能反映出学生的状况。除了个别学生，绝大部分学生很难把握好这么大的题目）

2. 请部分同学朗读自己的作文，其他同学注意听，找出他写了哪些事情、哪些事物、想表达什么思想。

（让学生回答板书：一边是写事件，一边是写表达的思想。学生的思想和所记叙的事情之间往往很难一一对应，更不用说围绕着中心。如学生可能会写交通管制带来的麻烦，但是最后还是说：我享受奥运）

3. 请大家看黑板上列出的"事件"和所表达的思想。

二、明确问题

1. 用5分钟时间，同桌之间相互交换作文，采用黑板上的方法，为对方列出所写的事件和传达出的所有思想感情。

（看自己的文章往往看不出问题在哪里，看别人的东西，眼光总是会挑剔一点，大家遇到的问题可能都差不多）

2. 请学生回答：为什么同一篇文章，会有这么多不同的理解呢？说说你们在写作时的感受和导致这种问题的原因。

点拨：

（1）材料用得太杂：最大的可能就是学生不知道如何选材。

（2）主题不明确：他们心中没有预先进行中心定位，或者根本没有主题的概念。

（3）思路混乱：对材料的安排顺序不恰当。

三、解决问题

1. 在原来所列出的事件的基础（事件包括物象）上，再增加几条，达到十条以上（尽可能多列）。

2. 确立一个中心（这个中心可以简单一点，随便什么中心都可以，只要有材料证明），一经确立便不能再更改，只能改材料以附和主题。学生一定要养成这样的习惯，否则初学者都会感到混乱。

3. 把材料进行分类，与主题密切相关的归为重点类，有点关系但不密切的归为一般类，毫无关系的归为无关类。在重点类里面，有可能各个材料之间的地位是相当的，那就要根据角度来定，如关于毅力的选一个，关于友谊的选一个，其余可归到一般类中，相应减少一般类的数量，直到恰当为止。

4. 确定一定的顺序（时间、空间等），将重点类、一般类材料混合排列成相应的顺序。

5. 按照这个顺序将重点类材料详写，一般类材料略写，并在开头提出中心论点，在结尾深化提升，这样一篇完整有序的文章清清楚楚地写成了。按全文八百字算，详写的材料以两个为宜，每个字数在三百以上，略写的材料可以在三到五个，每个在一百字以内。

（活动说明：请三位学生到黑板上做，其他学生在下面做，然后交流）

四、深化认识

1. 用以上的方法分析这篇文章，说出它值得学习的地方和不足之处。

两点一线

迎着朝露赶往学校，披着星辉回家。从家到学校，从学校回家，家和学校，两点一线。我是一只快乐的小小鸟，来往于这两点一线间，享受着家的温馨，饱尝着知识的琼浆。

"6点15分了，乖，起床啦。"妈妈轻轻推我起床，"今天比昨天更冷，多穿一件衣服呀。"妈妈从衣橱里拿出一件毛衣放在我的床头。"动作快点，别磨磨蹭蹭的，今天轮到你值日啦！"该下楼做饭了，妈妈也不忘留下一句温柔的叮嘱。

听了妈妈的话，我马上起床，在5分钟内穿好衣服，洗漱完毕，然后大声朗读课文："余忆童稚时，能张目对日，明察秋毫……"

"吃饭啦！"妈妈甜美的声音通过楼道的无线电的"广播"传到我的耳朵里，"来啦！"我马上把书装入书包，像一只快乐的小鹿冲下楼去。"哈，蛋炒饭，肯定很好吃！"我抓起筷子就匆匆扒完碗中的饭，拎起书包，跳上单车就向学校赶。"路上小心！"都骑出去好远了，还听见妈妈的叮咛声。

在学校里，学习知识无疑是一种乐趣。我最喜欢上数学课了，在老师的粉笔下，好像没有任何的难题："做这一题，可以过 A 点作 BC 的平行线，再延长 BA。看，$\angle 1$ 与 $\angle 3$ 相等，$\angle 2$ 与 $\angle 4$ 相等，而 $\angle 3$、$\angle 2$ 和 $\angle A$ 组成一个平角，经过等量代换，$\angle 1 + \angle 2 + \angle A = 180°$。这就是这一题的答案，有不理解的请举手……"

哦，我恍然大悟，原来得引辅助线呀！心中的疑团解开的感觉真好！

学习的快乐又何止这些呢？语文课上，我们遨游在文字的海洋，感悟人生哲理；历史课上，我们与老师谈古论今，吸取前车之鉴；政治课上，老师教我们学做真人；

生物课上，老师引导我们步入自然的大门……这些，何尝不是乐趣？若说无趣，是你没有用心体会罢了。

风刮在脸颊，冷冷的，但我的心却暖暖的。满载着一车星辉回家，想着爸爸早已在家为我准备好了一杯热牛奶，妈妈又在为明天的早饭做准备了。呵，那种感觉啊——真好！

我是一只小小鸟，在两点一线间奔波，乐此不疲，乐此不疲！

分析：

作者写到的事件（物象）：风、星辉、朝露、爸爸准备热牛奶、妈妈准备明天的早饭、妈妈催我起床、我起床、朗读课文、吃早饭、出门上学、妈妈的叮咛、上数学课……

这篇文章的中心是作者表达了两点一线生活的快乐。

围绕这个中心，把材料分为三类：①重点类，包括风、妈妈催我起床、上数学课；②一般类，包括妈妈的叮咛、妈妈准备明天的早饭、爸爸准备热牛奶、星辉、朝露、吃早饭……③无关类，包括我起床、朗读课文、出门上学。

为什么要这么分呢？我们可以把作者的快乐分成三块：一块发生在家里，一块发生在路上，一块发生在学校。家里的温馨让作者感到快乐，所以能突出温馨的材料详写，而起床、朗读课文、出门上学是比较中性的事件，并不能表明什么，可以删掉。从其他几件事的比较来看，妈妈催我起床最能表现温馨的氛围，如跟妈妈撒娇、说悄悄话等。学校的快乐则是源自于获得知识时刻的那种成就感，作者写了很多课，但是它们都属于同一类型，所以只能取其一进行详写，其余归到略写中。上学的路上也会有许多快乐，作者在文中并未体现出，所以重点类中的"风"不一定就是要写风，也可以写星辉、朝露或者别的什么活动，只是路上也需要有一个详写。

这样比较的话，我们可以发现作者文章存在这样两个不足：一个是材料用得太多，八百多字用了十六个材料，每个材料五十多字的描写明显是不够的；另一个就是详写不够详细，最详细的也只有一百来字，也是不够的，这就需要把多余材料的空间腾出来。略写的材料可选择的较多，只要能调节上下，使之连贯就可以了。

作者这里采用的是路上——家里——学校的方位顺序，这个顺序比家里——路上——学校（或者学校——路上——家里）这种模式要好，能起到强调的作用，而且首尾呼应，文章结构比较紧凑、完整。后者则显得较古板。

2. 作业：以"我学英语"为题，按照课上的方法，写一篇文章，需要列出选择和组织材料的具体步骤。

初中生的思维还处在发育阶段，元认知能力较弱，因此，他们不容易对自己的行为进行恰当的检测和控制，表现在记叙文写作上，是轻重不分，选择材料缺少典型性，顺序欠妥当等。本课的设计通过"确立中心点，删改材料"的方法，确立每一个具体步骤，培养学生选择材料、安排材料顺序的能力。

整堂课由四个板块组成：一是发现问题——学生的思想和所记叙的事情之间往往很难一一对应，更不用说围绕着中心；二是明确问题——学生所选的材料杂乱；三是解决问题——确立中心后将材料根据中心分类，再确定材料的顺序；四是深化认识——分析一篇文章的优点与不足以及尝试命题作文的材料选择与组织。前三个环节在课上完成，第四个环节可以在课上完成，也可以放在课后做。

该设计训练目标明晰，学习活动设计合乎学生的逻辑，操作性比较强。

修炼建议

1. 分析上面朱丹萍老师的教学设计，对其科学性、合理性、可行性提出意见或建议。

2. 选择一个写作教学点（如"生动描写人物""环境描写"），设计一份基于写作过程指导的写作教学设计。

3. 做好设计后，尝试依据该设计进行教学，反思该设计的优点与不足，写好教学反思，看看这样的探索对写作教学的意义。

第三节　帮助学生树立读者意识

问题展示

秦老师：我的几位学生随笔写得很好，每次批改他们的随笔都有一种"很享受"的感觉。可是一到考试，这几位同学的作文得分却往往不高。这样的情况在其他老师那里也有所体现，我们对作文阅卷实在不敢恭维，阅卷教师"草菅人命"的情况实在叫我们这些一线教师心寒。

刘老师：我的学生从升到初一开始，写作文总是老一套，写到亲情就是"妈妈送我上医院"，而且多半还是"刮风下雨""没有车，只能背着我"；写到校园就是"我们的校园真美啊""春天百花盛开""夏天树木成荫""秋天金色满园"等。都是套话，缺少真情实感，基本是一些老掉牙的大话套话，叫人不想去读。

案例分析

随笔写得好，是不是就是作文水平高？

学生写作为什么喜欢讲大话、套话？

回答这些问题，三言两语难以说清，下面我们就从一个角度来谈谈，即写作的目的和功能。

一个人为什么要写作呢？无非有两种目的：一是为了抒发情感，即情绪郁结，有感而发，不吐不快；二是为了交流，或是为了让别人了解你的愿望，或是满足读者的某种需求。这也是写作的两种基本功能。为第一种目的而写的，如日记、诗歌；为第二种目的而写的，如写请假条、产品说明书、新闻报道等。

随笔主要是抒发自己对生活的感受与思考，往往是有感而发，具有真情实意。老师、同学与他又有着共同的生活背景，很容易被他描述的生活细节、所思考的生活哲理感动，对他的文笔章法往往不作要求，只要能看懂就行了。而考试作文则不然，此时此刻的阅卷教师是一个考官，他的任务是在有限的时间里审阅多篇作文，以此来判断这些学生基本的表达水平如何，因此，他们关注的往往是学生作文的规范性。而一些意旨另类、表达隐晦、字迹潦草的作文往往有一定的阅读障碍，得分可能就相对低一些，可见，学生作文分数低未必是阅卷教师的问题。从这个意义上来说，考场作文更需要考虑阅读者（这里专指阅卷教师）的阅读需求。

刘老师提到的问题也有普遍性。导致学生写作文时"无话可说"和"说空话、套话"的原因有很多，而学生普遍缺乏"读者意识"是其中的重要原因。学生写作时不知道为谁写，不知道为什么写（为了完成老师的作业而写不能说是写作的目的），在这样的情况下，"写什么"自然就成了难题，空话、套话也就在所难免。修正的途径是让学生心里有读者意识，即知道这篇文章是为谁而写。

培养学生读者意识的问题近年来已开始受到普遍重视。《课程标准》在"总目标"中提出，学生应"能根据需要，运用常见的表达方式写作"，在阶段目标中提出，要"懂得写作是为了自我表达和与人交流"（5～6年级要求），"写作时考虑不同的目的和对象"（7～9年级要求），强调的都是读者意识。

理论点拨

所谓读者意识，简要地说，就是写作时心中有特定的阅读对象和明确的表达目的，并据此选择合适的表达方式，也就是写作要服务于交际需要。语言是最重要的交际工具，人类的语言表达天生具有对象性和目的性，正如俗话所说："见什么人说什么话，到什么山上唱什么歌。"如果观察过那些没有经过学校教育的婴幼儿，你就会发现，他们说话的目的性就很强，他们知道谁手里有吃好的、哪里有好玩的，因此，他们能本能地知道在说话（甚至哭闹）的时候，眼睛应该对着谁或背着谁，态度应该亲近谁或疏远谁。因为如果别人听不明白，他的诉求很可能就会落空。这就是人类表达中最原始的"读者意识"。

在现代社会，人类的教育活动从社会生活中渐渐分化出来，具有独立的空间——学校和教室、独立的形式——师生教学、独立的功能——单项技能培养和学业水平测试。这种分化在获得高效率的同时，也在相当大的程度上脱离了本真的生活场景。这种背离的后果在作文教学中表现尤其突出，学生写作的对象变成了教师，写作情境变成了考场，写作的目的是升学时获得高分。久而久之，写作文的真正功能反而消失。

初中语文教师专业能力必修 Chu Zhong Yu Wen Jiao Shi Zhuan Ye Neng Li Bi Xiu

写给教师看、写给评委看就成了一种写作惯性，或者说，作文的价值观偏离了交际的本质。因此，我们说，现在的中学生写作文时并不是心中没有读者，而是只有一个异化了的读者——教师。那么，要想改变这种现状，使学生养成真正的"读者意识"，在日常教学中，教师要采取一些措施，对抗或消解学校教育、教学对社会生活的离间性，消除学生写作中那种时刻"在考场、被考察"的紧张感、被挑剔的挫败感，重新获得在社会生活中自然表达和沟通的快感、成就感。一句话，这是将抽象的写作技能训练，部分地复原为青少年语言交际能力的提高过程。具体来说，教师应设法使写作活动诸要素在课堂内完成下列转换：

将写作话题——作文题目，由抽象的、远离社会生活的、指向不明的话题，转化为针对生活实际、服务于交际需要的话题，如反映校园门口设摊问题、学生上网问题、食堂供应问题、校车问题等。

将写作地点——教室或考场的应试氛围，转化为生活表达氛围，如家庭讨论、听证会、辩论会、咨询现场、网络聊天室等。

将写作主体——学生，由与教师相对的学校角色转化为社会角色，如消费者、乘客、记者、小学生辅导员、志愿者、讲解员、专家、家长、导游等。

将阅读对象由强势的评判教师转化（或扩大）为一般听众或弱势的指导对象，如同学、报刊读者、求教的小学生、需接受教育的子女、等待指点的外地游客等。

57

将写作目的由合乎规范地完成教师布置的作业或一份答卷而获得高分，转变为与他人沟通，说清事实，讲明道理，便于理解和接受，对读者有帮助等。

为了实现这些转换，教师在作文题目编制、作文教学组织、作文评价和展示手段选用等方面，都应有意识地围绕这个原则来设计和实施。

首先是作文题目的选择和编制。好的作文题目不仅是对作文文体和内容的提示与概括，也应针对社会事物，隐含一定的读者信息。早在 20 世纪 30 年代，我国著名语文教育前辈阮真就曾经提出，在作文教学中，"有实际生活需要的机会我们要利用，没有实际生活需要的机会，我们也要假设环境，造成机会，去做问题设计"，并提出了"（1）利用学生实际需要事项；（2）利用读物；（3）利用定期刊物；（4）利用校内服务事项；（5）利用社会服务事项"来获得生活话题的五种渠道。（林一平的《语文新圃》第一期第 6 页）可惜，前辈们的真知灼见并没有得到很好的研究与继承。让我们来看下面的两则作文题目：

A."你所在的这个城市有许多问题——没有足够的停车场，没有娱乐节目等。写信给当地的市政当局，提出你的意见，说明应如何改进。"（林一平的《读者意识写作教学论》第 111 页）

B."郭沫若曾评价张衡是一个'全面发展'的人。课外收集资料，联系课文，以'我看张衡'为题，在班里做一次三分钟演讲。"（人民教育出版社高中《语文》第 4 册，2004 年版第 68 页）

前者是常见的美国学生作文题目，后者是中国中学生常写的作文题目。两个题目都是考察学生的议论能力，但是，前者有确定的对象和目的，后者无确定的对象和目的；前者所提示的作者身份是公民，而后者假定的作者身份则是学生；前者侧重于针对具体问题的语言交际活动，而后者则是单纯的议论技能考察。两个题目在价值观方面存在显著的差异。应该说，类似于后面这种抽象议论题目或抒情题目，在我们的作文题目中所占的比例不小。题目中读者信息不明显，学生写作当然就天马行空了。试想，一个全面发展的张衡，对只图政绩、不注重内心修为的官员来说是一种警示；同一个张衡，对当今教育部门和只看分数的教师来说，是一个反思教育评价机制失误的实例；对不少缺乏目标的学生来说，又可作为勤奋上进的学习榜样。在不同的语境下，针对不同的对象，"我"的关注点、出发点会很不一样。可是，这个题目则几乎没有给出确定读者信息的提示，演讲的对象看上去是全班学生，但因为学生都知道这些材料，因此学生演讲的目的既不是介绍，也不是说服，这个论题的读者其实是落空的。题目指向性的空泛，带来的自然是作文内容的空泛。

写作教学活动是培养学生读者意识的主要方式。初学写作文的学生普遍只关注表达内容，而顾不上如何表达，更缺乏读者意识，这是很正常的。教师通过持久有效的训练，可指导学生慢慢树立起读者意识。为了让学生养成从读者的角度来思考和表达的习惯，认识读者意识的价值，教师在布置作文题目后，可以让学生先列出一份读者信息清单，再根据信息清单进行写作。读者信息清单的主要内容有：

（1）列出我的假定读者或读者群。包括读者的分布范围、年龄、知识层次、阅读能力和喜好，以及最关心的问题、最想知道的信息等。

（2）考虑我是以什么身份与这个读者进行对话。这种身份具有哪些优势，谈这个话题适合用怎样的语言风格。

（3）考虑读者对这篇文章的期待。包括已知哪些信息，该作文应重点介绍哪些内容，谈论哪些问题，他们阅读的难点和兴奋点可能在哪里。

（4）设想这篇文章的哪些内容或段落可能会激起读者的兴趣，怎样能使读者产生共鸣。

在同一个话题中，不同读者的关注点会有很大差异，列出读者信息，就是预先判断不同读者的差异，并以此来确定写作重点。如《校园一角》这样的题目，读者如果是新生，题目的内涵可以转化为"最美的一角"；如果读者是外校外国学生，题目内涵最好转为"最值得一看的一角""最有特色的一角"；读者如果是本校师生，题目的内涵则最好是"你所不知道的一角"。参照读者信息来选择材料，安排结构，推敲语言，这样才容易获得预期的表达效果。而通过这种读者信息的持久引导，久而久之，学生的读者意识就会慢慢在脑海里扎根，学生所写作文的感染力自然也就相应提高。当然，如前所说，学生除了向教师反映自己的学习情况和困惑，一般不要把教师列为假想的读者。

在写作教学中，教师可以借助一定的表达模式来强化学生的读者意识。在生活实践中，某些文体渐渐形成并具有固定的表达对象，如书信、访谈、辩论等，使用这样的文体进行写作，作者会不由自主地去考虑这种文体的阅读对象。在教学中，教师可以有意识地将无特殊读者的一般表达转化为这类有特定对象的有针对性表达。如对"行人乱闯红灯"这一现象展开议论，一般的做法是直接让学生写一篇议论文，不过，这种没有具体接受对象的议论，常常因缺乏读者意识而流于空泛。但是，如果让学生试着用访谈的文体格式来构思这篇议论文，即围绕"行人乱闯红灯"现象，模拟专家访谈，效果则可能好得多。其写作过程如下：

（1）列出访谈提纲。如："乱闯红灯"有哪些突出现象？"乱闯红灯"背后的原因是什么？"乱闯红灯"可能产生哪些危害？如何减少"乱闯红灯"现象的发生？等等。

（2）模拟记者与专家访谈的形式，自问自答，回答上述问题。

（3）把记者提问的部分去掉，将其余部分整理成一篇结构完整的文章。

借助这种格式，等于把学生的写作过程强行置于一个具体的交际情境中，以便激发学生自然真实的表达情感。除了议论文以外，记叙文、说明文，都可以借助访谈模式进行写作训练。当然，学生也可以借助书信、网上聊天以及模拟老师回答学生提问等方式，训练写作的读者意识。

作文评价也是培养读者意识的重要途径。语文教师都知道，学生很在乎教师的评阅意见，不少教师以为，学生只关心教师对作文的褒扬，其实不全是。我们常说，作文是沟通的工具，而教师往往是学生作文的第一个读者，这第一个读者的评价极为重要。对于学生来说，谁来看，以什么身份看，以什么语气对其作评价，有时比分数还重要。换言之，教师对学生写作身份的认同有着决定性的影响。可惜很多教师在评阅学生作文时，常常是站在一个审判者而不是读者、更不是欣赏者的立场，即使是肯定性的评价，也只有冷冰冰的几个判词，诸如"中心突出""结构完整""语言流畅"等。学生看到这类评语，没有获得沟通的快感，通过作文沟通的欲望也会渐渐退化。因此，教师改进评价方式，以一个读者的身份和态度来评价学生作文，让学生感受交流的乐趣和被欣赏的成就感，不仅有利于培养学生的读者意识，也会提升学生的写作兴趣。下面是祝新华、谢锡金等著的《形成读者意识，表达真情实感》中"港浙小学作文教学实验"关于记叙文评价方面的课题"传统评语与试验评语的差异"，课题实验证明，改变评价方式对培养学生的读者意识意义显著。

类　　　型	传统作文评语	港浙作文教学实验评语
1. 建议写具体	写得欠具体	某某景点很有意思，大家都想知道得更多，可以对该景点再作一些描述吗？
2. 建议清理层次	清理层次	你写了许多令人感兴趣的事情，如能按一定的顺序写（如时间顺序），大家一定能更快、更省力地分享你愉快的旅行。你可否试试？

续表

类　型	传统作文评语	港浙作文教学实验评语
3. 建议多写一些内容	写得太少	我看某某景点也很有意思，没去过的人都想知道这个景点的风光，你可以把它具体地告诉大家吗？你在文中写到某某地方有个游客晕倒了，有人帮他吗？我的心还悬着，快告诉我！
4. 建议把文字改通顺	语句不通	内容尽管写得不错，但如果把语句写得更通顺，大家读起来会更有趣。做一下尝试，祝你成功！
5. 显示已"引起共鸣"	一般没有这类评语	在旅途中你收集了那么多纪念品，真有意思，可以拿到学校让老师与同学一起欣赏吗？

　　另外，除了教学过程之外，教师积极鼓励学生发表作品，如利用通信、墙报、班刊、博客、广播台、作文展示会的形式，扩大学生作文的读者面，使学生的作文与社会生活的方方面面建立起一定的联系，也能起到培养学生读者意识的作用。当然，培养学生写作文的读者意识，仅仅是对以往我们的训练缺少读者意识的反驳，也是提高写作教学成效的一个方面，不是说所有作文类型都要有特定的读者，这是需要说明的一点。

拓展延伸

　　下面是我在某校初一年级上的一堂作文课——《培养写作中的读者意识》的实录节选。这节作文课的教学目标有三点：一是引导学生反思自己选材的视角；二是让学生知道如何根据读者的不同，选择适宜的写作材料与语体风格；三是培养学生写作中反思修正的意识。

　　整个教学分为五个板块，逐步引导学生在交流中归纳、发现、反思、提升。整个教学过程中，教师不代替学生选择材料，不直接给学生现成的结论，比较充分地体现了写作过程中教师指导的教学理念。上课片段如下：

　　教学内容一：根据表达习惯，选取写作素材

　　师：我们一班的同学非常可爱，对我们的学校呢，也是非常喜欢。如果我们要写一篇作文——"我们的学校"，你会选什么样的内容来写？

　　……

　　教学内容二：反思大家选材的角度

　　师：现在请同学们静下心来回忆一下，为什么打算选这些地方来写？理由是什么？

　　生：因为这些地方都在我们身边，我们常常接触到。

生：而且很有标志性。

师：身边的，"常常接触到"，我们换一个表达就是我们很……

生：熟悉。

师：（板书：1. 熟悉的；2. 标志性的）非常好！还有其他原因吗？

生：有自己的回忆。（板书：3. 自己的回忆）

生：自己喜欢。

师：嗯，太好了。他从这一点（自己的回忆）进一步讲到是自己喜欢的。（板书：4. 自己喜欢的）大家发现没有，"身边的"是谁身边的？

生：（齐声）我们。

师：（板书：在"身边的"前面加上"自己"）嗯，自己身边的，自己熟悉的，是不是？是自己学校标志性的。是这样吗？我们发现，我们所有的出发点都在哪里呀？

生：（齐声）自己！

……

教学内容三：知道"写作要有读者意识"

师：嗯，聪明的孩子，我们考虑的是自己喜欢、自己熟悉的。比如说我们今天回去写一篇日记，讲一讲有一个陌生的人来上课，我们有一些自己的感受，自己的经历，想将来保存自己的回忆，留在纸面上，所以说，我想写什么就写什么，是不是？可是写作常常干什么用呢？是写给谁看？

生：给别人看。

师：假如给别人看，你还会选这些地方来写吗？

（学生窃窃私语）

师：不要急，不要急。不要忙着说会或者说不会。我现在给大家假定两个人，（放PPT）有几个一年级的孩子，很想几年后到我们古美中学来读书。你需要向他们介绍一下我们古美中学。还有我们以前毕业的老校友，几年没有回来了，也想了解一下母校。你选其中一个角度想一想，这一回你打算写什么？

……

教学内容四：发现"写作要有读者意识"的关键是"换位思考"

生：我会换位思考，把自己想象成一个小朋友，然后看看自己喜欢的，然后去了解他们的想法。

师：很棒！训练读者意识的做法根本上就是换位思考。（板书：5. 换位思考）这个表达非常精彩。"我"要考虑到这个小朋友的年纪、他的身份以及跟这个学校的关系等。

……

教学内容五：发现"写作要有读者意识"需要注意语体

师：来，你先念。

生：你如果到我们古美学校，我可以介绍这些：第一，学校里有很多的小朋友。如果你喜欢，还可以和他们交朋友。第二，如果你对学校用餐不了解的话，他们会帮助你们。

师：来，你来念念看。

生：我们学校最有特色的是四大节日，我们学校的同学也很热心。虽然你刚来，但是不要害怕，我们学校的小朋友很愿意和新来的同学做朋友。

师：你喜欢第一个同学写的还是第二个同学的？

生：第二个。

师：为什么？（生沉默）来，坐下。如果我是小朋友，我来了之后听到哪句话会很开心、很笃定？有印象吗？

生：叫我不要害怕。

师：不错的。你呢？

生：我喜欢第二个，因为那句"你不要害怕"。因为里面有很多小朋友会帮助你，他们都会帮助你的话，听了心里十分的……很笃定的。

师：很笃定的，很踏实的。（对最后一排女生）你也是这样吗？

生：嗯。因为他说会和他们交朋友。小朋友刚来到一个新的环境会害怕，会担心自己交不到朋友。这样的话，就让他们也更加放心，就不会怕交不到朋友了。

师："不用害怕"，这样的语气就是对小朋友说的，对老校友还用说"你不用害怕，你过来我们怎么样"，有必要这样讲吗？

生：不用。

修炼建议

1. 做一次小测验，关于读者意识，你知道哪些知识？

你知道课程标准中有关读者意识的要求吗？

你是否自觉地教过"写作时考虑不同的目的和对象"这一教学内容？

你是如何开展这一教学的？

你发现教了这一内容之后，学生写作的兴趣有变化吗？

……

2. 选择上文中的某一点培养学生读者意识的建议，丰富其内容，使其成为具体的一堂作文课的教学设计，尝试一遍，看看效果如何。

3. 思考：培养初中生写作的读者意识，有那么重要吗？

第四节 作文的批阅与讲评

问题展示

吴老师：都知道写作教学是软任务，教得好坏许多时候是一个良心活，但是，改作文却是刚性的，布置学生写作文容易，作文交上来以后的批改就不那么容易了。从工作量来看，一个班级少一点四五十人，两个班就有一百个左右的学生。一本一本批阅，圈出错别字、改病句、旁批、总评，一样不能少。我试着算过一笔账，若要认真批改一篇作文，至少要反复看三遍，写三处旁批、一个总评，圈划词句 5 处，提出具体修改意见，平均要 20 多分钟。学生写一次作文，我光花在批改作文上的时间就得 30 个小时，这还不包括改病句。

最苦恼的是，我辛辛苦苦批改了，发下去学生也不看，大多数学生随手就将作文本扔到一边去了。因此，好好写评语吧，时间紧，也没有多少用，不好好批改吧，又觉得良心过不去。

在作文批改上，有没有既省力又有效的办法呢？

案例分析

吴老师的苦恼是很多语文老师共同的苦恼。教什么、怎么教本来就颇费脑筋，批改作文也让语文老师发愁。正如吴老师所言，这是刚性的活，批改了不一定有用，不批改说不过去。夸张地说，批改作文就如一个魔咒一样，在语文老师的职业生涯里挥之不去。

吴老师的问题，可以分解为两个，一是工作量大，一是批改的成效，这两者有着一定的联系。我想，大家可能需要梳理一下自己在作文教学——当然包括批改方面的想法和做法，再寻找解决途径。试试回答这些问题：

我批阅作文是为了应付学校检查还是为了提高学生的作文水平？

我琢磨过学生对作文批改的态度吗？

我询问过学生对作文评语等的意见和建议吗？

学生喜欢的批改方式有哪些？

学生不喜欢的评语有哪些？

有可能学生自己批阅吗？

借助批阅作文这一环节能否提高学生的写作兴趣？

有比详批详改更好的办法吗？

……

不知你有没有得到一点启发。接着，我再介绍一个教师的另类做法，看看在批改环节上，他是怎样平衡"量与质"的关系的。一个教师说，他批改作文的秘诀用一个词说就是"表扬"，或者说是"拼命表扬"。这位教师常常在比较优秀的作文本上印上表示表扬的"笑脸"图章，他认为，初中作文没有多少奥妙，只要学生有兴趣，其他的都不重要了。虽然很多人不认可他的做法，但在整个年级，他所教班级的学生作文水平最高。

你认可他的做法吗？我觉得，不管怎么样，至少他给我一个启发，批阅作文也是有探索空间的。

理论点拨

不少学生觉得学校的写作教学对自己写作水平的提高没有多少帮助，主要有两个原因：一是出自教学环节，教师对学生的作文指导过程，不像指导物理、化学实验那样，如第一步怎么做、然后怎么做、接着再怎么做等，而缺乏具体指导，我们可以称之为"无效指导"；二是出在作文评阅环节，教师给学生作文的评阅意见不具体，没有针对性，学生无法将评语与自己作文的具体问题联系起来，不知道哪些地方好、为什么好，哪些地方有问题、什么原因，应该怎么改才会提高，我们不妨把后者称之为"无效评阅"。

以下是无效或低效作文评阅的几种常见做法：

现象或问题	影响或危害	改进建议
阅而不批，教师只画一个符号表示阅过，没有任何评价文字。	这是一种偷懒的应付，不仅对作文教学无益，学生还会模仿着应付作文。	重视作文批阅，宁可让学生少写几次，不可每次都少批。
教师只给学生打一个分数，不解释给分或扣分的理由。	学生不知道具体的得失、优劣，作文得不到具体评价，评阅基本失去意义。	明确告诉学生得分的理由和扣分的原因。
只写几句套话，如内容丰富、结构完整、语句通顺等。	指导没有针对性，学生对评语不感兴趣。靠学生自己发现问题，提高的可能性微乎其微。	尽量肯定学生作文中具体的优点，指出具体的问题。如："这则材料感觉不真实，能不能换一则？"
只指出学生的错别字、画出不通顺的语句，没有更多意见。	学生容易去关注小的毛病，忽视整体，使得学生的提高有限。	错别字需要抓，但选材、描写、前后联系等大的方面更要注意。

初 中语文教师专业能力必修

Chu Zhong Yu Wen Jiao Shi Zhuan Ye Neng Li Bi Xiu

现象或问题	影响或危害	改进建议
一次批改指出的问题太多。	学生对每一点错误的印象都不深，或不知所措，或觉得一无是处，无从下手修改。	一次只集中于最突出的一点，讲明白，讲清楚，帮助学生改彻底。
评阅意见多是批评性的。	不利于调动学生写作文的积极性，学生得不到正反馈，久之会厌烦写作文。	一定要真诚赞扬学生写得好的地方，比如，一个词、一个句子写得精彩。尤其是对作文基础薄弱的学生，更要注意肯定。
评价手段单一，只用课堂讲评一种手段。	形式单调，学生没有新鲜感，对写作兴趣降低。	丰富评阅手段。如尝试学生互评、全班赏析范文、介绍经验、网上评阅、墙报上点评等。
教师批完，本子一发，作文写作活动就结束了，不要求修改。	学生仅看批语，其实不一定明白如何改好，作文水平难以提升，长期在低水平徘徊。	帮助学生把一篇作文修改成好作文。宁可少写，写好一篇胜于乱写多篇。

上面描述的诸多问题，在写作教学中比较普遍。产生这些问题的原因，除了部分语文教师工作态度不够认真以外，也与他们在某种程度上不了解作文评阅的作用和价值有关。作文评阅，既是教师对学生写的一篇作文的评价，也是对学生写作水平的评价，同时，它还是对学生的写作活动作出反馈、帮助他们对写作行为进行矫正的手段。而后者，也就是作为写作反馈和矫正手段的评阅，恰恰对学生作文的指导价值更大。

学生写作与专业人士写作有所不同。专业人士写一篇文章，从开始构思起，一直到完稿，差不多是一个连续的过程。在这个过程中，他的精力主要放在文章的选材、立意、结构、语言等方面；同时还时时用"第三只眼睛"对自己的写作行为进行监测和诊断，并将诊断的信息及时反馈给大脑，根据反馈信息对写作行为进行调整，也就是边写作边修改。学生在写作文的过程中，虽然伴随着一定的反思与修正活动，但这种意识和能力都不够，所起的作用也不大。因为初学写作的人，对什么是好文章、应该怎么写才可以，缺乏客观的衡量标准，难以作出合理判断。这样，学生写作文的过程就被划分成了两部分。从审题、构思，到写作完成后交作文，这只是写这篇作文全过程中的一个环节。等教师写了评阅意见后，学生根据修改意见修改成定稿（有的还需要再次评阅、再次修改），这篇作文才算全部完成。而教师的评阅，正好是联系两个写作环节的纽带，因此，作文评阅的意义十分重大，一点也不能省略。

教师端正了作文评阅的观念，还需要明白一些具体的要求和掌握具体的方法，这样才能充分发挥评阅的作用。平时，教师最常用的作文评阅方式是在学生作文本上写评语和在班级作讲评两种。前者适合对每个学生的作文作具体评价，后者适合对全班作文的整体情况作总结。

什么样的教师评阅意见是好的呢？我们可以参考以下几点：

（1）好的评阅意见要有针对性，即针对这次作文或某位学生的一篇作文，指出其突出的优点或问题，否则就没有指导性。如"材料要新颖""语言要通顺"这种意见对任何一篇作文都是适合的，没有任何针对性。

（2）评语不一定长，每一篇作文集中于一点，把问题讲明白、讲清楚，不要眉毛胡子一把抓，让学生无所适从。

（3）好的评阅意见要具体、明确，切忌空洞和含糊其辞。如"不感动人"就不如"人物形象不够丰满"具体，而"人物形象不够丰满"就不如这样的评语具体——"爸爸为你买早点，为你买饮料，两件事都是同一类性质，能不能换一个不同类型的例子，如爸爸对你严格的或为别人做好事的?"评阅意见要具体、明确，学生一看就明白，一改就到位。

（4）要讲人性。讲人性就是与学生平等对话，以商量的、温情的口吻提出建议，而不应该用冷冰冰的批评语气、反问语气，更不能用责备、调侃甚至讽刺的语气写评阅意见。如"这一段应删去!""这句话通吗?""难道你爸爸是超人?""上次给你指出的问题，一点也没有改进!"等等。

（5）要有个性。有个性就是针对学生学习、性格以及作文的特点，类似于讲悄悄话一样对学生作文进行点评。不要千篇一律地用术语点评，哪怕是几个字的评语，如果能写出教师对学生的特殊关心和教师的性情，常常会唤起学生的写作热情，产生意想不到的效果。如："这句话很像金庸小说里的，最近是不是在看武侠?"这种交流语气会让学生对教师产生亲近感，能激发他写作的表现欲。

在写评阅意见时，一些青年教师可能会遇到这样的问题：只觉得一篇作文写得不够好，但问题出在哪里，一下子却说不准，也提不出具体的改进意见，这也是导致一些教师写那种万能而空泛的评语的主要原因。如何才能改变这种状况呢？恐怕只有努力钻研业务，争取在短时间里迅速提高自己的鉴别能力才行。具体有以下几个途径：

（1）大量阅读学生作文，积累感性经验，并尝试建立衡量不同层次作文的基本标准。

（2）多参加阅卷活动（市级、区级、校级或者一个年级），锻炼自己短时间内（2～3分钟左右）评判一篇作文的能力。

（3）尝试写下水作文，与学生一起分享写作的感受与思路。

（4）多从作者的角度看一篇作文。例如，想一想"如果这个题目我来写，会怎样写? 会选这则材料吗? 怎么处理这则材料? 还可以怎样改进"等问题，再与学生的作文进行对比，就比较容易发现具体的问题。

有人说，教师看学生作文就像医生给病人看病。老医生为什么能一眼就能断定症结所在，主要是他看得多，积累了丰富的经验，年轻医生仅有医学理论，一下子还难以将理论与病症一一对应。换言之，年轻医生只要假以时日并刻苦钻研，经验不足的问题是可以解决的。

班级讲评是把评阅意见告诉学生的主要方式，不过，它比较适于介绍、评价全班作文的整体状况。讲评应该完成的主要是这样一些内容：

（1）对共性优点加以肯定。

（2）指出进步较大、作文写得较好的学生，朗读学生范文。

（3）指出普遍存在的问题。

（4）对这次的作文题进行全面解析，介绍可能的思路。

（5）介绍评分过程、评分标准。

（6）布置修改要求。

班级讲评对写作能力好的学生有较好的激励意义，但对作文能力薄弱的学生，很可能会起到负面的抑制作用，因此应小心谨慎，朗读范文不要集中于几个好学生，对基础较弱的学生也要多加肯定，可选择其作文中的一两句来朗读，以激发其积极性。

面批是一些教师喜欢采用的向学生传达评阅意见的方式。由于面批是针对一篇作文，与学生一对一地交流，具有传播对象集中、信息传递准确的特点。因此，教师面批对学生认识自己作文的优劣、领会修改方向、提升写作水平的效果较好。面批的弱点是费时费力，不易大范围频繁实施。不少教师采用轮流面批的做法来协调这种矛盾，应该算是一种折中而可行的做法。如何提高面批的效果，大家不妨参考这样的意见：

（1）准备充分，事先把要面批的学生作文的意见记下来，不要临时想意见。

（2）应以肯定为主，找出几条优点，激励永远是提高学生作文的最佳方法。

（3）对一名学生一次只谈一两个问题，以免学生无所适从。

（4）以讨论的口吻与学生交谈，以建议的口吻提出修改意见。例如，"如果你这样写，是不是更好？""如果我来写，可能会这样写……"不要横加批评，更不能调侃和责怪。

（5）意见具体，要求明确，句子简短，不要说大话、空话、套话。

（6）判断学生对问题有没有理解，最好要求学生把意见复述一遍，或用他自己的话记下来。

除了在作文本上写评语、班级讲评、面批以外，教师也可以在创新评阅方式上动点脑筋，丰富评阅活动，增加评阅活动本身对学生的吸引力。如网络评阅、小组内互评、班级讨论、与家长联手评阅、把学生作文张贴在班级墙报上让大家自由点评、组织班级征文比赛以及编印班刊等。学生对作文讲评充满期待，无疑是他们写好作文的巨大动力。

拓展延伸

不少语文教师尽管知道学生自批互批的重要性，但总是为学生自批互批的质量担忧。怎样提高学生自批互批的可行性，一种方法就是提供给学生可操作的工具。下面的案例选自方帆《我在美国教中学》一书中《我在美国教中文作文》一文。方老师提供给学生的"高级记叙文检查表"，给不少中国语文教师很大启发。

方老师的做法如下：

我先给大家发一张"高级记叙文检查表"。这张表是这样的：

一、总体印象：（每项三分为满分）

分数	检查内容	评价
	题目跟内容有关吗？	
	所有的对话都另外开一段吗？	
	全文至少分三大部分或三段吗？	
	开头是怎么样的？吸引人吗？理由？	
	文章有主题吗？	
	文章的主题是通过一个什么故事表达的？文章写出了一个什么道理？	
	文章是不是只说了一个故事？	
	文章有没有写成了流水账？	
	文章是不是使用了很多"概括性写作"？	
	文章的结尾有没有回应主题？是如何回应的？	
	文章是用第几人称写的？用其他人称可以吗？为什么？	

二、具体内容：（每项三分为满分）

分数	检查内容	评价
	故事的矛盾是什么？	
	正面人物是谁？身份是什么？	
	反面人物或者反面势力是什么？	
	矛盾是如何开始的？	
	矛盾是如何组织的？	
	故事使用了伏笔没有？是什么？	
	矛盾的高潮是什么？	
	有没有跟主题或者矛盾相衬的人物性格、行为描写？举例说明。	
	有没有跟主题或者矛盾相衬的人物外貌描写？举例说明。	
	故事使用的语言是否生动吸引人？举例说明。	
	矛盾的最后解决是否跟主题或者题目有关？为什么？	

跟学生解释了每一项是什么以后，我给了学生一篇记叙文，让他们使用这个表来检查、评估一下，究竟这篇记叙文的特点和不足的地方在哪里……

学生们用这节课剩下来的时间结合这篇文章，对照检查表的每一项，写出评估意见。

修炼建议

1. 尝试为某次作文制订一项核查表，指导学生运用该核查表进行自我反思并与同伴交流；在此基础上，指导学生修改作文。

2. 从全班修改好的作文中挑选一部分改动比较大的，在投影上放出来，让学生把修改前后的文章作对比，看看修改效果如何。

3. 根据这次修改实践，进一步讨论完善该核查表。

4. 换一个作文题目，继续重复上述过程。

5. 观察这个过程中学生的表现，并记录下来，看看哪个活动学生参与度最高，据此反思自己的作文教学。

第五节　练好属于自己的作文教学招数

问题展示

白老师：我工作七八年了，一开始很想在作文教学上有所作为，这几年中，我读过不少介绍作文教学的文章，也参加过一些培训，对不少新观念、新方法不敢说掌握，至少算是有所了解。如以学生为本、合作学习、利用多媒体工具创设写作情境，我都曾经尝试着用过，但总是看不见多少效果，学生的作文还是很差，写作兴趣也不高，后来我也慢慢松懈下来，作文课也就随他们去了。

我想问一下，像我这种情况，有没有改变的可能呢？

案例分析

像白老师一样，许多人可能都有类似的经历：一开始满腔热忱，但看看没有什么明显的进步，就不再坚持下去了。其实，作文不可能一看就懂，一写就会，写作是一项复杂的、技能性很强的实践活动，有时候甚至不仅提高有困难，还会有暂时性的倒退，需要长期的大量的有针对性的训练。作文教学也一样，需要坚持，需要耐心，当然，也需要动一点脑筋，创一点特色出来。一来对自己是个精神支撑；二来对学生是个招牌；三来对学校还可能是业绩和卖点。这方面，有很多成功的例子。

有的老师强调写作上注重不同文体的写作实践。的确，王若虚在《文辨》中就有这样的论述："或问：'文章有体乎？'曰：'无。'又问：'无体乎？'曰：'有。''然则果如何？'曰：'定体则无，大体须有。'"刘勰在《文心雕龙》中也有"夫才童学文，宜正体制，必以情志为神明，事义为骨髓，辞采为肌肤，宫商为声气……"的主张。也有老师主张读写结合、以读促写。荣维东在《美国的写作策略教学及其启示》一文中就指出，国外写作研究表明，"单纯的多写并不能显著地提高学生的写作能力""多读比简单地多写更能有效地提高写作成绩"。有的老师主张思维训练、分级训练等。有老师靠推荐学生习作发表，也有的靠自己写下水作文来提高学生的写作水平。

无论哪一种主张，都需要教师持之以恒地坚持实践。常州的黄敖兴老师带领一批青年教师进行记叙文等级量表的教学实验，利用等级量表指导学生写作文、评作文、改作文，收到了很好的教学效果。安徽省岳西县的刘召元老师从作文交流讲评上下工夫，坚持在班级实施作文排行榜的激励措施，使学生的写作兴趣被大大激发起来，班级作文水平也随之提高。

作文教学因其复杂性，就有了更多的可能性，接下来，教师要做的就是找到自己的可能性，并且坚持下去。

理论点拨

写作教学需要更新观念，并且所有的观念都要落实到教师和学生的行动上，即"怎么做"上。如果离开了每天的行动，再好的教学观念都是无用的，甚至可以说，在作文教学中，教师"怎么做"比"怎么想""怎么说"都要重要。

中学生学写作文，与青少年学画画、学钢琴一样，首先要练基本功。基本功不仅是技术活，也是力气活，需要通过大量重复才能熟能生巧。教师的作用，是通过合理的方法指导学生训练，提高学生的训练效果，而不是告诉他"什么是什么"，也不是替代他进行训练。在作文教学中，教师一定要有足够的思想准备，不能急于求成，不能指望几节课就能大幅度提高学生的写作水平。有时仅仅为了纠正学生在写作方面的一个小毛病，教师都可能需要多次提醒，让学生多次训练。

下面是一位青年语文教师为初中生制订的写作能力培养计划，如果这套计划真的能不折不扣地坚持三年，相信学生的作文水平肯定会大有提高。

1. 积累语料

要求熟悉：唐诗宋词 100～300 首

名言警句 100～300 条

古今美文 100 篇

一定的成语、修辞手法

（如果基础比较好的学生，此过程与量可以适当减免）

2. 培养语感

建议：每日读一份报纸

每周读一本杂志

每月读一本书

3. 训练技能

系列练笔：每周写周记，每两周写一篇随笔，每月写好（包括修改）一篇作文。

具体要求：如词语方面，初一要求每篇作文有一句名言、两个比喻、三个成语、四到五个个性化的词语。

其他要求慢慢加上，日积月累，学生的作文水平就自然提高了。

4. 归纳模式

教师结合作文课和阅读课，引导学生总结归纳一些常用的写作模式。如一个故事的结构、"二三事式"的结构、两个事件的对比结构、立意的几种模式。

常用的开头模式、段落过渡模式、结尾模式。

5. 整合激励

教师要给予学生激励。如利用写评语的机会与学生交流感情，并给学生情感激励；利用分数激励、推荐作文发表等激励手段，使学生建立对语文及作文学习的信心。学生的每一篇周记，教师都要给予回应，每一个学生都要肯定，哪怕里面只有一句话写得好也要画出来，多鼓励就会见效果。

这位教师在作文教学上的做法，个别地方不一定能得到专家的认可，不一定合乎教育规律，但是，他有两点非常值得肯定：第一，在作文教学上有自己的想法，有一套自己的做法，并能坚持不懈地去实施计划。因此，这样的计划有的尽管看上去有些机械，但坚持训练肯定是有效果的。这正是目前很多教师所缺乏的。第二，很好地利用提高作文能力的各种机会，充分利用各种教学资源，充分激励学生。

作文水平的提高基于持之以恒的大量训练，相信语文教师大都知道这个道理，可是很多人却难以这样去要求学生。其中的原因，除了少数教师的敬业精神不够以外，大部分原因还是多数教师没有形成一套相对固定的做法，没有持之以恒地落实，从而让一些好想法流于空想，结果自然是"输给了时间"。

作文训练像大多数基础训练，如射击、游泳、投篮、射门等一样，需要大量的重复训练，比较机械枯燥，短期之内难见成效。教练和运动员需要对抗时间对人的意志的消磨。有人说，优秀的体育教练不一定是高级的运动专家，但是，他一定得是一位高级的心理专家，能根据手下队员的生理和心理特征，设计有针对性的训练计划，并保证训练计划能不打折扣地延续下去。其实，作文教学也是一样，如何寻找好的教学抓手，设计有吸引力的写作教学方案，对激发学生的写作兴趣、完成一项跨度达数年之久的训练计划来说，无疑是至关重要的。

教师制订什么样的写作教学方案对学生有吸引力？不妨考虑下面的几条建议：

（1）不要一开始就针对分数，不要用应试标准去要求学生。

（2）一开始写作，别管审题结构、开头、结尾、立意等作文技巧，别管字数不足、错别字等问题。

（3）选择那些学生身边的话题、学生想说的话题作为作文题。

（4）引导学生写出生活中真实具体的事情，如"邀请家长参加班会""给课文里某人物写信"。

（5）尝试多作一些变化。如话题的变化、题目的变化、写作形式变化等；以小组为单位"打擂台"，写"格言""座右铭""寓言""童话""对联"等。

（6）可以提出一些简单的、有趣的、能轻易做到的要求。如"分成三段来写""用课文里刚学过的一个成语""为你的作文插一幅简笔画"等。

（7）采用多种激励手段，让学生获得成就感。

激励学生发表作文，设计墙报、班级网页、班刊，都是激发学生写作兴趣的有效做法。

于漪在《范守刚作文评说》序言中写道："如何引导中学生在有限的语文学习时间里写有兴趣、写有进步、写有快乐、写有成就感，一直是语文教师追求的目标。"教师们能够做的，并不是缩减学生的训练时间，减少训练次数，而是激发学生写作文的兴趣，让写作变成学生自己的事情、日常的事情、开心的事情。所谓自己的事情、日常的事情，就是设计出成系列的、有意思的写作活动，把写作常规化。这样，先进的教学观念才能发挥效用。

发现学生的长处，通过正面激励来促进学生投入写作，是提高作文能力的捷径，但是，要把这个好的观念真正体现在平时的作文教学中，却不是那么容易。有这样一个真实的故事，可以从某个角度说明这一问题：某班里有个男生，学习成绩很一般，每一次作文成绩也就是刚到及格线。这位学生有一样特长，即喜欢读历史，尤其是关于第二次世界大战的历史。他读了不少著名的"二战"人物，如朱可夫、巴顿、蒙哥马利、隆美尔等的传记，熟悉这些人物的很多生活、作战细节。这位学生每一次写作文，都会用二战时期的人物故事作材料，有时候，一篇作文中几乎全部都是二战中的故事。

如果你遇到这种情况，会怎么做呢？一般教师在写评语或作文讲评时可能会有这样一些做法：

（1）只打一个不高的分数。

（2）打一个不高的分数，指出这位学生使用"材料单一、陈旧"的问题。

（3）指出其"材料陈旧"的问题，告诫他要选用更恰当的、更鲜活的、更丰富的材料。

（4）指出其"材料陈旧"的问题，建议他替换一则更恰当的材料，甚至为学生找一个例子。

上面这些做法，都是常见的处理方式，从技术上说都没有错，尤其是后面的两种做法，既有和善的态度，也有具体建议，应该属于不错的批改方式了。但是，若是从激励学生的写作积极性、充分利用各类教学资源的角度去分析，就有值得商议之处。大家可以想象着这样做：

（1）充分肯定这位学生喜欢读书、熟悉某一领域知识、达到一定的专业水平的优点。

（2）充分肯定这位学生把平时读书所见运用到作文中的好习惯。

（3）建议其他学生学习他这种做法，注意有意识地把平时积累化为作文的材料，并提醒大家一开始用材料有些生硬、甚至有些误用也没有关系。

（4）建议这位学生在使用材料之前，再好好思考一下，是不是还有更好的材料，还可用更丰富的材料。

如果在作文讲评课时，教师对那位学生的做法当众给予肯定，不仅会大大激发这位学生写作文的积极性，而且该学生对教师的修改建议也会乐于接受。同时，这又给其他学生上了关于"如何根据自己的特长形成自己的优势，如何使用好作文材料"的生动一课，具有多重功效。这样的作文教学，对学生是非常有用的。

拓展延伸

下面这篇短文是一位语文教师讲述自己带领学生编写班刊的经历与感受，这些思考对我们也许会有一些启示。

说班刊

我带的几届学生，都出过班刊，在我的书架上，就摆放着一排，《我们》《颜色》《边走边唱》《守望》《"思"无忌惮》《温馨点点》《纯粹的时候》，好听，有意思，也各有特色。

说起怎么会带着学生编班刊，还得感谢《语文学习》这份杂志。大约是我工作五六年之后，也就是20世纪90年代中期，我看到《语文学习》介绍洪镇涛老师带领学生编班刊的故事，洪老师借助班刊这个阵地，激发学生写作的兴趣，提升学生的写作能力，这让我眼前一亮。看完文章，我就萌发了一个想法：我也可以试一试这个做法。

我提议并指导学生出班刊，经过了一个认识过程：最初是将编班刊作为一项语文活动，像组织演讲比赛、参观游览等活动一样，无非是想借此增加学生学语文的兴趣。在编辑过程中，我却发现，它还有别的作用。学生对语文学科的兴趣如何，在某种程度上反映了教师的教学水平、教学效果、师生之间的亲和程度，也影响着学生的作文水平。一门不受欢迎的课，通常也难以组织起一项成功的活动。在这个方面，出班刊的确是一种有效的途径。

目睹学生的成果，我又悟出了其中的深层意义。

说是指导，其实老师所费不多，主要是整体要求：一不要搞成文学爱好者的作品集，而应该人人有文。二要认真对待，如果随随便便，除了得到教训以外，可能一无所获。而具体做法不需要太细的指导，接下来几乎都是学生的事：自己起刊名，定栏目，组文章，排版面，插图画，跑印刷，有的班级还找名人题词，搞得有板有眼。一群初中学生，面临升学考试等种种压力，在几个星期内居然能拿出一份很像样的刊物，想想五四时期许多叱咤风云的青年精英能做到的也不过如此。舆论常说，现在的学生幼稚得很，不仅语文功底今不如昔，实践能力尤其缺乏。但由此观之，青少年的潜力是无穷的，他们就如放进植物园里的幼苗，给它提供多大的生长空间，它就能长成多大的树木——不是成长有错，而是养育之过也。

当然，办班刊的好处还不止这些。有几次在外省参加会议，我把学生的班刊递过去，人家立即对我们的学生刮目相看，对老师赞许有加，对学校也肃然起敬。比学校的介绍信和教师的名片还管用，这当然是意外的收获了。

修炼建议

1. 整理自己熟悉的有关语文研究的书籍、杂志等，摘录若干自己觉得可行的作文教学的方法策略，制作一本属于自己的"作文教学秘籍"。

2. 结合自己的日常教学，一条一条地实践，记录自己的实践心得，一两年后，或许你就是一位写作教学的能手了。

专题三　口语交际教学

第一节　认识口语交际教学

问题展示

让我们来看看某论坛对关于刘玉林的《农村高中口语交际教学现状调查及对策研究》中的话题"农村中学口语交际教学现状"进行的一次专题议论。

主持人："各位专家，农村中学口语交际教学也进行了好长时间了，你们那儿口语交际教学的现状到底如何？能否做一下交流？"

网友1："我们这儿的农村学校对口语交际关注得很少，有很多老师甚至不教，因为不考，教材中的口语交际材料有些也不适合教学，再加上许多老师对口语交际的教学理论掌握得不够……因此，在某种程度上说，口语交际成了语文教学的盲点。"

网友2："不论在农村还是城市，这一话题令人担忧，究其原因，一是大家重视不够，二是大家具体的操作方法有问题，三是感觉目前这方面的评价还有待健全。"

网友3："我就是一名农村初中的老师，我们这里对口语交际关注得很少，因为老师觉得不要考试，而且很多教语文的老师自己在上课时都不能自觉地正确地使用普通话。我们的孩子方言很重，我们经常遇到作文上出现很多方言的尴尬事情，看来是应该把口语交际提到重要的位置上了。我会从我做起的！"

网友4："口语交际作为一种语言表达能力的训练是非常必要的，可是在实际操作中，往往很难把握火候，有时学生的语言过于单调乏味，让教师无从下手，不知如何引导，真正实现训练的目的。"

案例分析

几位网友的帖子，反映了我国语文教学中口语交际教学的现状，包括对它的地位的认识、教学内容的明确以及实施方面的一些障碍等问题。其实，口语交际教学存在这样那样的问题并不令人感到意外，因为以前在我们的语文课程中这部分几乎是个空白，只提"听话"和"说话"，现在这才刚刚起步。

《课程标准》指出："口语交际能力是现代公民的必备能力。应培养学生倾听、表达和应对的能力，使学生具有文明和谐地进行人际交流的素养。"专家们重新认识、概括了口语表达的特点与教学要求，强调口语交际是倾听、表达、应对的互动过程。

不少语文教师都认识到口语交际能力很重要，知道口语交际教学不可少，它不单单可以提高学生口头表达技能，还能培养学生与他人交流的意识和习惯，提高交际能力。但是，由于教学资源有限，口语交际教学研讨交流不够深入，口语交际教学的评价苍白等诸多原因，口语交际教学成了教学的盲区。

为了更好地实施新课标，我们需要研究诸多问题。例如，口语交际是怎么回事？口语交际教学应该教一些什么？口语交际教学可以教一些什么？怎样实施口语交际教学？如何评价学生的口语交际能力？只有从本质特征入手，实施口语交际教学的路才可能走稳走好。一线语文教师不妨在口语交际教学上做些尝试，探索教学方法，创新教学设计，积累教学经验，说不定可以在口语交际教学方面闯出一片天地。因为在这方面大家的起点都不高，都处于开创阶段，不像阅读教学领域那样，前人已经耕耘了多年，后人再想为这座大厦添一块砖头都很难！

理论点拨

口语教学与阅读教学、作文教学有很大的差异，作为语文教学中的一大领域，应该有相应的课程载体来承担其功能。

语言是为满足人们的社会生活需要而诞生和发展起来的，自然，语文教学也应该以满足人们的社会生活需要为主要目的。从语言进化史的角度看，人类语言的发展顺序是口语在前书面语在后；从社会生活中各种语体的使用情况来看，无疑也是口语运用多而书面语运用少（少数职业除外）。可是，长期以来，我们的语文教学显然没有体现社会生活的这一特点，口语交际方面的教学与训练十分薄弱。以前，人们通常用"听、说、读、写"来表示语文的基本功，"听""说"的内容也的确与口语交际有一定交叉。从理论上说，"听、说、读、写"这四个方面是并列的，应该没有轻重之分，但是，在实际教学中，我们在"读"与"写"方面做得很多，而"听"和"说"方面则做得较少。如果从课程的角度看，对"听"和"说"的要求几乎是空白（个别的教材，如上海一期课改 H 版教材略有体现）——没有系统的教学目标、相应的教学措施以及有针对性的教学评价等。对"听"和"说"的态度尚且如此，更谈不上口语交际教学的研究了。

有的教师上课很重视让学生读书，他们的课堂上总是充满琅琅的读书声。还有的教师让学生回家听广播、看电视。这些是不是口语交际教学的范围呢？严格意义上说，这类活动不能算。因为读书、听广播、看电视等活动，主要目的或是为了理解概念、背诵课文，或是为了接受信息、积累材料，都是从认知的角度着眼。而口语交际是有对象的语言活动，主要目的是为了更好地交际。

一些教师经常会采用这样一种做法：课前拿出 5 分钟让学生做口头练说，练说的方式包括介绍一则成语故事、介绍一条新闻等。应该承认，口头练说和演讲比赛、讲故事类似，它们都要面对听众，都需要说话者依据听众的反应作出调整，它能锻炼学生的记忆能力、话语组织能力、现场控制能力，这些能力都是构成口语交际能力的基本要素。因此，这类活动设计对口语能力提高有一定的帮助，但严格说来，这还不能算是典型的口语交际教学课程。因为讲故事、作演讲，就像演员到舞台上演节目，虽然在舞台上的一举一动、一言一行都是演员自己在说、在做，但是，在舞台上说什么、做什么，并不是演员自己决定的，而是演员按照导演的要求、照着事先写好的剧本"表演"出来的。也就是说，他说的那些话，都是他所扮演的那个角色应该说的话，表现的是那个角色在特定剧情里应该有的思想感情，而不是传达演员本人内心的想法。演员的功夫在于表演得像不像他扮演的角色，而不是为了交际的需要。

有人认为，口语交际既然是指向交流，那么，这种能力应该让学生在生活实践中去锻炼，并认为在有限的语文课堂里，既没有必要也不可能通过几堂课的学习使学生的口语交际能力有实质性的提高。应该说，这种观点有一定的合理性，即学生口语能力的提高主要应依靠课外日复一日的交流实践，而不是课堂学习，尤其不能只靠记住一些口语交流的概念和规则。但这个观点的片面性在于，学生的一切语文能力的最终提高，都不是靠几册教材、几年的语文课堂、一些语文知识完成的，都需要在课堂以外从事大量的语文实践来提高。教师在课堂上应该进行学习的示范、方法的引领和规律的归纳，帮助学生更好更有效地获得学习经验、缩短摸索时间、提高学习效率。而口语交际课堂教学的价值也在这里。

近年来，人们对口语交际教学越来越重视，不少语文教材增设了口语交际方面的内容，有的专门开辟了口语交际教学单元。但是从整体上说，国内口语交际教学的建设仍不够理想，有的教材形同虚设，有的上课有名无实。一方面，是由于多年来我们语文教学的惯性在起作用，如我们使用的学习材料都是文学性强、文化意味浓的课文，口语成分少之又少；课堂教学的主要任务是理解书面的文字材料；占据课堂主体的是教师的讲授；学生最主要的表达方式是写成书面语体的作文。这些为大多数师生所习惯的学习方式，都是"非口语交际"的。另一方面，我们对口语交际教学特点、教学规律的把握不够透彻，课程建设相对滞后，一些与口语交际教学有关的基本问题尚未得到很好的解答。例如，对口语、口语交际、口语交际教学的概念如何界定，对口语交际表达方式的本质特征把握不准；口语交际教学目标、重点模糊，即对口语交际"应该教什么"不清晰；把口语教学融合在平时的语文学习中，还是需要专门的口语交际的单元教学；如何把重视口语交际的理念落实为教学活动；如何兼顾建立学生的书面语规范与提高口语能力的双重目标；如何解决口语能力测评的难题。

单说在基本概念的界定、对口语交际教学本质的理解方面，国内专家尚未完成其基础工作，这使得口语交际教学的教材建设、教学内容确定、教学活动设计缺乏可靠的依据，成为一线教师开展口语交际教学的阻碍。例如，有人认为，口语交际教学中的"口语"与生活中的交流口语不同，前者具有全面性、反思性、思辨性（见李明洁的《口语交际课程要教什么》）。其实，口语交际教学的特征很难用"全面性""反思性""思辨性"概括。首先，学生在日常生活中学口语与在课堂里学口语的本质差异在于后者有专门教材、有专业教师和通过班级教学活动学习，也就是更有课程性，更注重学习方法，或许还更有效率。其次，日常交流也并不限制交流内容和交流深度。例如，居里夫妇的日常交流很可能会涉及许多专业问题，哲学家的日常交流，可以涉及生命、未来，也可以争论、反驳，充满思辨，这些都需要元认知的"反思性"。反过来说，中学生的口语交际教学，也完全可以把日常生活内容作为讨论话题，因此，语文课堂口语交际教学的最大意义是为了按规律训练学生的"日常口语交际能力"，而没有其他深意。再次，"全面性""反思性""思辨性"也不是口语交际教学的特点，书面表达（如写作文）因为可以修改，因而更可能做到"全面性""反思性"和"思辨性"。

也有人把是否使用"口语"语体作为口语交际的依据，还有人把是否"有声音"作为口语交际的依据。我们只要举出"官场的交际也用书面语""播音员念稿子不是口语交际""学生读书不属于口语交际"，就可以推翻上面的结论。这些都说明大家对口语交际本质的认识还不统一。

那么，应该怎样理解口语交际的内涵呢？我们可以从辨析概念入手。口语交际由两个关键词构成，隐含三种信息。"口语"是表达手段，"交际"是"有表达目的"，另外，"交际"还意味着说话人是"面对面"，也就是都在现场，需要即时反应。由此我们可以推导出口语交际的四个基本特点：

（1）"口头表达"，即主要用"口语"语体，基本不借助文稿介绍信息、表达看法、传递感情。

（2）"有目的"，即希望听者理解、认可、赞同、回应，不是自说自话。

（3）"在场"，即说话者与听者"面对面"，而不是像阅读他人的文章或在报刊上发表自己的文章那样，总有一方"不在现场"，一方面对的是已成为过去时的固定文本（电话交谈也是一种"面对面"，即时交流）。

（4）"交互性"，即"你有来言，我有去语"，也就是说说话者都要根据对方语言和行为即时调整自己的说话内容和说话方式。

这些是口语交际区别于非口语交际的本质特点，至于是两个人交流还是多人交流，在家里谈还是在野外谈，谈工作还是谈学习、谈电影、谈生意、谈外交，是友好式谈还是激烈争辩，只不过是口语交际的亚类型。这些亚类虽然都有各自的具体特点和表达要求，但都归属于口语交际，都符合口语交际的原则。因此，在中学语文口语交际教学中，首先还是应该抓住口语交际中最本质的特点，借助最常见的一些场景和样式，如家庭生活、购物、旅游等，经过有效的言语实践活动，让学生掌握一些基本的关于口语交际方面的知识和能力。如果有可能，再让学生去了解一些具体场合、有特殊用途的口语交际知识和技巧。

拓展延伸

下面介绍一位老师的口语交际教学实践，对我们可能有些启发。

这位老师的课题是《介绍家乡的景物》，主要学习对景物的介绍。这位老师设计的教学活动是：先播放展示家乡美景的多媒体课件，再请学习小组互相介绍、交流。

实际教学时，他发现学生观看多媒体课件时兴致很高，可轮到介绍自己家乡情况时，参与热情却不高，很多学生觉得这些景物都太熟悉了，没有什么好说的，别人也不感兴趣。

针对这种情况，在另一个班里上课时，他对原来的设计进行了一些修改。在播放同一个课件后，教师设想了这样一个情境：即将到来的暑假，他有一个外甥女要从外地来这里旅游，希望学生帮助自己向外甥女介绍一些这儿的景物，供她参观时参考。教师还拿出录音机，说要把同学的介绍录下来寄给自己的外甥女。这样一来，学生的兴趣一下子被调动了起来，都愿意介绍家乡景物，很多学生的介绍还很精彩。

这位老师第一次教学活动不理想，而第二次教学活动很成功。造成差异的主要原因可能就是第二次教学活动有具体的交际对象，有明确的交际目的，符合口语交际活动的特点，而第一次是课堂学习环境，只有空泛的语言表达要求，严格说来并不是"交际"。

口语交际教学设计的关键是想方设法让学生"交际"起来，教学设计要具备"交流身份""交流对象""交流目的""交流场合和情景"，让学生在上述因素的共同作用下完成"交际行为"，不能为说而说。从上面的分析来看，这位教师的第二堂课把握住了口语交际教学中很关键的东西，值得我们借鉴。

修炼建议

1. 回顾一下，在你的教学经历中，有没有关于口语交际教学方面的探索？如果有的话，当时你是怎么做的？以现在的眼光来看，你当时的做法符合今天对口语交际教学的认识吗？

2. 你听过别的教师讲的口语交际课吗？请描述他上课的大体流程，并作简单评价。

3. 思考：你认为课堂教学中师生的口头问答属于口语交际吗？利用教学中的对话能不能提高学生的口语交际能力？

第二节　口语交际教学教什么

左老师：我对口语交际课很感兴趣，也听过一些。我曾听过一节观摩课，这节课的设计是花了心思的，学生上课也很活跃，学习氛围非常好。但是，我总觉得作为口语交际的教学还是有点遗憾，尤其是第二和第三个环节。不说别的，光看他推荐的句式，就不像口语，而是典型的书面语。我把他的课记下来了，下面就是第二和第三个环节的教学活动。

……

二、说烦恼

走进"烦恼驿站"

1. 简单聊一聊

推荐句式：A. ……让我感到烦恼

　　　　　　B. 我最烦恼的就是……

提出要求：态度大方、口齿清楚

学生发言、交流，互相简要评价；教师相机引导、评价或初步归纳分类。

2. 具体说一说

推荐句式：A. 这事可真让人心烦……你瞧……

　　　　　　B. 唉，最近别提多烦了……

提出要求：连贯流畅、生动具体

指名朗读说话范例。

引导学生揣摩、分析例文段落的精彩之处，教师归纳。

引导学生学习如何围绕主题快速构思，即兴说一段生动具体的话。

学生发言、交流，互相简要评价；教师相机引导、评价。

三、描烦恼

1. 学习用恰当的修辞（比喻、夸张、拟人……）形象地描述心中的烦恼。

2. 学生学习借鉴范例，生动描写。

3. 交流、鉴赏、评价。

案例分析

左老师是一个有心人，她提供的材料有助于我们展开"口语交际教学"的讨论，她的判断很敏锐。

应该说，这位上课老师的教学设计也很用心，设计的话题切合学生的生活实际，使学生交流起来有话说、愿意说，出发点很正确。话题不脱离学生生活，使学生能够说、愿意说，这是选择口语交际训练话题的基本原则。但是，有了合适的话题以后应该怎么做呢？其实，还有不少工作的。这时，就需要听听左老师的意见了。口语交际教学的要义之一就在于"口语化"，失去这一主要特征，去追求语言表达的"生动优美"，就像逛街一样，刚走进"口语交际"的一扇门，一抬腿却从另一扇门走出去，又回到了大街上。从口语交际回到了书面的文学化的表达，至少在训练的针对性上有偏差。

看上去这则案例的问题是设计技巧不够合理，实际上背后还是观念问题，即对口语交际"教什么"把握得不是很准，不明了"教什么"，在"怎么教"上难免会抓不住重点，无法达到预期的目标。

理论点拨

理清"教什么"是设计与实施口语交际教学重要的起始条件。

长期以来，人们在阅读教学、作文教学等方面，经过了长期研究和探索，形成了一些相对公认的知识和做法。比如，现代文阅读，一般先分为非文学作品阅读和文学作品阅读；文学作品阅读，又分成散文阅读、小说阅读、诗歌阅读和戏剧阅读。对于不同类型的散文，教师在确定教学内容、设计教学活动上会有些不同的做法。但是，我们的口语交际教学，就缺乏这样系统的教学内容。没有它，教学设计就没有抓手，教学活动就不容易设计，教学评价也没有落脚点。

在口语交际方面，应该也存在一些描述口语交际特点的概念和知识，以及衡量口语交际优劣的标准。如果能以此为依托来确定教学点，设计教学思路，口语交际教什么的问题就大体有了方向。

如上文所论述的那样，口语交际的主要特点是"口语化""在场""有目的"和"交互性"，以此为线索，我们就可以建构出口语交际的基本特点及对说话人的要求。

（1）口语化，即使用口语化的表达。如果以能说清楚、听明白为原则，句式简单，不强求规范的语法，少使用修饰词，很多对话可省略主语、背景介绍和表示逻辑关系的关联词等。如下面这两句对话：

甲：这么早就吃午饭？

乙：早上只吃了一片面包。

在这段对话中，若按照规范的书面语语体，乙的回答全文应是："因为我早上只吃了一片面包，所以很早就饿了，因此午饭就吃得早了。"口语交际中，乙省略了"因为""我""所以很早就饿了""因此午饭就吃得早了"。但在这个特定的情景中，甲完全能听明白乙的回答，不会觉得模糊不清或产生误解，这就是口语交际中的语言特点。口语不仅可使交流便捷、效率提高，也使谈话过程显得亲切自然。

（2）在场，即说话人与听话人没有时间、空间距离的间隔，双方处于同一个具体的语境——"信息场"中，说话人和听话人都是"场"的一部分，这个"场"一直处在变化之中。对话人不仅要"说"，而且同时还在"听"和"看""思考判断"，然后"继续说"。人们交流的不仅仅是纯粹的语言信息，还有社会文化信息，并受双方身份、性别、性格、心理、文化、环境等因素的影响。"在场"环境下的诸多因素不仅左右说话内容，也影响表达形式，如句式、语速、声调、修饰词、指称词语等。

同样的交流内容，针对同一个对象，在场与不在场，说话人的语言表现会大相径庭。例如，你给一个人写信可以写得洋洋洒洒，但面对他时却很可能拙于言辞。这就是"在场"的巨大影响。

（3）有目的，是指对真实生活的表达，即说话人发出的声音含有自己的意图，希望听话人真实地理解、认可、赞同、回应，而不是虚拟的表达。借此，我们排除了那些按照一定的角色要求而不是本人的真实身份说话的"程序式交流"，如演员在舞台上扮演别人念的台词，一些工作岗位按照工作职责要求的问答，都是按照一定程序在说话，并不代表本人的真实意图和情感，都不应属于口语交际范围。

（4）交互性，即交际双方都根据对方的语言表达、表情及肢体语言，及时做出反应，选择恰当的回应方式，如调整态度、语气等。

"你有来言，我有去语"是口语交际的重要特点。美国演讲专家谢伊·麦康农就十分强调回应的重要性。他在《演讲的艺术》一书中专门论述了在演讲之后应如何回应别人的问题的方式和要求：

- ◆ 仔细聆听对方的问题。
- ◆ 用自己的语言重复这个问题，以保证你的理解是正确的，并使别人也可以听到。
- ◆ 如果这个问题很复杂，则把它们分成若干部分；你先讲述一部分，然后再回答。
- ◆ 把你的回答同你演讲中的论点联系起来。
- ◆ 回答问题时，要简短明了、击中要害。
- ◆ 要核对一下："我的回答解决了你的问题吗？"

绝对不要

- ◆ 使提问的人感到难堪。
- ◆ 与对方辩论。
- ◆ 辩解。
- ◆ 虚张声势。
- ◆ 盛气凌人。
- ◆ 一对一的辩论。

上述四个特点中，属于第一个维度的口语交际特征，即"口语化"，主要强调的是口语特征，其基本要求可以归纳为"简洁、明了、自然"。这些要求可以在生活中逐渐得到磨炼，当然也需要教师的提醒与矫正。

第二个维度的口语交际特征，即"在场"，也体现了口语交际中的心理与社会文化要求，诸如下列交际礼仪的有关知识和技能：

健康的交际态度，尊重听者，落落大方，忌态度倨傲和谄媚。

具有从容表达的胆量，自然地表达看法、流露情感。

保持适当距离，不宜过远或过近。

谈话时目光大部分时间注视对方眼睛致下巴之间的位置，但也须有间隔地左右移动目光，忌目光闪烁不定和一直盯住他人。

使用恰当的语速和音量，根据场合控制音量的大小，既要让对方听清楚，又不影响周围其他人。

注意交谈内容，不说粗话，涉及私密性话题应顾及对方的身份、年龄、性别、修养、文化与生活习惯等，以免对方尴尬。

一般情况下不要随意打断别人的发言，忌抢过话头。

在一个话题没有讲完时，不要随意转换话题。

谈话中需要用眼神与对方及周围的人交流。

在公共场合交谈，要遵守公共场合秩序。

在特殊场合，要遵守特殊的规章制度，尊重当时当地的文化习俗与禁忌，如到别人家做客、参观博物馆，到学校、医院、殡仪馆参加活动等。

注意控制口头禅，避免出现频繁地晃腿、拉衣服、抓耳挠腮、眨眼、发出怪异声音等动作。

注意听者的反应，根据情况及时提出结束话题或结束谈话的建议。

应该指出，上述某些要求，与我国传统文化中的修身要求有高度的一致性，其中的大部分要求，应该在家庭教育中由父母通过言传身教传达给学生。但是，可惜的是，近些年来愈演愈烈的应试教育，使全社会染上偏重智育忽视为人处世的倾向，这无疑加重了口语交际教学中传达社会文化修养要求的任务，这是我们的教师应该特别注意的地方。

第三个维度的特征，即有目的，主要是如何考虑他人的接受基础，包括智力层面的理解能力与情感方面的接受态度；如何表明自己的意图，是选择直接表述，还是委婉表述。

第四个维度的特征，即"交互"的要求，主要强调交流中的思维与表达技能，包括倾听能力、记忆能力、筛选关键信息与判断对方态度的能力、组织语言顺序的能力、做出恰当应对的能力，以及对交谈过程、环境气氛的监测能力。

综合以上几个方面的内容，我们可以为口语交际能力列出一份能力系统表：

口语能力类别	侧重点	具体要求及标准
口语化表达	口语语体要求	简洁、明了、自然，不使人困惑
面对面交流	社会文化修养要求	尊重对方、言行得体、遵守规范，不使人生厌
有目的的表达	语言组织技能要求	分析、选择、试探，语言组织，相机行事
交互应对	应对技能要求	倾听、记忆、判断、应对、反思与调整、保持交流

如有必要，对上述每一项，我们可以再加以细化，列成不同的能力级差，例如：

倾听能力，可以依据不同年龄阶段，分成听懂句意、段意、文意等。

判断能力，可以分为判断对方态度、言外之意、双关意、幽默意义等。

应对能力，可以分为应和、商讨、质疑、辩驳，或一对一、一对多。

监测能力，对整个交流过程——包括自己说的内容、表现实施监控。

上面列举的是一般社会生活中口语交际的特点和要求，如果有兴趣，可以选择其中的某项内容设计教学程序，帮助学生提高口语交际能力。

拓展延伸

利用学生之间的交谈进行口语交际教学，无疑是既便于组织、又富有成效的形式。问题是，学生的生活交谈难以直接用来作为教学的抓手，需要一定的设计才行。

我们来看国外一则口语交际教学设计。其教学目标是"了解会话交际中不同风格和实用技巧，以便应付会话中出现的交际冲突"。具体活动步骤如下：

（一）将学生分成小组并让他们给"会话打断"（interruption in conversation）和"会话重叠"（overlap in conversation）下定义，并让他们判断两者是否有区别，若有区别，如何表现。如果学生需要帮助，教师应启发他们想象，在真实的交际中，人们如何涉及"会话打断"和"会话重叠"，如何做出反应。

（二）选择一个会话主题（例如：体罚、毒品合法化、公共场所吸烟）。任何主题都可以，但必须能激发学生的兴趣，并且能够使全班学生分为人数相当的两组。

（三）了解学生们的不同意见，将全班分成两组，将意见相同的学生分在同一组内，然后给5～10分钟时间让双方准备辩论（列出论点、论据和需要用的词汇）。

（四）从两组中各选一名学生，在教室前面面对面地坐下，让两位学生代表双方就所选主题展开讨论，但不允许在同一时间内讲话。不管他们如何激动，必须等对方说完之后才可以发言。同时请全班学生专心听讲，注意发言者的互动情况，几分钟以后教师中断对话。

（五）从两组中各另选一名学生，也面对面而坐，让他们就主题展开讨论，但尽可能在同一时间内抢着发言，不等对方把话说完，想说立刻就说，同时请全班其他学生观其言行，注意双方互动，几分钟以后停止。

（六）让全班学生围成一个圆圈坐下，共同讨论教师提出的问题：

两次对话有什么不同？

参加第一次会话的俩人有什么体会？

参加第二次活动的俩人有什么体会？

当你同朋友交谈时你是如何表现的，是像第一组那样还是更倾向于像第二组那样？

你如何与你的老师、你的上级和你的家庭成员对话？

你认为你这样对话是由你本人的个性所决定的吗？或者是因为别人的个性？

其他人是否以与你相同的方式与别人交流？

（引自陈申《语言文化教学策略研究》）

这节课的教学重点是引导学生了解"会话打断"和"会话重叠"这两个概念，反思日常会话中"会话打断"和"会话重叠"这两种行为的影响，进而改善学生会话的技能。该设计没有"教"会话打断的"技能"，因为这些技能学生已经具有；也没有"教"如何避免会话重叠的"技能"，这些技能学生也已经具有，只是需要根据不同话题、不同场合、不同对象反复实践，才能收放自如。

修炼建议

1. 指导学生对自己的口语交际能力作诊断。

参照上文的口语交际能力要点，让每个学生尝试筛选出在口语交际方面最需要加强的方面，分析是哪些因素影响了这方面的能力，考虑这些因素能否改变。

指导学生制订一份改进计划。

2. 你班级的学生在口语交际方面普遍缺乏哪些素养？主要原因是什么？对照学生自己的分析，写一份研究报告。

第三节　口语交际教学怎样教

问题展示

赵老师：口语交际是生活中每天都从事的活动。课堂发言、小组讨论是口语交际活动，课间与同学交谈、放学回家与父母聊天是在进行口语交际活动，甚至与同伴吵架，也是一种口语交际活动。照理说，我们并不缺乏口语交际的机会，但是很多人在口语交际方面都挺弱，包括我在内，回忆一下，我们以前上语文课从来不学口语交际。这是不是一个原因呢？

我想，课堂教学能不能各显神通，不要统一规定。如果不发挥教师的创造性，就算再好的教学，一周一次又能提升学生多少的口语交际能力？

我这样讲可能比较宽泛，下面是我收集的一个教学设计，课题是《模拟旅游咨询》，我想听听您的意见。教学目标是"通过语言实践提高语言交际能力"和"了解作为一个旅行社咨询员在介绍风景名胜及注意事项时要注意的地方"，"教学过程"设计如下：

一、训练题目

召开一次旅游咨询班会，介绍本地或外地的风景名胜及旅游注意事项。

二、训练指导

1. 学生在以咨询员身份向游客介绍本地或外地的风景之前要做好充分的准备，要全面了解风景名胜及有关的人文知识，同时还要考虑向游客介绍游览的路线，确定介绍的顺序及重点。实践过程中要注意与游客进行互动，要边介绍边与游客交谈。学生介绍时或客观叙述，或形象描绘，或穿插人文知识，或启发游客想象。学生应采用多种介绍方法，有详有略，切忌刻板乏味或夸大其词，影响游客前往旅游的兴趣。

2. 游客的提问要简洁明了，要有针对性。咨询会结束后，请同学（游客）对咨询员的介绍和回答给予评价。

三、训练过程

1. 采用自愿报名、同学推荐的方式选取 4 名同学担当咨询员，分别介绍不同的旅游景点，景点介绍时间控制在 5 分钟之内。

2. 由游客自由提问，问答时间为 10 分钟左右。

3. 游客进行自由评价，最后由同学进行举手表决，以愿意去某个景点的游客最多者为胜。

案例分析

对母语的学习既是一个学得的过程，也是一个习得的过程。口语交际活动与我们的日常学习、生活密不可分，教学的原则应是把生活与课堂结合起来，这是大方向，应该坚持。可是，课堂上的口语交际教学怎么开展呢？实际上，口语交际教学没有一定的成规，完全可以像赵老师所言，八仙过海，各显神通。

下面对赵老师提供的教学设计谈点具体意见。

该设计是利用课堂教学时间进行口语交际训练，主要教学活动是学生模拟咨询员介绍旅游景点，以及学生担当游客进行提问、评价，学生的言语交流时间充足、形式活泼，相信能收到好的学习效果。另外，这节课的准备充分细致。比如，如何介绍旅游景点，设计要求学生先收集材料，还有教师的技能指导，有要求，有过程，可操作性强。其实，有不少教师的教学设计和想法是很好的，就是在一些具体细节上考虑不够全面，从而影响了实施效果，这是很遗憾的。

当然，从设计看，"训练指导"部分介绍了一些相关知识，但在"训练过程"中看不出这些知识在何时、以何种方式传递给学生，这是一个遗憾之处。另外，时间的设

初 中语文教师专业能力必修 Chu Zhong Yu Wen Jiao Shi Zhuan Ye Neng Li Bi Xiu

计也有待斟酌，一课时的时间似乎完成不了这些活动。也许这是两课时的教学设计，毕竟赵老师对此没有说明。

该设计需要改进的地方是，学生进行交流时，可以请其他同学观察，找出他人在交流技巧方面的不足、需要改进之处等；也可以请交流能力好的同学反思自己（包括介绍景点与回答提问等）的表现及感受。前者是通过旁观者的观察、分析改进交流质量，后者是通过实践者的反思提升学习的成效。

理论点拨

对普通语文教师来说，如何在语文教学中融入口语交际教学，可以说，是个全新的课题。近年来，虽然国内有人做过一些研究和探索，但基本上处在摸索阶段，尤其是口语交际课程层面的建设做得很不够，让一线教师感到没有依托。不过，从另一个角度来看倒也是好事，因为没有定制，也就意味着减少了约束，普通语文教师完全可以结合校本课程建设和自己的兴趣，在这个领域大胆尝试，说不定会有意想不到的成果。

如果教师在语文学习中开展口语交际教学，大概可以通过下列三种途径来实现：

编制专门的口语交际课程，使口语交际教学进入课程计划，有序地完成口语交际教学的课程目标。

在语文教学中渗透口语交际教学内容，即在一般的语文教学活动中，有意识地适当融入一些口语交际教学的内容，以便达成口语交际教学的目标。

设计课外口语交际训练系列计划，提高学生的口语交际能力。

1. 开设口语交际课程

在三种途径中，第一种口语交际课程相当于"专车"，即把口语交际教学纳入课程计划，开发专门的教材，辟出专门的课时，进行专项训练和考核。要做到这一点，必须基于对口语交际教学特点、规律进行透彻研究，基于教育系统从上到下对口语交际教学的价值、做法有共同认识，但这一点目前还难以实现，因此，我们只能退而求其次，在语文教材中专门设立口语交际教学单元，尝试使口语交际教学嵌入原有的课程框架。例如，上海新版高中《语文》教材在每一册中都编有一个口语交际教学单元，希望以此起到示范引导作用。

不过，目前教材中的口语交际教学内容，包括上海高中《语文》教材里的"口语交际教学"单元，主要内容还是介绍一些口语交际教学的相关知识，普遍缺乏可操作性，对教师在课堂里开展口语交际教学的指导意义并不大。

因此，无论是编写专门教材还是在传统教材中加入口语交际内容，理想的思路应该是这样：

（1）列出口语交际所需要的主要知识和能力框架，分项排成课程计划。

（2）以具体的口语交际知识点、能力为依托，安排口语交际教学点。

（3）围绕这些教学点，设计有针对性的训练程式，提高学生在口语交际中应该具备的技能，或解决可能遇到的口语表达问题。

口语交际必须具备的素质，如表达胆量、口语听力、速记技巧、判断对方意图、口语词句组织能力、应对技巧等，都可以设计成专门的训练程式，在口语课上逐项训练。以口语交际中的胆量训练为例，可以列成若干分类目标，如下所示：

初一：能在小组环境内自然表达，能传达自己的情感，能讲述一段故事。

初二：能面对全班自然表达，能提出自己的看法，能陈述支持的理由。

初三：能在陌生环境下面对成年人自由发言；能表达不同意见；能回应他人的提问。

根据不同层级的要求，教师为学生设计一些适宜的训练手段，如小组环境的自由讨论、班级指定发言、辩论赛、一对一交谈、一对多辩论等，让学生熟悉不同的交际"场"的复杂氛围，逐步克服"怯场"心理，积累口语交际经验。当然，口语交际所需要的胆量既可以做单项训练内容，也可以与其他学习目标结合起来进行综合训练，提高实际应用能力。

学生的各项训练若达到一定的标准，教师应立即判为合格，并给予一定的激励。

2. 渗透式口语交际教学

专门的口语交际课程的突出价值是可以清楚地为每一个学生列出训练内容和要求，使不同口语程度的学生获得较为均衡的发展。但是，在目前法定课程中有关内容建设不完善的条件下，要语文教师自主地开发口语课程，有相当的难度。现实中，一些教师选择了一种相对简便的做法，那就是在常规的语文教学中，利用恰当的时机进行一些口语交际方面的训练。例如，教师借助小组讨论、班级讨论、课堂提问、口头练说等形式，有意识地锻炼学生的口语表达能力。

大家知道，传统语文课堂本来就有不少"对话"，渗透式口语教学的"对话"与原有的学生讨论、师生问答形式的主要区别可以归纳为两点：一是教师是有意识地指向口语教学的自觉行为，二是教师的组织引导适当指向口语教学内容，即从口语交际的角度组织教学活动，判断学生的发言，帮助学生学习口语交际的知识，指出学生在口语交际中容易出现的问题，矫正学生不得当的言行表现，潜移默化地提高学生的口语交际能力。这两点是决定课堂的"对话"有没有口语交际教学成分、口语教学是否有效的关键。请看下面的一个实例：

教师要激发学生对某人的观点发表不同意见，他有以下几种说法：

A. 有人不同意小张的看法吗？哦，有，请你来说说——

B. 有人不同意小张的看法吗？哦，有，我想同学们都很想知道，请你来说说——

C. 有人不同意小张的看法吗？哦，有，老师很想知道，请你来说说——

D. 有人不同意小张的说法吗？哦，有，请你来告诉小张——

粗看上去，教师这几种说法都是为了引导学生发表不同意见，但对下面发言的学生来说，意味却大不相同。因为教师的引导语预设的是四种很不相同的交际情境。第一种情境仍然是教室环境，学生的发言就是学习中的表达，没有对象，没有目的，没有回应的可能，几乎没有口语交际成分；第二种情境中，教师为发言者设定了一个对象——全班学生，发言者必须有所考虑，这就开始有交际色彩了；第三种情境把交际对象人为地限定为教师，本来的教学对话一下子成了两个人的交谈，交际意味更浓；第四种情境则是很典型的口语交际环境，因为这个学生的回答不仅要考虑内容是否正确，还要考虑说出来以后小张会有什么反应，自己跟小张原来是什么关系等，他的观点、措辞、语气，甚至音量等都会有不同的体现。因为这些影响因素，在他对教师说、对班级说时，都是不需要多考虑的。也正因为如此，后面问法的口语交际训练价值自然也高于前面的问法。

由此可以看出，教师这种把单纯的学习环境转化为交际环境的意识，对渗透式口语交际教学的效果有一定影响。

除此之外，教师还可以在许多方面创造条件，并采用灵活得当的方法，来促进学生的口语表达：

（1）营造民主、和谐的课堂氛围，培养学生随口发言、自然表达的习惯。

（2）多给学生一些口头交流的时间，让学生成为教学活动的主体。

（3）不要只关注学生回答是否正确，学生的句式、语调、停顿、音量，甚至站立姿势、发言时的目光，都要作为教师评价与点拨的内容。如"他刚才发言有一点值得学习，就是面向着提问的同学""全班同学都希望听到你的发言"。

（4）多鼓励学生，尽量让学生自己调整说法，必要时可给予提示，但不要急于指出学生发言中的不妥以及错误表达，更不要轻易代替学生说出准确答案。

（5）采用多种形式给学生创造口语表达的机会。如随意搭配讨论小组，或设置真实的问题情境，使学生在轻松活跃的氛围里发言。

（6）给更多学生表达机会，尤其是不善发言的学生，更应该得到强化训练。

（7）对表达能力好的学生，可以适当提高口语表达方面的要求。

若教师在课堂上拿出一些时间、精力，从口语交际教学的角度来训练学生，并给予学生恰当的引导和点拨，假以时日，学生的口语交际能力必然发生可以预期的改变。

3. 制订课外口语训练计划

课堂教学时间毕竟是有限的，而口语交际学习又是一种实践性很强的学习，需要大量的实践，尤其是要在真实的情境中，要面对各种各样的交际对象，要有具体的沟通目的，这样的条件对学生的口语交际能力更有锻炼价值。语文教师还可以做的是，把学生日常生活中的口语交际活动与口语交际教学课程联系起来，在课程计划、要求的引导下，在口语交际知识的指导下，让学生的生活交际体现出更好的教学价值。

课外口语训练计划取得成效的关键有以下几点：

（1）认识一致。师生达成共识，并获得家长配合。

（2）计划细致，训练方法具体。教师可制订每周的训练内容与方法、要求。如胆量训练，可以具体到每周甚至每天。

（3）多借助日常生活资源锻炼口语。如教师鼓励学生参加社团活动，让其每天放学后向父母介绍学校里发生的新鲜事。教师要求住校学生每晚睡觉前围绕一个话题进行讨论，或通过电话讨论学习中遇到的问题。

（4）坚持形成性评价。如提倡学生写训练日记，让学生记录自己在口语交际方面的努力及变化。

有人主张，可多让学生参加一些演讲比赛、诗歌朗诵会、辩论赛、模拟谈判等，来提高学生的口语交际能力。这些活动对参加者来说固然有很高的锻炼价值，但是作为口语交际教学活动，其效果未必最好。一是参加这类活动的多是口语表达较好的学生，多数学生没有机会参加；二是这些活动需要的是一些专门的口语表达能力和交际技巧，如辩论赛普遍使用诡辩技巧，演讲比赛中普遍运用煽情技巧，谈判中普遍使用"虚虚实实"技巧，这些都是非生活化的技巧，与日常口语交际中强调的"以诚相待""自然表达"原则背道而驰；三是组织成本很高，容易影响日常教学。因此，我们认为这类活动作为口语交际教学的常态形式并不适宜。

拓展延伸

在某套教材里，有李明洁老师设计的《访谈》的教学活动单元，活动充分而丰富。其中的第四部分是"访谈的实施"。"互动"活动（前三个部分的教学内容分别是：预热、问答、倾听）具体设计如下（引文有删改）：

访谈有别于一般的采访，非常强调互动性。采访者在访谈中的分量要比在一般了解信息类的采访中的分量重得多。访谈中的互动包括以下两个方面：

1. 现场情绪的相互感染

在访谈活动中，采访者的每一个细微动作和表情都会影响到被采访者。为了使采访对象保持比较兴奋的谈话状态，采访者应做到以下几点：

首先，采访者必须情绪饱满。访谈中双方的情绪处于互动状态。利用这一点，采访者可以用自己的表情来控制采访节奏，实现话题转换。比如，在听到感人的值得记录的段落时，应以表情表达对对方的理解和回应；如果采访对象的回答不符合采访需要，也可用表情来提示采访对象改换话题。

其次，在访谈中，采访者也应该注意观察采访对象的现场反应，以便采取合适的采访策略，调整和改变提问方式。这里我们尤其要注意一些非言语的手段。以表情为例，采访对象在愉快的时候，往往舌头会产生甜美的感觉，会不由自主地舔嘴唇和门齿，鼻子也仿佛闻到花香，眼睛也好像看到了欢乐的景象；痛苦时，嘴会发出躲避苦味的动作，鼻子也会出现逃避恶臭的动作，眉眼下压，好像竭力摒除不愉快的景象。同样，目光、身体姿态以及构成声音的音调音量、音速音质都是观察和判断采访对象情绪和心理的重要依据。我们都应该熟悉。

2. 保持互动性的交流

这是访谈非常明显的特征。所谓互动性的交流，就是采访者和访谈对象之间应该是平等的、相互促进的关系。

特别重要的是，采访者提问的主体部分应该能够在完成的访谈中单独存在，不能够删去。也就是说，采访者提的问题之间应该有逻辑上的关联和完整性。

[析例点评]

我们来看中央电视台《新闻调查》栏目对养牛专业户葛维连破产原因的调查采访。1995 年 9 月 18 日，全国第四次畜牧工作会议在阜阳召开。记者采访了当时的蒙城县委书记王保民，请他谈了当时葛维连的养牛场为会议代表来参观而做准备的情况。

请特别注意记者的提问。我们不妨略去王保民的回答，只看记者的问题，这些问题之间是否有逻辑性？作为一系列的分解问题，它们组合成的大问题是什么？

记者：为迎接参观，县里有没有什么统一的部署？

王保民：召开过会议，因为这是一件大事，当然我们要做准备了。

记者：做了哪些安排呢？

王保民：安排多了。参观点达到什么样的水平，都要有具体条件和要求。

记者：当时预备参观多少个点呢？

王保民：停车点是四个点。

记者：葛维连这个点在这四个点中属于一个什么样的位置呢？

王保民：个体专业户，他是养牛专业户，又是一个销售专业户，他很有特色。

记者：比如说参观点要达到什么样的水平，当时对葛维连这个点是什么样的要求？

王保民：我们要求，你是养牛专业户，首先要体现出你的养牛数量，这是我们的根本。

(参见《调查中国》，中国民族摄影艺术出版社，2001 年 6 月版)

另外，访谈的互动性还体现在：作为采访者的你，不能只提请教性的问题或者等着对方的答案，要有自己的观点和论据，使自己的谈话具有保留价值。

[析例点评]

杨澜在采访余秋雨教授时，谈到媒体与小道消息的话题。以下是片段：

余秋雨：在社会发展的过程中，总会经历这么一个阶段。过去传媒过于刻版，现在言路初开，多种能量释放，各种民间行为不可能再整齐地走"一二一"的步伐，这在整体上不是坏事。我们应该以幽默的态度来看待这种纷乱现象，然后一起努力，尽快促使我们的文化环境从无序走向有序。

杨澜：余先生，这一点我可能不同意你的看法。我觉得这种无序会延续很长时间，不能快速走向有序。你看美国或者香港、台湾，这种不真实的小道消息在传媒上也大量存在，我们恐怕只能适应它们，不能期望它们有朝一日会改观吧？

余秋雨：我说的有序不是指小道消息的消失。海外和港台报刊上的小道消息、艺人逸事、无聊调侃确实很多，但它们固守着一个本位：无聊就是无聊，庸俗就是庸俗，并不怎么装扮，更不会慷慨激昂地提高到关乎民族命运、文化前途的道德评判上来。这也是一种"序"。

杨澜：除此以外，广大的民众对传媒的态度也会成熟起来。

余秋雨：这是最重要的"有序"。

（参见杨澜的《我问故我在》，学林出版社，1999 年版）

在这一段访谈中，杨澜提出了自己的不同意见。这种互动方式有效地激发了余秋雨先生对自己观点进行进一步的阐述，并将话题引入了更深的层面。

可见，访谈双方的互动是话题深入的最佳方式。

[练习活动]

组成 4～5 人的小组，选定一个人物或一个事件进行一次访谈活动。按照上述的讲解分工，做好准备、实施、记录和整理的工作，并提交报告。

从上述材料来看，这个口语交际教学设计的活动过程清晰，学生先了解每一个步骤的要领，包括"为什么要这样做"和"怎样才能做好"等方面的问题；接着借助真实的访谈案例，引发学生了解访谈的注意事项；最后通过具体的访谈活动迁移知识。

总之，该活动设计对知识介绍明晰，特别是对如何互动的介绍详尽明确，体现了一定的教学步骤，有可操作性，教学效果应该比较好。

修炼建议

1. 胆量是影响学生口语表达的重要因素，而这一点往往被教师所忽视。教师可以指导学生有计划地训练胆量。尤其是对胆子小的学生，教师可训练他们在公众场合的适应能力和自如表达能力，坚持一年，并让学生记录自己的变化。具体做法如下：

经常在课间到讲台上站 10 秒钟；

每堂课都举手发言；

每天对一位陌生同学打招呼；

每周到办公室转一圈；

每学期到学校大礼堂的舞台上走一圈；

每学期做一次志愿者等。

2. 帮助学生制订家庭口语训练计划。例如，每天把学校里发生的一件事告诉父母；每周给一位朋友打电话；与同学或邻居讨论 10 分钟时事新闻。

初
中语文教师专业能力必修
Chu Zhong Yu Wen Jiao Shi Zhuan Ye Neng Li Bi Xiu

专题四 识字写字与综合性学习的教学

第一节 识字教学的侧重点在哪里

郭老师：课程标准中对初中生有识字的要求，不过现在学生识字普遍都提前了，很多在幼儿园阶段就能阅读，再经过小学的集中识字，不少已经过了识字关。那么初中阶段的识字教学还有没有必要呢？

鲍老师：一次谈到识字教学，一个同事主张，应该自然识字，即学生在阅读中遇到不会读的字自己去查字典，教师根本不用管。学生自己识字与上课识字有什么区别？

在中学语文教学的话题中，关于识字教学的讨论确实是很少的。郭老师和鲍老师谈到的问题都是很值得讨论的。

语文学习是从识字开始的，几十年前的学生在入校前识字的不多，他们到了学校以后自然需要花较多精力认字写字，中学阶段的识字任务依然很重。可是，随着时代的变迁，这种情况已经发生了很大变化，因此，识字教学也应该"与时俱进"，这是毫无疑问的。初中以上阶段识字提高的重点，应该由单纯的量的积累向质的飞跃发展。至于如何实现这个转变，应根据当地情况和班级情况决定，不能一刀切或作硬性规定。

自己识字是一种很有效的学习方式。在识字上，自学既有助于发挥学生的自主性和积极性，还可以培养学习能力，因此，从整体上应该鼓励这种做法。以自学为主的识字法要注意的问题，就是做到均衡，让绝大多数学生达成识字目标。自学还容易产生知识盲点，即学生以为某个字应该这样读，其实他读错了。如果得不到及时纠正，这个错读的字可能会伴随终生。而课堂识字教学还有一个优点，从整体上看学习效率高。例如，一篇课文中如果有 5 个生字，如果每个学生都把 5 个字查一遍，那么，为了认识这 5 个字，所有学生都消耗了 5 分钟，如果一个小组查一个，查完后交流一下，只要一两分钟就能解决了。这就是课堂教学的优势之一。当然，识字中遇到的具体问题要具体分析、灵活机动处理，不能一概而论。

一个人"识文断字"是学习的开始，在过去也被看做有文化的象征。可是这样一项涉及一个人的语文素养和未来学习能力的内容，在中学语文教学中是处于比较边缘的地位的。从客观上分析原因，一方面主要是大家认为一个青少年在小学阶段已经通过集中识字基本上达到了一定的识字量，在阅读与写作上基本上没有文字方面的障碍了；另一方面，理论界对中学识字教学的功能、途径等方面理论研究准备不足，中学语文教师对识字教学缺乏理论和教学依据。国内主要学术网站中登载的改革开放以来关于识字教学的论文有近 3000 篇，其中绝大多数都以小学识字教学为论述对象，涉及中学识字教学的只有四五篇，而且这几篇还多是谈农村学校的识字问题，对一般学校的指导意义不大。因此，要从整体上提升对中学识字教学的重视程度和教学水平，必须解决两个基本问题：（1）认清中学识字教学的主要任务；（2）丰富中学识字教学的形式。

语文课程标准对初中生识字目标的规定是认识 3500 个汉字，也就是说，除去小学阶段的 3000 个以外，一个初中学生还要新认识 500 个左右。但现实情况是，随着早期教育的普遍提前和媒体的发达，很多小学生的实际识字量远远超出课标规定的认识 3000 个常用汉字的水平。这也是不少教师在教学中不太重视识字教学的另一个理由。新的社会生活环境要求我们必须重新认识中学识字教学的意义，重新界定中学识字教学的侧重点。

1. 从认识新字向纠错纠偏倾斜转换

当前中学生的识字状况呈现明显的两面性：一方面，不少中学生的识字量超过课标的要求，但另一方面，阅读的浅化和碎片化、书写的减少又影响学生的识字质量，使得他们所识的字里带着不少"夹生米"，这也是现代学生作文中错别字普遍增多的原因之一。因此，语文教师应针对这种情况调整识字的侧重点，把以集中认识新字为主转向以纠正常见错字、别字为主，从识字入手促进学生规范用字。

2. 从学生的整体识字向个别学生倾斜

由于幼儿教育的普及，很多学生在刚入小学时已经可以阅读儿童读物，这种情况在大中城市中更加普遍。如果教师不顾这种新情况，还在课堂教学中按部就班地教学生识字，不仅浪费时间，还容易抑制学生的学习兴趣。但是，反过来，若是照顾多数识字多的学生，又会损害部分学生的利益。因此，现在中学识字教学的另一个侧重点就是把目光由多数学生转向部分学生。除了课堂阅读中检查学生对新字的掌握这种常规教学手段以外，教师还可更多地利用批作业、个别谈话、抽查背诵等途径，帮助部分学生补上识字量。

3. 由常用字的认识向掌握有表现力的词语过渡

语言文字是交流工具，学生增加识字量的根本目的是提高对词语、句子以及文章的理解能力，提高语言表达能力。从这个出发点出发，便可推演中学识字的一项新目标：既然相当多的中学生已经自觉掌握了课标规定的常用字，那么，教师的教学不妨也水涨船高，把用于认识常用字的课时和精力部分地向帮助学生掌握一些虽然不一定在课标要求的范围之内，但是却十分富有生命力和表现力的字词靠拢，促进学生语言素养的提高。这些字词主要包括这样几种类型：

（1）常用成语、谚语、联语，以及历代经典语录，如论语中的名句。

（2）社会上、网络中新出现的一些词语，如"猫腻""二嘎英"。

（3）被社会事件、新产品名重新激活的一些不太常用的旧词语，如"致仕"。

（4）与当地文化资源有关的特殊字词，名人、名胜古迹、街道名中的个别用字，如"轩辕"的"辕"字，汴梁的"汴"字，陈寅恪的"恪"字。

（5）部分仍然有活力的繁体字，如经常出现在媒体上和社会活动中的繁体的"爱"字、"华"字。

（6）具有地域文化特色的字词，如北方方言区"装怂"的"怂"，吴方言区"发嗲"的"嗲"，粤语"摆噱头"的"噱"等，这些字在当地都属于常用字。

这类词语多数虽然不在常用字中，但都具有较强的表现力，教师不妨利用一定的教学机会加以介绍或提醒，既引导学生吸收新信息，又让他们注意语言文字运用的规范问题，可谓一举两得。

4. 从辨识字义向理解文字背后的文化信息提升

与小学生相比，中学生对深层问题的理解能力更高，主动探究学理的意识更强，这就为识字教学的功能提升奠定了一定的基础。因此，与小学识字中多用"激发兴趣""分析笔画"等教学方法相比，中学识字教学中可多采用一些"分析字理"的方法，让学生了解更多文字背后的历史文化信息，从更高的层次上激发学生对汉语言文字的探究兴趣，培养学生热爱汉字、认同汉语的自觉性。

当然，上面这些只是给教师开展识字教学提出一些思路而已，至于哪些需要教，用什么方法和手段教，还需要视具体情况而定，不是必须完成的任务。

如何选择恰当的方法识字也值得教师们认真研究。

从方法论的角度分，中学常用的识字教学方法主要有以下几种：

（1）字族识字。即利用汉字中有大量形声字的特点，把某一类归类，辨析差异，从声音的角度入手记住某些汉字。例如，"慢""曼""漫""蔓""幔""鳗""漫""谩""嫚"，声旁相同，声调一致，认识一个即能读出一组。字族识字的优点是识字效率高。

（2）字理识字。即从汉字的字义入手，分析汉字的结构，理解字义，从而记住它。如"配合"的"配"字，是会意字，即"一个人跪着给一瓶酒加调料"，字义清晰，字形、字音也就记住了。字理识字的优点是令人印象深刻。

（3）趣味识字。即不管用什么方法，让学生记住某个字即可，设置情境、编故事、画图形、用别解等，都可以归入这一类。例如，每一个人都会有几个字是读不准的，一位语文教师为了激发学生的识字热情，帮助自己纠正平时错读的字，他在班级发起了一项"为教师纠错活动"：谁要是能抓到语文教师一次错读的情况，就奖励一件礼物。三年以后，教师的错读率显著减少，学生的识字意识也得到提高。趣味识字的优点是过程生动，但要注意不要让别解干扰正确字义的记忆。

（4）比较识字。把存在细微差异的一组字放在一起，通过比较，记住特点，从而加以区分。例如，"戍""戌""戊"三个字差异很小，很容易混淆，有的多年读错写错难以纠正，于是有人根据其差异归纳出"横戌点戍空心戊"的口诀，就较好地解决了这三个字的区分问题。

除了上述识字方法以外，识字教学还要注意这样几个原则：多在文章阅读中识字，少孤立地识字；多让学生读出声音，多查字典，自己解决生字词问题，少直接回答学生遇到的生字读音；对容易读错的字，在教学中有意识地不断提起、经常重复，强化学生对这些字的印象。

拓展延伸

下面是东莞彭学文老师的《我的识字教学经验》：

1. 集中精力，打歼灭战

一册教材中的生字词可能也就是一百多个，教师不妨拿出一点时间集中解决。在这方面魏书生老师所作的可贵探索很值得借鉴，他经常用一两节课让学生学习整册书的生字或解词。

2. 突出重点，慢慢消化

应在具体教学某一课文时列出两个或三个生字作为学习目标（尽管一课当中可能有十几个生字词），根据所教字的辨音组词、辨形组词、辨义造句等，灵活使用多种教法，以达到学生真正掌握会用的教学目的，既节省了课堂教学时间，又突出了重点。

3. 设置语境，活用生字词

为使学生真正掌握课文中的生字，需要多方设置新的语言环境（造句、写短文、给定某个故事情节等），让学生在用中学习、用中巩固。现行的教材中也有一些有关的练习，但却因比较随意而往往针对性不强，"重点"不突出，因而效果未必好。

4. 查缺补漏，消灭死角

复习阶段（或平时），把容易认错、读错、写错的字词分类列表，对照复习，最后达成识字的整体目标。

5. 尊重规律，规范地评价识字教学

过去，我们对识字能力的测试不够有效。具体表现在：第一，测试的形式比较单一。如今识字能力测试的主要形式是根据注音拼写汉字，或者判断注音正误并作出选择，难度系数的控制也无非在量上做文章，尤其缺乏更实在的语音测试环境。第二，测试未能真正体现考查学生能力的原则。识字的识记因素虽大，但也需要方法和技巧，也有学习过程。例如，可通过比较，让学生辨别差异、掌握规律，并在生活中实际运用。第三，测试未能体现学生学习的阶段性。语文学习从小学一年级到高中三年级，是一个连贯有机的过程，识字能力测试更是从小学到高考都不能或缺的试题。学生的识字量不断增加，但在试卷的比例却有限，因此，要克服命题的随意性，按照能力层级考查学生，从而对学生的学习起到引导作用。

识字教学似乎没有多少理论，对识字的思考也称不上学术研究，但是，彭老师的特点是乐于思考，善于吸收他人的长处，贵在总结。我们相信，一个爱思考、爱学习、爱总结的教师，不仅能教好识字课，也能教好其他课程。因此，彭老师这段文字不仅称得上是"识字经"，也可以算得上"教书经"了。甚至可以说，他谈的不仅是识字，也是语文学习经验。

修炼建议

1. 如果在阅读课文中遇到生字词，你主要用什么办法让学生记住呢？把这些方法加以总结，与同事交流。

2. 在班级组织一次识字游戏，如"纠错活动""成语接龙""评选识字大王"等。

3. 思考：以你的教学经验看，学生的识字量与他的语文学习成绩有多大关系？这种关系说明了什么道理？

第二节　如何落实写字教学

问题展示

孙老师：我是一名退休多年的语文教师，对中学课堂很陌生了。有一次我偶尔来到课堂，我发现现在学生的写字很成问题，写字姿势普遍不规范，坐姿和握笔姿势没有几个合乎要求，难道现在的语文教师都不管学生写字了吗？

李老师：我发现，长期以来我们的中学语文教学一直忽视写字训练，尤其是在新课程实施以后，文本解读成了重中之重，阅读教学成了改革的主战场，课堂中充斥了太多的架空琐碎的分析，开放性的讨论为新时代的师生所喜爱，"言之有理"成为人们的共识，于是，写字教学更是失去了立足之地，学生的书写水平不可避免地直线下滑。更令人感到可怕的是，如今百分之九十的语文教师自己都不能书写一手工整规范、潇洒漂亮的汉字。如此恶性循环，轻而言之是不幸，重而言之是灾难。谁之罪？又该谁来承担这一历史责任？

与识字相比，写字教学中暴露出来的问题似乎更多，因而中学写字教学的任务自然也更难落实，两位老师的困惑显示出对这个问题感受深切、呼吁沉痛。

中国的书法艺术历史悠久，成就不凡，并形成了世界上独特的书法文化，但是，步入现代化轨道以来，这种崇尚书写的优良传统在中国逐渐淡化。电脑打字的普及，使得书写不再是衡量学生和社会成员的重要素质，人们对书写的需求进一步下降。因此，导致中学教师对学生练字不重视、学生写字水平下降的原因是复杂的，不是哪一个人的问题。

一个语文教师不能影响语文教学的大历史文化背景，但是，对一个班级的学习环境、对某些学生的学习习惯还是有很大影响力的。因此，如果教师本人对写字的意义足够重视，对学生写字练字的方法指导得当、要求具体，在中学语文课程里落实写字教学还是有些作为的。例如，一位教师在新学期第一堂课上便与学生"约法三章"：学生发现教师在黑板上或批改作业时写一个错别字，将获得三个"班币"的奖励；若是在报纸、书刊上发现一个，则获得两个"班币"；若是学生作文中被发现一个错别字，则要扣除一个"班币"。到学期末，学生凭累计的"班币"换取礼物，班币多的参评班级"啄木鸟之星"。教师用这种方式激发了学生在文字运用方面的兴趣，还带动了其他语文内容的学习。这是教师改进教学小环境的成功例子。当然，这需要教师多一点责任心、多一点创造性、多一份付出才行。

理论点拨

近一二十年里，社会各界对学校语文教育效果多有不满和批评，其中意见较为一致的内容中就有写字教学。写字教学效果不佳的具体表现主要有：

（1）学生的书写能力差，能写一手好字的学生日渐稀少，相反，写字不成体的倒越来越多。

（2）作文中的错别字有越来越多的趋势。近年来，受乱改成语类广告的误导，学生作文中还频频出现一些新的别字，如"不可痘留""一网情深""随心所浴"。

（3）与写字有关的姿势，包括坐姿和握笔的姿势等大面积不规范。书写姿势不规范，直接加重了学生患近视眼、驼背、脊柱侧弯等青少年身体发育疾患的比例。

众所周知，书写的主要目的是利于表达和交流信息，那么，为了实现这个目的，一个人除了文字笔画书写正确以外，字体还要做到适当美观，以便给读者留下良好的第一印象。这种书写"价值观"在科举制度时代的作用尤为显著，书法不仅是衡量人才素质的重要内容，还能为文章增辉，如王羲之的《兰亭集序》就因文辞与书法"双绝"合一而成为稀世珍宝。

中国的书写历史进入硬笔时代后，对一篇文章的评价由过去那种内容与书写形式融为一体的二元价值体系转变为单一的"内容价值"，在社会生活中，书法逐渐成为一种业余爱好而非必备的素质，这无疑导致了中国书写艺术的一次整体大退步。20世纪90年代，人类社会进入信息时代，因电脑打字、电脑排版带来的便捷和技术美，社会对手写字体美观的需求进一步下降，这对汉字书写无疑形成了第二次严重冲击，甚至有人认为，不仅写一手好字已不再是人才必备的素质，以后连会不会写字都已无关紧要了。人们花在练字上的时间普遍不足，能写出一手好字的人自然就越来越少了。这就是目前中学写字教学所面临的社会背景，也成了一些语文教师忽视写字教学的很好理由。

但是，据上海一所中学的问卷调查显示，现今一位中学生的在校书写时间和家庭书写时间平均每日达到3.7个小时，不仅远远超过30年前的同龄人，甚至比练习书法的专业人士的书写时间还长。虽然一个学校的数据有一定的偶然性，但这项研究至少表明，如今中学生的书写水平与他们的生活方式没有必然联系。或者，这提醒我们，学生花在写字上的时间与其写字水平不成比例，从一个侧面暴露了我们的学校教育——当然主要是语文教学中写字教学存在的问题。

中学写字教学从观念到课程建设，再到课程实施，都存在一定的问题，都有一定的改进空间。

（1）重新认识学生写字的价值。以往，多数人认为，写字仅仅是或主要是为了给读者留下美好的第一印象。其实，书写的意义远不止这一点，书写活动与青少年多种智力的发展有密切关系。例如，大量的书写练习可以培养青少年的性格，对他们养成认真、细致、平和、坚韧、执著等特质有明显的效果，这已经为许多人所接受。现代心理学认为，书写过程对青少年手部小肌肉群的发育有很高的锻炼价值，因此有人把书写与弹钢琴、用筷子、打算盘并列为最值得采用的促进小肌肉与脑神经发育的手段。现代心理学研究还证明，汉字书法练习对培养儿童的细微空间意识有积极作用。汉字特殊的方块结构，要求把不同笔画的字写到同样大小的一个小方格中，在写每一个字时都要考虑如何安排这些笔画之间的空间关系。长期锻炼，会使人的空间意识好，大局观强。生活中我们常常发现，字迹潇洒的人性格也往往豪放，可能就是这个道理，而且古人也早就有"字如其人"的说法了。

（2）完善关于写字的课程建设，使中学写字教学有所依托。中学写字教学缺乏依托具体表现在这样几个方面：语文课程标准中对写字有原则，但缺少具体目标；中学语文教材中普遍缺少写字教学的内容；部分学校开设的书法课只是作为选修课，没有纳入语文教育的课程体系之内。这些都使得写字教学成为语文教师个人的意愿，教师喜欢多教一点就多教一点，愿意少教一点就少教一点。新课程实施以后，语文教学强调文本阅读，阅读又强调整体感知，这种侧重有其合理性，但在教学实施中，解读文本很容易成为教学的重中之重甚至唯一目标，客观会弱化识字与写字等双基内容。因此，需要完善关于写字的课程建设，使中学写字教学有所依托。

（3）减少课程实施和评价层面的不利因素。目前，写字教学的不利因素有许多，如教师本身的书法素养不足，基本功不扎实，不乐于写板书，吝啬在学生作业上写批语，教师起不到写字的示范作用；课程评价缺失，对写字尤其是字体规整方面的要求不够具体，对写字的评价没有科学依据。当然，书写水平的进步是一项基本功训练，在短期内难以看到成效，不如抓背诵默写来得快捷，这也是教师不愿意多花精力在学生的写字教学上的原因。

初中是一个人字体初步形成的基础阶段，适度的写字教学对学生将来的书写习惯将产生重要影响。写字是习得性极强的活动，要使得写字教学取得成效，关键并不是改变对写字意义的认识，而是如何把写字理念落实到日常的教学中去。如果教师有这方面的追求，不妨从下面的建议中挑选几条作些尝试：

（1）对写字表现出极大的兴趣，随时展现写字的快乐，这会对学生产生积极影响。

（2）练就一手好字，这不仅对写字教学有用，对提高个人魅力帮助也很大。

（3）在教室内张贴书法作品，经常提及一些书法作品、字帖，这会对学生产生暗示作用。

（4）多褒扬字写得好的学生，榜样的力量永远有效。

（5）布置作业、作文时，提出书写方面的要求，像要求背诵作业一样检查。

（6）解释字词的时候，有时不妨从字形、结构、笔画等角度添加些信息。

（7）及早计划，趁着考试压力还不大的阶段开始班级练字计划。

（8）坚持你的特色做法，直到取得效果。

（9）练字计划要取得家长的认可和配合，要知道利用课外时间永远比利用课堂时间合算的道理。

拓展延伸

下面是一位初中语文教师关于写字教学的认识：

我长期从事初中语文教学，根据本人的实践，狠抓课前预习、课堂讲练、课后作业三个环节，对于增强识字写字教学的实效，会收到良好的效果。

一、课前预习到位

凡事预则立，不预则废。课前要求学生认真预习，并备有专门的预习本，先仔细默读课文，将不认识的字、不理解的词标记出来，然后查字典注音释义。对所查的字，要求找出若干个同音字，对形近字予以仔细辨析；对那些较难写的字词，必须工整地抄写几遍。课前预习能够充分发挥学生学习的自主性、主动性。同一课的字词，学生的基础不同，面临的难易度也不同，由每个学生自己找出生字词，借助工具书加以解决，这样避免了教师主观圈点生字词所可能带来的盲目性，因而更具针对性、实效性。为防止预习环节流于形式，坚持做到持之以恒，课课预习，次次必查，表扬先进，鞭

中语文教师专业能力必修

Chu Zhong Yu Wen Jiao Shi Zhuan Ye Neng Li Bi Xiu

策后进，力促养成习惯，取得成效。

二、课堂讲练到位

课堂是字词教学的主要阵地，教师应充分利用好课堂教学这一宝贵的机会，用足用好，求实求真。我参加教研活动，听过很多老师的课，其教学流程大多相似：上课伊始，教师先发问一番："同学们，昨天的课文预习了吗？"同学们异口同声地回答："预习了！"于是，教师便转入了课文分析环节，将字词丢在了一边。有的老师将课下注释中的生字词写在黑板上，请一位学生带读几遍，注上拼音，解释一下，即告完事……这多半是走过场，如蜻蜓点水，虚浮空泛，难有实效。教师必须改变这种形式主义的做法，要使学生印象深刻，学有所获，首先一定要认真备好课，对课文中学生可能不认识的生字词做到心中有数，上课时努力从音形义几个方面做好分析指导。课堂上还应留下足够的时间，讲练结合，鼓励和启发学生勤动脑、动口、动手。另外，使学生掌握一点文字常识，以知其"所以然"，也很有必要。就识字的方法而言，可对字进行结构分析、音同音近比较、形似区分等。为提高学生识字写字的正确率，我从以下方面让学生进行辨析：（1）读准字音，以音辨形。如"蜕化"的"蜕"读"tuì"，"脱俗"的"脱"读"tuō"，读准字音，就可区别它们。（2）记准字形，把握细微。例如，戊、戌、戍，己、巳、已等。（3）弄清字义，以义辨形。"燥"，缺少水分，如干燥、燥热；"躁"，性急，不冷静，如烦躁、急躁、戒骄戒躁；"瞻"与"赡"，"瞻"字从目，与看有关系，"赡"从贝，与钱财有关系，了解这两个字的区别，就不会将"瞻仰"写成"赡养"。（4）还有些字可根据语法特点，判定用字。如在一些成语中，"貌合神离"中的"合""离"相对，不能写"和"；"大智若愚"中的"智""愚"相对，不能写成"志"。（5）另一些字词，词性不同，读音也有别。比如"数"，作名词读shù（数目），作动词读shǔ（数一数），作副词读shuò（数见不鲜）。

三、课后作业到位

叶圣陶先生指出："语文方面很多项目都要经过不断练习，锲而不舍，养成习惯，才能变成他们的自己的东西。"（叶圣陶《阅读是写作的基础》）初中阶段轻视甚至于放弃字词练习是完全错误的。诚然，字词练习较为机械、单调、乏味，但是不进行必要的抄写、听写、辨字组词、改错别字等练习，训练不到家，天桥的把式——光说不练，那是不可能打牢语文基础的。当然，课下作业练习量应适当，注意精心设计，严格筛选，讲求具体多样，注重生动趣味，以减轻学生过重的学业负担，提高学习的积极性。难写易错的字词须抄写几遍，抄写时仔仔细细地看，工工整整地写。为增加趣味性，可设计一些字谜、歌诀，同时开展一些竞赛活动，像查字典比赛、常用字听写比赛等。

这位教师在写字教学上取得的成果和经验说明，做好识字、写字教学的关键主要不是理论问题，而是落实的问题。只要思想上重视、措施具体，并持之以恒地去做，一定会取得成效。"一分耕耘、一分收获"的道理在写字教学中体现得非常明显，而且有的收获还是长期的，甚至是终生的呢！

1. 你的黑板字写得如何？试着为自己制订一个黑板字水平提升规划，并加以落实。在布置作业时一般向学生提出书写方面的要求吗？试着在这方面努力。

2. 观察班里学生的写字姿势，把你发现的写字姿势不规范的问题进行归类，分析原因，与学生家长一起制订一些措施，帮助那些写字不规范的学生改善姿势。

3. 你的班中一定有学过书法的学生，请他们就"如何练好字"向班里其他同学介绍经验。

第三节　怎样组织综合性学习

问题展示

吴老师：我看到一些文章介绍综合性学习，里面说的是让学生做小课题，一些谈探究性学习的文章，里面的例子也是小课题，而谈合作学习的，还是做小课题。我看有的人纯粹是凑热闹。我想问，这些概念之间到底是什么关系？

孙老师：综合性学习与传统学习方式是什么关系？语文本身就是综合的，为什么还要强调综合性？

案例分析

吴老师提出的问题的确很重要，最近二三十年，关于教育的新观念层出不穷，这为改进我们的教育——当然包括语文提供了很多新视角、新工具，为语文教学探索带来了活力。但是，也应该看到，在引进这些新说法、新概念的过程中，也存在一窝蜂、贴标签等现象，有的教师不能把新概念与自己的教学结合起来。但是，在接受新事物的过程中必然有个由知之不多到知之较多、由了解皮毛到深入本质、由生吞活剥到融会贯通的过程，我们从整体上应该理解、宽容、鼓励、帮助他们。

探究性学习、综合性学习、合作学习，都是 20 世纪 70 年代以后提出的新方法，它们提出的共同背景是一样的，这就是全球化和信息化浪潮初起，激烈的竞争对传统的以分科学习、注重知识的学习、以个体活动为主的学习方式和人才培养模式提出挑战。这就要求 21 世纪的人才应更具有学习能力、合作能力、探究能力，具备更高的综合素养。因为背景相同，所以这些概念的内涵也必然有相通或许多交叉的地方，只不过这几个概念是从不同的角度来界定和描述新的学习方式。例如，综合性学习更多是从学习对象、学习目的的角度谈的，探究性学习更多是从学习方式和过程来谈的，而合作学习则主要是从学习者之间关系的角度谈的。在真实的生活和学习环境中，我们面对的课题、对象必然是综合的，得到的学习结果也是综合的。比如，一个教师早晨去上班前，他一定会考虑身体情况、天气情况、交通情况、教学内容以及同事情况等多种因素，然后决定穿什么衣服、带什么物品，这就是综合考虑。若是遇到问题，如缺少备课材料，他自然会主动查找，还可能会请他人帮助，这就是合作与探究。因此，要截然区分三种方式并分别去运用是不可能的。而典型的小课题就是去研究一个具体的生活环境，解决一个真实的问题。因此，绝大多数小课题研究中都有探究、有合作、有综合，所以，单凭他们所举的案例都是小课题研究，还不足以质疑其价值。当然，我们应该避免那种把一个案例当"万金油"到处使用的不良做法。从这个角度上说，吴老师的提醒还是很有价值的。

理论点拨

综合性学习是新课程强调的一个重要概念，它符合世界课程改革的基本趋势。

1. 综合性学习的意义

综合性学习是 20 世纪 70 年代世界一些发达国家首先提出的，具有现实针对性。过去，读书人常常边读书边研究社会，所学内容——历史、政治、文学是不分家的，现代学校教育使学科内容分类过细，学科之间缺乏联系的现象越来越严重。而生活方式的变化也使得学生从书本上获得的"学科知识"和"生活经验"缺乏联系。科学研究呈复杂化趋势，人自身对全面发展的需求趋势以及世界文化融合的趋势等又要求人们关注事物的复杂性、整体性，这对人才培养提出了新的要求，反映在教育领域，世界各国的有识之士迫切希望现代课程能够突破学科界限，谋求"知识整合"。联合国教科文组织总干事费德里科·马约尔，就在为有明显后现代倾向的法国教育家埃德加·莫兰的《复杂性理论与教育问题》所写的序言中呼吁："我们应该重新思考组织知识的方式。为了实现这一点，我们应该推倒学科之间的传统的壁垒和设想怎样把迄今被分离的东西连接起来。"石中英在《知识转型与教育改革》中说："后现代的知识增长越来越倾向于采用'综合的'与'合作的'增长模式，越来越冲破学科的知识界限和组织界限，成为一种跨学科乃至跨领域的活动。"

综合性学习也是我国基础教育改革的突破口之一。中国的教育文化中有许多优秀传统，如鼓励刻苦攻读、尊师重教，在中华文明的发展中起到了积极作用。但是，中国教育文化中也有不少消极因素，如功利色彩重、应试教育容易形成惯性，因此，我国基础教育中分科学习的局限性也显得尤为严重，而设置综合性课程，或在学科教学中提倡综合性学习，便是克服分科学习弊端的有效手段之一。

《义务教育语文课程标准》（2011 版）把综合性学习放在与"识字与写字""阅读""写作和口语交际"并列的地位，要求"全面提高学生的语文素养，正确把握语文教育的特点，积极倡导自主、合作、探究的学习方式，努力建设开放而有活力的语文课程"，突出了综合性学习在整个语文学习建构中的意义和地位。

巢宗祺教授在《语文综合性学习的价值与目标定位》一文中指出，综合性学习的价值体现在四个方面：（1）从需要出发，以课题引领拓宽语文运用的空间；（2）沟通语文与不同领域的联系，增进语言与思维的活动机制；（3）在动态的过程中实现整合，提高实际的应对能力；（4）指向基本目标，争取多方面的收获。

2. 综合性学习的领域与类型

现代教育的弊端之一是把学习对象肢解为若干碎片，而与之相对，综合性学习的本质是把学习活动作为一个整体。但这个"整体"的范围是相对的，因而从不同的视角，我们可以把综合性学习分成若干类型。

从学习对象的角度，我们可以把综合性学习分为单元综合、专题综合，以及跨类综合。

所谓单元综合，就是把语文教材中一个单元的几篇文章作为一个整体，抓住这些文章的共同特点重点学习，而不是一篇一篇各个击破。例如，人教版八年级上册第二单元中的一组文章：《阿长与山海经》《背影》《台阶》《老王》《信客》。从内容上看，这些文章虽然文体不同，但都是写人物的，都有对小人物的理解与同情，都充满人性和人文关怀。从手法上看，又都有传神的白描。把这几篇文章作为整体学习，学生在某一内容上将体会更深，收获也更大。

所谓专题综合，就是不受教材编排的限制，围绕一个话题开展学习活动。例如，一所学校开展的"虚拟采访大师""消灭错别字""为教材挑错""身边的读书明星"等语文综合学习系列活动，多数是专题学习的形式，前些年在许多地方普遍开展的小课题研究也属于这一类。

所谓跨类综合，是指把原来可能分属于两类甚至几类的学习内容、学习目的合而为一，构成一个综合学习单位。例如，阅读与写作的综合、古诗与现代诗综合、唐代历史与唐诗学习综合、教材选文与电影综合、家庭阅读与课堂学习综合。这类综合学习的形式多样，但是对设计、组织、评价的要求相对高些。

从学习方式的角度，有人把综合性学习分为认知性、体验性与探究性这样三种。所谓认知性综合性学习，是指以掌握知识为主要目的的学习活动，如查阅某类资料、掌握某项技能。所谓体验式综合性学习，是指以感受气氛、获得经历、熏陶情感为目的的学习，如阅读名著、现场参观、电影观摩等。所谓探究性综合性学习，是指以设计选题、自主研究、最后获得问题的解决为目的的学习，如小课题研究。

其实，把综合性学习人为地分出彼此不同的类型是吃力不讨好的。靳彤在《论语文综合性学习教学模式的建构》中说，不管哪一种分类，语文综合性学习教学模式的建构应遵循能力递进、真实情景、语言活动中心、周期性四项原则。他还从活动本身的特点出发，归纳出具体活动模式，如观察体验模式、调查分析模式、问题解决模式、研究学习模式等五种教学模式。唐建新在《综合性学习方式的多样化问题》中提出了社会调查、人物访谈、影视欣赏、资料查阅、感悟体验五种学习方式和报告陈述、作品呈现、模仿表演、展览讲解、演讲辩论五种学习结果展示方式。

3. 综合性学习开展中容易出现的问题

语文课程标准中关于综合性学习的要求有如下内容：

（1）自主组织文学活动，在办刊、演出、讨论等活动过程中，体验合作与成功的喜悦。

（2）能提出学习和生活中感兴趣的问题，共同讨论，选出研究主题，制订简单的研究计划。能从书刊或其他媒体中获取有关资料，讨论分析问题，独立或合作写出简单的研究报告。

（3）关心学校、本地区和国内外大事，就共同关注的热点问题，搜集资料，调查访问，相互讨论，能用文字、图表、图画、照片等展示学习成果。

（4）掌握查找资料、引用资料的基本方法，分清原始资料与间接资料的主要差别，学会注明所援引资料的出处。

对许多教师来说，开展综合性学习是新事物，难免遇到各种困难，有时甚至会走入误区。

巢宗祺先生指出，综合性学习的开展中比较突出的问题是，"有些活动的主要目标偏离了语文；有的地方偏重形式上的热闹，对实际效果的关注还不够充分；有些活动不切合本地区、本学校的实际需要和条件；有些活动形式雷同，多次重复，将来可能会因过于单调而令学生感到厌倦。"黄伟先生认为，应注意语文综合性学习的泛化、非语文化现象背后藏匿着较为复杂的问题，他提出，要把"语言文字表达能力的培养""听说读写整体训练"当做语文综合性学习的主线。李海林先生则注意到综合性学习缺乏有效评价的问题，他提出，应从"活动量""活动对象""活动成果"这三个维度设计综合性学习的评价指标。

综合性学习应注意避免的几个问题：

（1）非语文化，即学习内容偏离语言，变成社会、历史、政治学习。

（2）极端化，把综合性学习与其他学习对立起来，以为综合性学习高于其他学习方式。

（3）形式化，即走过场，单纯追求表面热闹，学生缺少实在收获。

（4）舍近求远。

其实，语文学习本来就有很强的综合性。譬如，要阅读一篇文章，既要运用语文知识，又可能会运用政治、历史知识。在阅读和理解文章的过程中，学生会受情绪影响，还难免会联想到社会上的问题，这种阅读本身就是综合的。教师在进行指导时重点要做的是，在学习活动中设置真实的情境，把活动隐含的综合性因素挖掘出来，以实现日常学习的综合化。也就是说，我们今天提倡综合性学习的主要出发点，是纠正以往学习中分科过细、分析过多的问题，不是否定前面的学习方法而采用一种全新的方法。教师若是具备综合性学习的意识，许多综合性学习内容在教室和学校的范围内也照样可以完成，如"自由的课堂讨论""展示读书报告""出学生作文墙报""编辑学生刊物""表演课本剧"等，不一定每一次都去外面考察或致力于解决社会问题。

反思探究

下面是记者王柏玲发表于 2012 年 4 月 3 日《文汇报》上的一文，读来一定会让我们得到很多启发。

海伦·凯勒毕业于哪所大学？

语文课本上有段有关海伦·凯勒的生平介绍，只短短 100 来字，却被上大附属外国语中学的几个预备班学生"揪出"了至少 3 处错误。挑战权威、质疑教材，让同学们有些小得意，而自主探究的过程，更让他们得到了一次前所未有的学习体验。

课本上的错还不止一处

（上海版本）六年级第二学期语文课本第 13 课，是海伦·凯勒名作《假如给我三天光明》（节选），为让学生了解作者生平，编者特意在课文后面附录了一篇文章《一个伟大的女性》。

上新课前，语文老师苗靖按惯例让学生查找资料自己预习。第二天，他批阅大家交上来的预习作业，发现同学们对海伦·凯勒毕业于哪所大学有不同说法——有的说是美国哈佛大学，有的说是英国剑桥大学。这件事在课堂交流时被提起，立即引起学生争论，"哈佛说"出自海伦·凯勒的自传，而"剑桥说"的出处就是那篇附录文章《一个伟大的女性》。眼看争不出结果，苗老师灵机一动，把这个问题作为附加作业，建议有兴趣的学生再作探究。

曹煜宇等几个同学分头从网上收集了大量有关海伦·凯勒的生平资料，汇总分析之后发现，课本上的表述确实错了——《一个伟大的女性》中写着这样一段话："几年后，海伦移居英国的拉德克里夫，就读于剑桥的吉尔曼女子中学。上课时安妮总是坐在海伦身旁，把老师写的内容写在她手上。1900 年，海伦考进剑桥大学的拉德克里夫学院，成了有史以来第一个进入高等学府的聋哑盲人。"而学生们探究得出的结论却是：海伦·凯勒只在 1930 年到过英国旅游，而不是文中所说的"移居英国"；文中称海伦曾就读于剑桥的吉尔曼女子中学，但"吉尔曼"是一所男子中学，且位于美国马里兰州巴尔的摩，其实海伦当时就读的是剑桥女子中学，校长名叫吉尔曼——他们猜测，可能是作者把两者搞混了。还有，查遍剑桥大学的资料，学生们都没有找到拉德克里夫学院，而别的史料显示，1900 年海伦考进的拉德克里夫学院位于美国马塞诸塞州的剑桥镇，那时是一所独立女子文理学院，1999 年才整合进哈佛大学。因此，海伦到底毕业于哪所大学，"哈佛说"和"剑桥说"都不准确。

此外，学生们还发现，这篇附录文章搞错了海伦的老师安妮·沙利文去世的年份，应该是 1936 年，而文中误作 1930 年。

初 中语文教师专业能力必修 Chu Zhong Yu Wen Jiao Shi Zhuan Ye Neng Li Bi Xiu

探究的过程比结果更有价值

能找到并纠正课本中的错，学生们都挺兴奋。祝唯一同学说："以前也发现过课文表述与自己课外阅读时接触的内容有矛盾，但我想，课本总归是对的，也就不敢提出来。"曹煜宇也说："语文课文都是专家们精选精编的，尤其像海伦·凯勒这样的著名人物的重要作品，所以我们一般不会怀疑。"这次探究学习，让他对那句名言"尽信书，不如无书"有了真切体会。

"学生的能力不可低估。"对同学们的探究成果，上大附属外国语中学校长朱勤楚颇感惊喜："他们的结论是不是完全准确，我暂时不能妄加判断，但这样的学习方式绝对值得提倡，这对引导学生如何看待学习、如何看待书本很有意义。"

苗靖老师说，弄清海伦·凯勒到底毕业于哪所大学，对这篇课文的教学来说并没有太大影响；而同学们为探究这个细节，倒占用了差不多一个星期的课余时间，"我这个做老师的也可以自己查下资料，然后给出一个正确的说法，这么做似乎简单而高效，可以省出时间让学生背背课文、做做练习；但我的观点是，获得知识的过程比知识本身更重要，让学生学会自主学习，比教会他们10篇课文都管用。"

从收集资料到整理分析，再到得出结论，同学们自己解决问题，尽管烦琐曲折，但始终兴致盎然，这让苗靖很是感慨："我们总担心学生做不到而不给尝试的机会，其实要相信他们有能力。"

107

这是一个典型的综合性学习的案例。

正如一些专家看到的那样，进行综合性学习的收获巨大，超过单纯的对语文知识的认知。

综合性学习的空间很大、途径很多。使语文学习与社会发生联系，让语文回归生活，让学生多一些自主学习，必然具有综合性，必然有多重收获。

从这层意义上说，综合性学习既需要创新，但也无需在形式上刻意求新。

修炼建议

1. 梳理近年你校开展综合性学习的内容，对照上文综合性学习的类型，给你们的综合性活动类型作评价，看看哪些内容较多、哪些较少，找一找原因。

2. 以最近要学习某一篇文章为对象，找出学习这篇文章可能涉及的综合性学习因素，进行教学设计时试着采用一些，看看教学效果如何。

3. 思考题：探究性学习与综合性学习有什么区别和联系？

技 能 修 炼

教师掌握了比较扎实的基本功后,还要考虑怎么教的问题。如怎样进行教学设计?怎样实施教学?怎样说课、观课、评课?要想成为一个优秀的专业语文教师,就必须花点心思精修这些技能。希望本篇的内容能给您一些有益的启示。

专题一 教学设计

第一节 分析学情

问题展示

张老师：在教学中，我常常遇到这样的困惑，在备课的时候，觉得自己的设想很好，可是，课堂上出来的效果却往往并不理想。有一次教《背影》，我先让学生听课文录音，希望学生能感受父爱的无私伟大。这是我很喜欢的一篇散文，听录音的时候我自己很感动，可是没想到学生一点也不感动，有些学生一边听一边还在嘻嘻哈哈，这让我感到非常沮丧，是我的教学设计有问题？还是影响力、表达力有问题？我竟怀疑自己是不是不适合当老师了。

李老师：有一次，我要上一堂公开课，选的课文是鲁迅的《风筝》，我预备在课堂上讨论的三个核心问题，即"'我'对风筝是什么样的感情""文章里的'我'是一个什么样的形象""文章表达了什么主旨"。为了准备得更充分些，初步备好课后，指导老师建议我先在学校的平行班试讲一遍。试讲时，学生围绕这几个问题纷纷发表意见。有的说，文章里的"我"是一个关心弟弟成长的大哥，文章表现了浓浓的"兄弟之情"；有的说，"我"勇于承认错误，文章表现了"我"对弟弟的忏悔，争论很激烈。最后，我联系当时的写作背景和鲁迅的一贯思想，提示学生，文章借"我"对弟弟爱好的看法，表达了对中国传统教育观念的反思，对压抑儿童天性的批判。试讲很成功。在试讲的基础上，我对教案又进行了许多修改，便胸有成竹地走上讲台。可是，到了正式上公开课的时候，却出现了意想不到的情景，讨论刚开始，一个学生一发言，一下子就把我想讲的内容全讲出来了，几乎没有什么争论。我也慌了神，后面的十几分钟课便不知讲什么好，我只好东拉西扯，好不容易才拖到下课。总之，那次公开课很失败。

案例分析

张老师、李老师在教学中遇到的问题，几乎每个教师都遇到过。造成这种情况的因素当然有很多，如青年教师教学经验不足、个别教师的表达能力不佳、教学活动不够有趣等，但是，可能还有一个容易被大家忽视的重要原因，那就是教师在备课过程中，没有充分考虑学生的情况，或者教师对学生情况的预先估计与学生的实际情况有较大的差距。

在课堂里，我们面对的是一个复杂而又充满变数的教学环境。在一个班里，每个学生都有自己的特点，比如，有的喜欢表现，有的比较内向，有的充满想象，有的擅长推理。同一年级里，每个班级的情况也不一样，比如，有的理科好，有的文科好，有的班级活跃，有的班级沉闷。就算同一批学生，在学习不同内容的时候，他们的表现也会有差别。另外，每个班级还会有几个特殊的学生，很可能一个平时表现平平的学生，在讨论某个话题时却特别有兴趣，能提出新颖的观点。这就要求教师在平时对班级学生要尽可能了解得多一些，在进行教学设计的时候，要准备得细一些。比如，哪些学生发言积极，哪些学生思维活跃，哪些学生思想深沉，哪些学生知识丰富，在备课的时候，要想到他们的情况，注意发挥他们的作用，必要的时候，还需专门为他们准备几道备用题。

像上面李老师遇到的问题，如果事先对学生情况有更多考虑，就可以预先准备一些应对措施。如遇到学生表现好、推动过快的班级，可以追问一个为什么，把学习引向深入。比如，你得出这样的看法，依据在哪里？是课文里读出来的，还是从课外阅读里悟出的？是听别人谈的，还是从教参里看出来的？课文里哪些介绍、哪些地方的描写支持（不支持）这种观点？同学们都赞成他的看法吗？

如果遇到学生卡壳、课堂停滞，教师不妨及早介入，适当引导、点拨，以推进学习活动和保证学习效率。而这些准备工作，都要以了解学生的基本情况为前提。

按照认识论的基本原理，人的认识与客观世界总会存在差距，教师备课再细致，也难免出现意外情况。因此，上课中遇到意外情况，遇到学生学习状态与原先的判断不一致的时候，首先，要意识到这是很正常、很普遍的，不必惊慌失措。其次，对学生情况及时作判断，有必要的时候，也可以进行补充。如问那位发言的同学这样的问题："你平时是不是对鲁迅有些研究？""你还读过他哪些作品？""还有哪些同学对鲁迅感兴趣？"并根据情况对教学内容、教学思路做些调整，比如，你可以请这位同学回答其他学生提出的问题，这样的课不仅气氛活跃，而且效果好。

理论点拨

现在，教师都知道学生是教学活动的主体，一切教学活动的实施都是为了促进学生的学习与发展。徐英俊在《教学设计》中指出："教学设计以教学过程为其研究对象，用系统方法分析参与教学过程的各个要素，尤其着重分析学习需要、学习内容和学习者的特征等方面的内容。"但教师在做教学设计时，从教学目标确定，到重点难点判断，从课堂提问的内容到课堂训练的形式，往往又以自己对教材的理解为起点，从以往的教学经验出发。当然，教师的理解有时候离学生的实际理解不远，但有时候距

初
中语文教师专业能力必修
Chu Zhong Yu Wen Jiao Shi Zhuan Ye Neng Li Bi Xiu

离则比较大。有的教师说，其实我在备课时，脑子里一直有学生，但是常常把学生"看走眼"。如果两者的差距达到一定的程度，必然会在教学当中反映出来。

为什么教师对学生的判断会出现不准确的情况呢？一方面，可能是教师的精力投入不够；另一方面，分析学生情况是一个复杂的课题，仅凭头脑中的一点"以学生为本"的意识是不够的，正如有的老师说的那样，"研究学生是一门学问"，要下点工夫才行。首先，学情内容比较庞杂，涉及许多方面，而了解分析学情的方式也多种多样，很难落实为常规的具体的做法。其次，学情是课堂效果的影响因素之一，但并不是全部。也就是说，有时候，学情对教学效果的好坏有直接的影响，有时候影响不大，不能作为课堂的评价依据，正因为如此，虽然大家都知道掌握学生情况的重要性，但在备课中，这一问题却常常被部分教师所忽略。

"学情"是一个笼统的概念，其内涵大体上可以分为这样三类：

（1）学生的基本信息，包括这届学生整体的代际特点，这个班级的基本风格。如这一年龄段学生的知识结构、阅读状况、思维方式、情感表达方式、个性心理特征、学习需求、认知风格、兴趣爱好、对社会问题的关注热点等。总体上说，这些是社会、时代的特点投射于青年人，并通过"这一群"人反映出来的、又与学习活动有关的特质。

（2）与该单元教学内容有关的信息，包括学生对课文所涉及的年代、社会背景的了解程度，对课文体现的价值观、情感色彩及审美倾向的认同程度，对该话题的熟悉与敏感程度，对该教材语言习惯的接受程度。例如，对学习《背影》来说，学生是否熟悉 20 世纪二三十年代的社会背景甚至交通条件，就直接关系到对课文的理解；学生对与该单元学习内容相关的学科知识、基本技能是否准备充足，也直接关系到对课文的理解；若是以它作为典型的散文来进行教学设计，教师必须知道学生以前学过哪些著名散文，他们可能了解哪些关于散文的知识等。这些信息都是很重要的。

（3）用于课堂组织教学的学习信息，大的方面包括班级常用的学习方式、学习习惯、班级风格；小的方面诸如班级学生名单、座次、学习小组情况、学生之间的关系、学生在不同学科的表现、学生的个性特征等。这类信息，可以帮助教师选择适当的教学活动，丰富课堂教学手段，完善课堂教学。例如，某校有个很有个性的学生，他读书较多，善于思考，但好发表不同看法，原来教他的一位语文教师总怪他上课爱打岔，所以，上课不太叫他发言，偶尔还打压一下他的怪异言行。这位学生在课堂上的表现也就越来越冷漠。后来一位教师了解了他的情况之后，在讨论时，就有意识地让他做总结发言，不仅调动了他参与课堂的积极性，还提升了课堂讨论的层次，这样一来，上课的阻力就转变成了动力。这就是根据学情来优化教学的成功例子。

具体针对一篇课文的设计来说，学情的众多因素很难说哪些是最重要的、哪些是可以忽略的。有时，某些看上去无关紧要的内容，对一堂课的教学可能会起到举足轻重的作用。如一位教师执教《打渔杀家》，他选择的主要教学活动是让学生分角色朗诵台词。照理说，用分角色朗诵的手段学习剧本，大方向上应该是不错的。但是，他没有考虑到，今天的学生，其生活环境、情感体验与学习材料之间有很大的距离，他们生活于优越的物质条件下，每天接收到的又是无处不在的娱乐文化，他们的历史感及其情感体验非常缺乏，因此，在学生缺乏必要的历史感、未作充足的情感铺垫的情况下，剧本朗诵必然会变成搞笑场面。反过来说，如果教师对学情早有判断，并预先采取措施，让学生走进历史情景，唤起学生的悲悯情怀，再进入分角色朗诵阶段，情况就会好很多，至少不会出现令人尴尬的场面。

在针对一节课或一篇课文的设计中，教师不可能把所有情况都当做重点。因此，判断学生哪方面的情况可能会对这节课的学习产生重要影响就显得至关紧要。大家不妨从以下角度考虑：

列出课文所涉及的时代背景、历史和民族文化、当时的生活方式、作者的审美倾向、语言表达习惯等，与今天的青年人进行比较，预先对学生在理解这些内容时的反应作出判断。如苏霍姆林斯基的《给女儿的信》，如果不了解当时人们的爱情观和当时常用的沟通方式，学生就会在理解课文时产生困惑。

列出课文所涉及的主要概念、知识，判断学生的阅读理解能力，以及对学习该课时所涉及的语文核心知识的了解程度，还有学生所拥有的相关文体、文史知识。

考虑学生在达成主要教学目标的过程中可能遇到的主要学习障碍，如涉及其他学科的专业知识，据此预先设计好应对策略。

考虑在该单元的学习中，课文内容与班级学生的年龄、身份、家庭背景、个性特征的联系，包括对教学有积极意义的联系和可能出现的负面联系。例如，史铁生的散文《秋天的怀念》涉及残疾人的题材，如果班级中有残疾学生或有家庭中有残疾人的孩子，教师在教学设计中，就需要对某些话题、某些词语特别注意，以免引起尴尬或产生矛盾。

以多数学生的平时表现为参照基准设计教学，兼顾班级基础高或低的学生，以及背景特殊和有特殊才能的学生，对教学内容从信息量、难度等方面加以控制。

预先准备好高、中、低三种层次的教学目标，以应对可能出现的对学情判断的失误。

如果教师是个有心人，那么他可以随时随地了解学生，掌握对教学设计有价值的学情信息，积累根据学情进行教学设计的经验。具体来说，可以通过如下途径：

课堂考察，包括观察、提问、课堂测验等。

平时了解，包括个别谈话，通过他人了解。

作业分析，通过作业了解学生的学业状况与学习态度。

问卷调查，通过问卷了解学生在某一领域、某个问题上的态度与水平。

个别访谈，可定期或随机地了解学生。

测试，学生参加的各类考试也是教师了解学生的窗口。

网上交流。

其中，课堂观察和作业是教师了解学生情况的主要手段。教师与学生接触最多的空间就是课堂，课堂是教书育人的场所，能提供很多观察学生、了解学生的机会。教师首先要心里有学生，不仅要注意全班学生的学习状态、行为、对教学内容的反应等，还要特别关注某些特殊学生。而在教学实践中，一些教师往往更在乎预先设计的教学内容是否讲完、教学流程是否顺畅、教学效果是否精彩等，而相对会忽视学生的表现，尤其是某些基础较差、精神状态不够好、课堂表现不够积极的学生，这是教学中心论在课堂上的表现。当然，观察学生也需要一些工具和技巧。例如，教师有规律地利用提问、读书等形式观察某些学生，记录某些学生的变化。

作业是学生提供给教师的最直接的反馈信息，通过批改作业，教师不仅可以知道学生对学科知识的掌握情况——哪些东西是学生真正领会了，哪些是学生还比较生疏的，还需要在上课的时候再加以强调的；还可以发现学生的学习态度认真与否，学生学习的兴趣如何。因此，好的作业设计，除了能检验学生是否掌握学科知识，还能获得学生的学习态度的反馈。教师对学生作业的批改要及时，判断才能准确。另外，每次作业后，教师做必要的梳理记录，也有利于对学生情况的准确把握。

如果是临时借班上课，如参加跨地区的公开课或教学比赛，你要面对的是完全陌生的学生，教师不可能用常规的方法了解学生情况，那么，我们可以在课前进行简单了解。常用的方法有：第一，事先了解这个学校和班级的情况，如学校状况，大城市还是一般城市，重点中学还是一般中学，文科班还是理科班，地区的方言特点，使用的教材特点，当地的风景人文特点等。第二，如有可能，可用小问卷的形式，征集学生对将要学习的课文的看法，借此又可了解学生对课文有关信息的熟悉情况，他们对哪些问题感兴趣，他们的思维层次如何等。著名特级教师钱梦龙先生对此就很擅长，他借班上课常有精彩之处，很多灵感就来自课前做的小调查。第三，简短的课前交流，发现班级或某些学生的特点风格。这些信息，可以帮助教师掌握学生的某些情况，对教学内容及设计做临时调整。

拓展延伸

特级教师钱梦龙举过一个例子："我曾经教过一个'慢班'，经过了解，学生最怕的是作文，于是我就选择作文训练作为培养学生自信心的突破口。每次作文，我只向学生提出一两个要求，这些要求都是经过努力就能做到的，如作文标题要居中，分段要合适，标点要占格，等等，先从最容易做到的格式入手，然后逐步提出较高的要求。凡学生作文达到要求的，不管其他方面是否合格，一律给予鼓励，打 80 分以上的高分。由于教师不求全责备，学生每次作文都感到目标明确，易见成效。经过一个阶段的训练，学生逐渐看到了自己作文面貌的改观，因而逐步摆脱了自卑和自暴自弃的心理，开始对语文课和语文老师有了好感，课堂上竟然也出现了积极思考、踊跃发言的

局面。"（方国才主编的《怎样教得精彩——100个优秀教师教学心得》，P65）

透过钱老师的这个成功案例，我们至少可以获得以下几点经验：一是做好学情调查很重要。二是了解学生要抓住根本，不要被表面的东西所迷惑。这些学生一开始怕写作文，不是他们真的不喜欢作文，而仅仅是不喜欢某些教作文的方式而已。要做到这一点，教师必须深入学生，设身处地地以学生的视角思考问题，不能凭主观猜测。另外，教师还得懂一点心理学知识。三是采取的措施基于了解的情况，要有针对性，对症下药。如降低要求，以树立学生自信心为突破口；循序渐进，每次向学生提两三个明确的小要求，这些要求须是学生经过努力都不难做到的，一旦学生达到目标后教师就可以再提出更高的要求；采用鼓励原则，对学生的进步及时予以表扬，提高学生的成就感；注意师生间的良好互动，努力使自己成为学生喜欢的老师，所谓"亲其师，信其道"。

这些技巧看似信手拈来，但在细节中却包含着极高的教学艺术，教师把尊重和引导学生这些理念很好地融合在教学过程中，使学生在乐学自信的情况下学好语文。

修炼建议

1. 列出班级学生的学习风格和类型，建立学生学习风格档案袋。

2. 选择一篇课文，设计几个问题，向学生做一次小调查，摸清学生学习这篇课文的起点。

3. 根据学生情况，设计教学目标时在梯度、难度上准备多种方案，体现出一定的层次，如这样的表述：

最乐观的情况下做到什么？一般情况下做到什么？最差情况下做到什么？

基础好的学生做到什么？基础一般的学生做到什么？基础弱的学生做到什么？

第二节　确定教学目标

问题展示

林老师：有一次，我去听一位青年教师的课，他讲的是雨果的小说《诺曼底号遇难记》。一开始，他先检查学生的预习作业，让学生说说课文的大致情节，问学生对船长是什么印象。接着，教师放了一段电影《冰海沉船》的片段，放完了以后，教师向学生提出这样一个问题：小说和电影，讲的是同一个故事，是根据真人真事写的。请同学思考，船长是一个什么样的人？他身上的哪些品德值得我们学习？

学生纷纷发言，有的说船长先人后己，有的说船长具有绅士风度，有的说船长重承诺守信用，还有的称赞船长大公无私。最后，教师做总结。他说，船长身上最令他感动的是一种职业精神。然后，他借此引申说，职业精神是多么重要，今天，我们最缺乏的就是职业精神，才导致工作上敷衍了事。我们应该学习船长"人在船在"的精神。

应该说，这位教师的总结很有感染力，知识也很丰富，讲得很生动，他从历史讲到现实，从人性善恶到职业精神，从偶然事件到必然结局，慷慨激昂地一口气讲了二十多分钟。学生听得津津有味，课堂气氛也很好，我也被他精彩的讲课感染了。但是，课后仔细一想，这不是变成了德育课了吗？我总感觉这样处理课文并不是太妥当，但看上去学生却很喜欢。

案例分析

林老师描述的情况，在语文教学中并不少见。评价这类课可从很多角度来看，如课堂气氛、师生互动、德育渗透等，从不同角度看，结论自然不一样。当然，也可以从教学目标的角度去看。

一节课的学习时间有限，学生认识新事物、掌握新知识的空间也是有限的。因此，要在一堂课的时间内完成一定的教学活动，并使其富有成效，必须选择一些具体的内容，舍弃另一些内容，不能面面俱到。

由于学习材料——课文具有多元价值，而一篇好的课文，可以教的地方必然很多，如思想内容、篇章结构、修辞手法、语言风格，等等。这里面哪一些内容更值得讨论？哪些知识是学生最需要通过语文课来掌握的？这的确是每个教师在设计教案前需要再三斟酌的。

在教学内容选择上，一些教师出现较多的问题，主要有三类：一是"杂"，二是"偏"，三是"浅"。所谓"杂"，即目标太多、没有重点、面面俱到。教学内容的"杂"必然带来课堂流程的"乱"，教师在课堂里东拉西扯，学生被教师牵着东游西荡，不知所以。"杂"还会带来教学结果的"浅"，因为涉及内容多，必然导致在每一个知识点上蜻蜓点水、浅尝辄止。所谓"偏"，就是教学设计没有抓住重点，而选了一个无关紧要的教学点。如不属于语文课特有的知识，或是在一篇课文里价值不大、不典型的内容。有一篇文言文叫《两小儿辩日》，一位教师把教学重点定为"用科学原理解释太阳在视觉上的大小变化"，这就"偏"了。所谓"浅"，就是教师只教了学生以前已经掌握或一看教材就能明白的东西。如小说《孔乙己》，若是仅仅停留在让学生知道"孔乙己开始怎么样，后来怎么样，结局如何"这样的内容，学生只要识字就能看明白，是不需要在课上教的。

从林老师描述的过程看，上面这位教师教《诺曼底号遇难记》就该归入"偏"的一类。因为《诺曼底号遇难记》是一篇小说，教小说最需要让学生关心的有两个层面：第一层是讲了一个什么故事，塑造了什么人物；第二层是作者如何讲这个故事的，用了哪些手法来塑造一个人物。这位教师在设计中，运用了电影片段设置情境，其实是一个很好的手段，可惜没有让电影很好地发挥作用。如讨论电影与小说在塑造人物上有什么不同，不同作者对人物的塑造、评价有什么差异。这些都是较好的教学点。可惜，这位教师仅仅把课文当做引题，重点放在讨论人物品德以及对当下生活的意义，没有去分析"这一篇"小说的文本特点，少了语文味，自然就变成了思想教育课。

当然，借题发挥式的讲课也不是绝对不可以。比如，教师受了最近某件新闻的影响，兴之所至，在课堂里借题发挥，偶尔为之，还不失为有个性的表现。再如，为了教育学生遵守纪律，有时候担任班主任的语文教师在语文课上可以一口气讲一节课的纪律问题。不过，这不应是教学的常态形式，如果经常这样上课就有问题了，语文课毕竟既不是常识课，也不是思想品德课。

理论点拨

张志公先生说过，新时期语文教学探索的核心，就是如何提高语文教学效率。而提高语文教学效率，离不开三个基本问题，即"教什么""怎样教"和"教得怎么样"。在这三者的关系中，以确定"教什么"最为重要，因为"教什么"是教学的基础，在很大程度上制约着"怎样教"，也从某种程度上决定着教学效果。

理论上说，一门规范成熟的课，关于"教什么"的问题，应该按照下面三个依据来确定：

（1）课程层面的"教什么"，即按课程标准的要求，分析这门课应该学习的主要内容，应该达到的基本标准有哪些。

（2）教材层面的"教什么"，即课标规定的这些内容构成一个怎样的结构序列，每一个知识点依托什么材料来学习，通过哪些训练来完成。

（3）教学设计层面的"教什么"，即教师根据课程要求和学生情况，判断哪些应作为教学重点，哪些可能是教学中的难点，该用什么方法让学生又快又好地掌握这些知识。

按照这个程序，就可以为每一堂课的教学目标作出准确定位。例如，数学、物理、化学等自然学科，课程的每一单元甚至每一节都有一个或几个明确的核心概念，都已确定了具体的教学内容。教材中的每一部分（如一节课），学习内容与教学思路基本上可以做到合二为一，其呈现的逻辑步骤往往是这样的：

（1）提出话题，解释概念、规则。

（2）通过例题，演绎概念、规则。

（3）通过课堂演算，让学生熟悉概念、规则。

（4）通过大量课后练习，让学生熟练掌握、灵活应用概念和规则。

这样一来，教师上课就非常方便了，因为教材的逻辑就是上课的流程。

但是，由于语文学科兼具人文性与工具性等特点，迄今为止，语文课程很难像数学课程那样，可以列出一套公认的知识序列，并围绕这些知识编写教材的各个单元、设计训练题。相反，只能模糊教材的知识序列，而把一些文章按照主题类别归类。从教材里，从一篇课文及附属材料中，我们看不出这节课背后的知识、技能序列，要教什么，只能由教师自由发挥。从好的方面说，这给我们每一个教师提供了自由发挥的广阔空间，但从不好的方面看，这种教材，又为我们的教学设计留下了一个个难题，以至于每设计一堂课，不少教师都常常为"这一堂课教点什么"而发愁。

　　如何确定一篇课文或一堂课的教学内容？许多教师都有自己的做法和经验，很难统一模式。不同的选择代表着不同的价值取向，进而形成不同的教学效果。

　　所谓价值取向，简单说就是想要达成什么目的。教学设计是为教学目的服务的，赋予语文教学什么样的价值取向，就会选择相应的教学内容。从语文价值取向的维度来审视目前的语文教学设计，在教学内容的选择上，存在三种基本模式：

　　（1）重在理解课文介绍的内容，也就是通常所说的"教'教材'"。

　　这种设计以课文内容为教学内容，以帮助学生理解、掌握课文"说了什么"为主要目的。如果课文是议论文，教学内容就是"理解题目含义，概括段落大意，领会文章的主要观点"；如果课文是记叙文，教学内容就是"梳理文章写了什么人、记了什么事、描写了什么景物、抒发了什么感情，体会这些景物有多么美、人物有什么品德"；如果课文是说明文，教学内容就是"了解文章介绍了对象的哪些方面，突出了什么特点"。

　　一般认为，"教'教材'"式的设计，教师只关注文章的内容，忽视文章的表达，因而语文味不够。极端一些的，语文课很容易变成了思想政治课或知识介绍课。例如，苏霍姆林斯基《给女儿的信》这篇课文，如果把教学重点定在"让学生明白爱情的内涵，理解作者对爱情的看法，树立健康的爱情观"，这样的价值取向就属于"教'教材'"。

　　近年来，伴随着新课程观被广泛接受，"教'教材'"式的教学设计已经受到了普遍的质疑。但辩证地看，"教'教材'"其实是一种接近于传统教学方法的设计，它本身具有两面性，不可一概而论。因为语文学习具有价值多重性，有的课文（教材）内容不仅有价值，还可能有核心价值。对于具有思想文化内涵的经典，思想价值突出而文体与表达特点不突出的课文，如《论语》等，就不妨把其"内容"列为主要学习对象。另外，对于介绍语文知识和表达技能的课文，如马南邨的《不求甚解》，也不妨让学生主要学其"形式"。

　　但是，许多课文的内容，只要学生识字，有基本的理解能力，他们一看就能明白。这一类文章的教学目标，如果仅仅定位在"明白文章说了什么"，教学价值就很有限。因此，不管什么类型的课文，最好还是能兼顾"内容"和"形式"，让学生在了解"说了什么"的同时，还能明白"为什么要这样说"。

　　（2）通过一篇课文，学习读文章、揣摩思考问题的路径，领会文章的写法，也就是"用教材'教'"。

叶圣陶先生很早就简洁明了地指出了语文教材（课文）的作用，他认为，"教材无非是一个例子"。所谓例子，就是供上课分析的案例，供学生研究、模仿的样板。就像研究机器一样，学生在教师的引导下，在课堂上通过反复拆解、组合，了解每个零件起什么作用，各部分是什么关系，背后有哪些科学原理。就语文教学来说，就是明白作者想表达什么，他为什么要这样写，这篇文章对读书写作有什么启发，以后再遇到类似的文章应该怎么读。这样就能实现"教是为了不教"的目标。

经过多年的实践反思，今天，"用教材'教'"而不要"教'教材'"的观念已经被绝大多数语文教师所接受，但在日常的教学设计及教学实施中，能自觉做到"用教材'教'"的教师并不多见。可见落实"用教材'教'"的难度不在观念，而在于具体操作。因为即便从表达的角度看，一篇文章也还是有许多特点，而哪个特点才最有价值呢？我们可以依据下面几点来确定：教材、教参里明示过的特点或知识；属于某类文体中典型的语言表达方面的知识；在这篇课文里属于比较突出的核心性的表达特点；以前的语文课中没有学过或值得重新认识的表达方面的知识，一般不要做简单重复。

值得注意的是，语言特点有宏观的，有中观的，也有微观的。一般来说，宏观的容易空，微观的容易琐碎，对一节课或一篇课文的设计来说，以取中观的特点作为教学内容为宜。我们可以以散文、小说和议论文为例来体会三个层次教学目标的差异。

内容	宏观特点	中观特点	微观特点
学习内容描述	感受散文的表达风格	判断并分析作者观察视角的变化及作用	判断、分析文章用词的特点
	把握小说的文体特点	分析对比手法塑造人物的作用	记住对比手法的概念
	分析议论文的结构	画出议论文的结构图	分析过渡句的作用

不过，需要强调一点，三个层次的大小是相对的，因此，在设计与描述时不要拘泥于概念，一般说来，微观特点虽然不宜作为主要内容，但是，在教学中，教师也不妨借用这些术语，提醒学生注意这些微观的语言特点。

（3）以课文作为引子，借题发挥，讨论社会问题。

语文教材主要是由一篇篇课文组成，这些课文所涉及的内容丰富多彩，如历史、哲学、政治、艺术、自然，几乎涵盖社会生活的方方面面。在阅读这些材料中，备课时的读者——教师自然会产生各种各样的感想和看法。如果有的教师敏于思考、长于议论，可能就会把这种习惯带到课堂教学中，以课文所涉及的某个问题为焦点进行设计，引导学生深入探讨历史或当下的问题。以下是一些语文教材可以借题发挥的典型例子：

初 中语文教师专业能力必修 Chu Zhong Yu Wen Jiao Shi Zhuan Ye Neng Li Bi Xiu

课　　文	课文中含有的部分信息	课堂讨论的主要话题
鲁迅《风筝》	"我"曾经以不务正业为罪名，毁坏弟弟心爱的风筝	中国当今幼儿教育中的问题
朱自清《背影》	"我"与父亲有分歧	中国文化中的父子关系
苏轼《石钟山记》	对石钟山名字含义的探源	中国古代科学研究的情况
王宗仁《藏羚羊跪拜》	猎人与藏羚羊	当前中国的动物保护、环境保护问题
史铁生《秋天的怀念》	母亲对我的爱	母爱的伟大

　　有人认为，语文课的主要目的应该是学习具有典型意义的语言现象，而上面这类教学设计仅仅以课文为由头，借材料引出某个话题，主要是发表对社会现象、历史问题的看法，已经远离了语言学习，变成了政治课、哲学课或社会课。如此教语文显然是"教错了"。从整体上说，这类对借题发挥式教学设计的评价是有一定道理的。借题发挥式的教学以思维训练为主，能开拓学生视野，启迪学生的智慧，这种做法，偶尔为之并没有问题，毕竟，思维能力的提高也是语文学习的目的之一。但是，作为语文课，最好不要脱离原来的材料去讨论另外的话题，更不要脱离语言表达孤立地去讨论某些话题。如果用借题发挥的这种思路，发挥某些教师的专长，在学校开设类似的选修课或专题讲座，效果可能更好。

　　此外，设计语文课堂教学目标，还要避免大而空的目标，无论是阅读教学还是写作教学，一节课集中解决某一个方面的几点小问题，这样的教学才是实实在在有成效的。

拓展延伸

案例：《想北平》的教学目标

1. 知道文学观察不同于科学观察；通过对景物的分析与归类，发现文中的文学观察视角的特点。

2. 感受作者的平民情怀，体会作者对家乡爱之深与忧之切的情感，知道我们应该关注、珍惜自己的校园、社区里的"细节"，尝试改善我们的生活体验。

《想北平》是老舍的一篇经典散文，不少教材都选编了这篇课文。北平（北京）对许多人来说是首都，对老舍来说是家；北平的一点一滴对很多人来说是涉及政治，对老舍来说是日常生活；担忧北平的前景对许多人来说是爱国，对老舍来说是惦念家。

家是生活的地方，生活是琐碎的，琐碎是自然的，自然是适意的。因此，老舍"想北平"的基调，就不大可能是呼天抢地的，而是亲切、自然、含蓄的；所选景物就不大可能是宏大的，而是身边的生活化的、细小的东西；用的手法就不大是正面描写，而是侧面的（当然，老舍写该文是参加征文，这里看得出有硬写的痕迹，此点教学中可不涉及）。老舍说："我们所最熟悉的社会与地方，不管是多么平凡，总是最亲切的。""我们所最熟悉的地方，特别是自幼生长在那里的地方……它的一切都深印在我们的生活里，我们对于它能像对于自己分析得那么详细，连那里的空气中所含的一点特别味道都能一闭眼还想象地闻到。"（见老舍《景物的描写》）至此，文章的主旨、材料、语言，就可统一在一起。教学价值找到了，确定教学目标也就顺理成章。

修炼建议

1. 回顾最近你上过的课，看看哪些教学目的和教法属于"'教'教材"，哪些属于"用教材'教'"。选择一个单元，列出该单元课文的核心教学价值。

2. 阅读下面《背影》一课教学活动的设计，思考后面的问题。

> 1. 同学们，在你们的生活中，有没有这样一幅画面，或者一个瞬间，使你感受到浓浓的亲情，并终身难忘？请描述一下。
>
> 2. 带问题初读课文，圈画出关键词句。
>
> 概述："我"与"父亲"相遇的时间、地点、缘由、发生的事件。
>
> 3. 提出本堂课的"主问题"：是什么原因触发作者写《背影》这篇文章的？主问题可以分为四个子问题：
>
> （1）作者和父亲关系如何？文中哪些语句可以表明这一切？
>
> （2）"父亲"当时的境遇如何？
>
> （教师补充相关资料）
>
> （3）老境颓唐的父亲为何执意要送"二十岁"的儿子去车站？
>
> 教师引导学生重点品味语言。
>
> （4）当时的"我"是如何看待父亲的"执意相送"的？
>
> 教师引导学生抓住"我"的心理描写进行品读。
>
> 4. 今天整堂课，只字未提"背影"二字。但是整堂课，分析了《背影》中"父亲"的境遇、原先父子的感情以及当时"我"对"父亲"的不理解。这些对于下堂课分析"背影"引起了学生极大的触动，具有举足轻重的作用。
>
> 5. 今天的作业：
>
> （1）研读课文，画出直接描写"背影"的句子。
>
> （2）思考：为什么"父亲"的"背影"会让作者流泪？
>
> （3）抄写并积累词语。
>
> （4）拓展作业：阅读季羡林的《读朱自清〈背影〉》。

（1）说说学生在这节课上学到了什么，推测学生下节课可能学到什么。

（2）关于《背影》设计的教学目标，你认为合理吗？说说你的理由。

①学习文章通过细致的描写表现人物思想感情的方法。

②指导学生通过对关键词语的品读，体会语句所表达的感情。

③体会父亲爱子的深挚感情。

第三节　设计教学过程

问题展示

吴老师：每次写教案，我总是想如何教，比如，首先要考虑如何激发学生对学习内容的兴趣，有时候也有很妙的想法，自己很得意。记得有一次教《散步》，我先放了一段视频，是一家人在田野上散步的录像，我想用视频唤醒学生对一家人一起散步那种温馨美好感情的感受。视频播放结束，我就请学生朗读课文，复述文章大意，再就是选择一个自己喜欢的人物，谈谈喜欢的原因。

可是听了我的课后，有老师提醒我不要将备课的主要精力放在某一个环节上，要整体考虑一节课的流程，还有老师说，《散步》的重点不是了解一家人是如何散步的，应该教会学生品味文章的语言。这些道理我也懂，可在设计时，首先想的还是用一个什么招数把学生吸引住。如果找不到的话，心里就感觉没有底。我怎样做才能提高设计教学流程的能力呢？

案例分析

吴老师的疑问很有代表性，的确，许多老师在设计教学活动时，很关心教学活动是否出彩、有趣，是否能吸引绝大多数学生参与，至于这个活动与学习任务的衔接度、与前后环节的关联度，往往考虑得不够全面。

《散步》这篇课文阅读难度并不高，初一的同学独立阅读这篇课文，一般都能够讲出文章的大意，因此概述大意不能作为主要活动。当然，如果是教学生如何准确地概括，就另当别论了。从吴老师的描述中，似乎看不出教学生如何概括。

课程开始时让学生看散步视频的做法也有待商榷。放视频的作用一般是两个：设置情境、激发兴趣；补充信息、帮助理解。散步是生活常态，放视频没有多少激发兴趣的价值；学生阅读文字没有多少理解障碍，放视频也不大可能提供有价值的信息。因此，这个环节的价值不大（如果文字是讲月球、讲外星人、讲海底世界、讲古代社会，播放视频就有效了）。此外，散步视频与《散步》的关联在何处，仅仅都是有关散步这个题材吗？从呈现方式、传递情感等角度，恐怕关联不大。

另外，让学生谈谈喜欢哪一个人物，也流于浅显阅读层面，学生不用仔细琢磨语言，也可以谈喜欢哪一个人物以及喜欢的理由。学习活动没有多少进展，课堂看似热闹，但学习效率不高。

吴老师同事的看法很有见地。用《散步》教学生品味语言，这的确是一个很好的建议。《散步》是一篇语言精致的散文，作者从散步这件小事中悟出生命的传承、亲情的珍贵，以及人生责任的重大，是典型的小中见大的作品。文章从一开始就放慢叙述的节奏，所用句式与词语都表现出作者对散步这件小事的重视，文风与态度都很庄重。例如，开头第一节，作者不说"我们一家四口人在田野散步"，也没有表达为"我的母亲、我的妻子、我的儿子和我在田野散步"，而是表达为"我们在田野散步：我，我的母亲，我的妻子和儿子"。作者用冒号提示"我们"是哪几个人，郑重其事地将"我们"四人逐一推出，每一个人的出场都那么重要，作者用逗号分隔，延宕停顿的时间。作者又将"我"排在四个人之首，传递出自己对这个家庭的责任感。两次用"我的"修饰，看似啰嗦，实际是为了强调"我"与"母亲""妻子"之间的关系，强调"我"对她们的爱之切。另外，不用"妈妈"而用"母亲"这个称呼，也是运用书面语去凸显这种庄重感。以上这些表达可看出文章庄重的语言风格。

如果你把品味语言作为目标，围绕这个目标设计2～3个活动，如"初读文章，感受大意与情感基调""再读文章，品味语言表达特点""总结语言特点"等，明确引导学生走进语言王国，那一定会得到学生、听课同行的认可。

理论点拨

一节课时间不足一小时，在这有限的时间内，教师应该达到什么样的教学目标？主要通过什么途径？以怎样的步骤去达成这些教学目标？这是在教学过程设计中要回答的几个关键问题，课程的过程设计为：内容→方式→步骤→目标……

教学设计就是在这个总体框架下，统筹安排课堂教学有关的各要素。

从不同角度看教学过程，可供运用的要素有若干种类型：

从时间流程的角度看，教学过程设计要考虑导入、学习准备、主体学习活动、总结、布置课后练习等阶段。

从活动主体的角度看，教学过程设计要考虑教师活动、学生个体活动、学生互动、师生互动等。

从教学行为方式的角度看，教学过程设计要考虑教师讲授、读书、问答、小组讨论、评价、练习等。

从课堂节奏的角度看，教学过程设计要考虑节奏的快慢、铺垫、高潮、调整、结束等。

从达成的目标的角度看，教学过程设计要考虑知识与技能目标、过程与方法目标、情感态度与价值观等。

从教学效益的角度看，教学过程设计还要考虑尖子生利益、普通学生利益和后进学生利益的关系，培养智力与社会规训的关系。

教学过程设计，就是将上述各要素整合为一个有机的、以一节课时间为单位的教学流程。这个教学流程，应具有一定的结构，体现一定的节奏，指向一定的目的。"结构"就是把一堂课分成几个不同的板块或环节，主要板块的学习目标相对集中，板块之间有清晰的内在逻辑。"节奏"主要是指板块或活动之间应体现轻重缓急、高低起伏的变化，以适应学生注意力和情绪上的变化。

一般来说，划分教学板块应满足如下要求：

（1）活动板块不宜太多。

（2）每个板块的功能明确、指向集中。

（3）不同板块之间逻辑关系清晰，指向总的教学目标。

（4）设计贯穿全课的主问题，使教学活动形成一条主线。

一节课一般在 40～45 分钟左右，从上课伊始到下课铃响起，学生的注意力难以一直保持高度集中，学习的内容之间也有一些区别。这些特点都要求我们一定要把一节课划分成许多段落。但一节课的时间总体又有限，板块不能切割得太碎，否则也没有相对独立的时间完成某些教学任务。一般来说，一堂课以分为 2～4 个板块为宜。

著名教育学家加涅将一节课的活动划分为"启动性活动、发展性活动和总结性活动"三个板块，并对每一个板块的活动时间作了大致界定。启动性活动 5～10 分钟。发展性活动 25～35 分钟，总结性活动 5～10 分钟，这当然是针对 45 分钟一节课而言的，现在不少地区的初中已经改为一节课 40 分钟，我们可以适当调整。这样划分教学流程，可以说是很清晰。钱梦龙老师教的《死海不死》大体有这样四个板块：

第一板块：猜猜学哪篇课文——辨析标题——了解"死海不死"的原因。

第二板块：讨论什么内容不教——引出说明方法——交流确数与约数——结合"死"学习"干涸"等字词。

第三板块：哪些内容需要教——引出说明文体——了解知识小品的特点——由知识小品的趣味性引入，学习生动的语言。

第四板块：针对结尾"死海数百年后可能干涸"的说法，讨论死海的未来。

如上所见，第一板块主要是引入，第二板块复习旧知识，第三板块学习新知识，第四板块质疑课文中的表达，进一步学习新知识（知识小品的科学性）。四个板块指向清晰，区分明显，学生活动目的明了，知道要做什么也就容易做成什么了。中间两个板块集中关注了阅读科学小品需要的知识与技能等，是这节课的重心。

从许多教师的教学设计中可以看出，有两种倾向是比较普遍的。一是教学过程不分板块，一口气到底，学生没有喘息的机会；二是时间分割太碎，活动太多，学习任务太杂，没有停下来集中学习的时间。尤其以后一类居多。如有人教鲁迅的《风筝》，教师从潍坊风筝节上形态各异的风筝图片放起，再依次播放录音、检查字词、介绍文学常识、自读感知、概括内容，梳理思路、归纳主旨、探究技法、品味语言，最后还要联系生活谈谈家庭教育或者孩子教育等问题。十几个环节一路下来，看似什么都教了，实际上没有重点，每个环节都是蜻蜓点水，教与学的活动只能在表面上滑行，学生在课堂学习中所得甚少也是必然的。许多教师总认为，教学若不涵盖该课文里的所有内容、不涉及所有知识，心里就不踏实。实际上，教学活动太多，彼此之间的关联性又低，就很难形成清晰有效的学习脉络，造成知识的稳定性差，很容易被遗忘。

每个活动板块应该有明确的教学目标，但这还远远不够，为了增加教学活动的关联性，还应做到环环相扣，即前一个活动是后一个活动的基础或前提，后一个活动是对前一个活动的深入与发展。有的教师设计《春》的教学活动如下：播放课文录音——检查预习（文学常识、字词）——交流初读课文的感受——研读课文——品味生动活泼的语言。这样的活动设计还是有改进的空间的。在第一个环节中，学生听课文录音会有一些初步的感受，教师如果就势开展第三个板块，这两个板块就紧扣在一起了，而"检查预习"这一板块可以放在第一个环节实施。

加涅对一节课的内容进行过研究，他提出，一节课的教学事件可以整理成以下九个方面：引起注意、告知学生目标、激活相关的原有知识、呈现刺激材料、提供学习指导、引出行为表现、提供行为表现的正确性反馈、测量行为表现、促进保持和迁移。教学事件不必按这一顺序呈现，每堂课中也不必包括所有的教学事件。比如，在《春》的教学中，同样是为了"引起注意"，有的教师出示从网上下载的春天美景的图片，有的教师把自己拍摄的校园春景做成幻灯片播放，也有的教师请学生讲述自己眼中的春天，还有的教师出示古诗词中描写春景的诗句，有的教师播放《春之声》乐曲，也有的教师播放课文录音。这些做法的效果有差异，也有共同点，但都起到了引起学生对学习内容、学习活动产生兴趣的作用，符合"引起注意"环节的设计要求。

设计主要活动板块是教学设计的核心，也是完成一堂课学习任务的主要保证，如何保证这个教学活动的有效性？可以设计一组关联的问题，形成活动主线。

有一位教师想借助《春》一文让学生掌握多角度描写景物的知识，那么他设计的一组活动，可能就是这样的：呈现刺激材料——寻找《春》中景物描写的文字、提供学习指导——分析某一处景物描写的角度、引出概念、归纳知识——发现多角度描写景物的基本方法。简明的教学设计如下：

目标：学习多角度描写景物的方法。

关键教学活动：发现《春》一文中景物描写的不同角度。

问题主线：《春》一文中有哪些景物描写？这些描写可以分为哪些角度？这些角度产生了什么效果？这样的描写对我们有哪些借鉴意义？

总结：多角度景物描写的特点、方法、价值。

在此基础上，教师可再根据各种因素判断教学流程中各环节可能遇到的具体情况，去丰富教学设计的细节，使一堂课的教学过程由宏观框架到具体细节，由模糊到清晰，一步步趋于成熟。

拓展延伸

以下是《想北平》教学设计：

学习目标

1. 知道文学观察不同于科学观察；通过对景物的分析与归类，发现作者进行文学观察的视角。

2. 感受作者的平民情怀，体会作者对家乡爱之深与忧之切的情感，知道我们应该关注、珍惜自己的校园、社区里的"细节"，尝试改善我们的生活体验。

学习时间：1 小时

学习流程

1. 唤起回忆，感受自己的北京

教师活动预设：提出问题，请学生回忆自己知道的北京风物。

问题：大家对北京都比较熟悉，如果请你介绍一下北京的景物和风情，你想说哪些景、哪些物？

学生活动预设：回忆、交流。学生可能会讲到故宫、长城、天坛、水立方、鸟巢等。

学生交流时，教师板书关键词。

2. 初读课文，了解老舍的北京

教师活动预设：要求学生默读课文，圈画老舍笔下的北平，组织交流。如果学生一下子圈不全，引导学生关注几个重点段落（4、6、7 自然段）。

提问：大家静下心来默读课文，圈出老舍写到的风物。

学生活动预设：朗读课文，圈画，交流。学生可能会圈画到水中的小蝌蚪、苇叶上的嫩蜻蜓、墙上的牵牛、墙根的靠山竹与草茉莉、青菜、白菜、扁豆、毛豆角、黄瓜、菠菜、韭菜叶上还往往带着雨时溅起的泥点、西山的沙果、海棠、北山带着一层白霜儿的黑枣、柿子等。

学生交流时，教师板书关键词。

3. 再读课文，发现作者观察的视角

教师活动预设：引导学生分析老舍笔下景物的特点，并进行归类，发现作者的视角。如果学生不能归纳，可以借助梁实秋、林语堂等人所写的北平，帮助学生感受与思考。

提问（1）：大家回头再看看我们上课初始交流的北京，也就是我们眼中的北京，北京对于我们是一座怎样的城市？用几个词语概括一下这座城市的特点。

提问（2）：北平对老舍来说是一座怎样的城市？北京给我们怎样的感觉？

学生活动预设：读课文、小组讨论、班级交流。

附1：梁实秋《北平的街道》（节选）

"无风三尺土，有雨一街泥"，这是北平街道的写照。也有人说，下雨时像大墨盒，刮风时像大香炉，亦形容尽致。像这样的地方，还值得去想念么？不知道为什么，我时常忆起北平街道的景象。

北平苦旱，街道又修得不够好，大风一起，迎面而来，又黑又黄的尘土兜头洒下，顺着脖梗子往下灌，牙缝里会积存沙土，咯吱咯吱地响，有时候还夹杂着小碎石子，打在脸上挺痛，迷眼睛更是常事，这滋味不好受。

从前皇城未拆，从东城到西城需要绕过后门，现在打通了一条大路，经北海团城而金鳌玉𬟽，雕栏玉砌，风景如画。是北平城里最漂亮的道路。向晚驱车过桥，左右目不暇接。城外还有一条极有风致的路，便是由西直门通到海淀的那条马路，夹路是高可数丈的垂杨，一棵挨着一棵，夏秋之季，蝉鸣不已，柳飘拂，夕阳西下，景色幽绝。我小时读书清华园，每星期往返这条道上，前后八年，有时骑驴，有时乘车，这条路给我的印象太深了。

（梁实秋的文章用语雅致，对北平的情感是喜欢中带着调侃。梁实秋虽然也生长在北平，但是它的家境、性格等都与老舍相去甚远）

附2：林语堂《迷人的北平》（节选）

北平是清净的。这是一所适于住家的城市，在那里每一所房的房屋有一个院子，每一个院子里有一个金鱼缸和一棵石榴树，那里的蔬果是新鲜的，要生梨有生梨，要柿子也有柿子。这是一个理想的城市，那里有空旷的地方使每个人得到新鲜的空气，那里虽是城市却调和着乡村的清净，街道、狭胡同、运河，这样适当地配合着。

（林语堂文章中"那里"等词语，表明了他与北平的情感之远，虽然他也高度赞美了北平）

4. 体会作者的情感，理解作者观察的视角

教师活动预设：引导学生细读课文，体会作者对北平爱之深与忧之切的情感，作者的情感决定着他的视角。学生可能很容易发现作者对北平爱之深，较难发现作者对北平忧之切。如果学生遇阻，引导学生关注结尾，或者引导学生回忆自己的生活体验——自己何时会有想一个人而欲落泪的感受。

学生活动预设：读课文，圈画，交流。

提问（1）：对于北平，老舍是一个什么样身份的人？或者说文章中的这些风物说明老舍是以怎样的身份看北平的？——平民。从哪里发现作者的视角？——"像我这样的一个贫寒的人"。

提问（2）：老舍对北平怀有怎样的情感？你从哪些语句中发现的？

5. 总结课堂学习

教师活动预设：请同学回忆并总结这节课的学习重点，随后布置作业。

作业：重读《金黄的大斗笠》或者《从百草园到三味书屋》，发现作者的写作视

角，重读自己描写校园、班级、家乡等的习作，反思自己的视角，并尝试增减所选景物，进行修改，凸显自己的独有身份、性格、眼光等。

学生活动预设：反思、总结、交流，记录课后作业。

上面这则《想北平》的教学设计有几个特点：

第一，一小时的教学设计了五个环节，平均每个环节活动时间为十几分钟。实际上，第一和第五两个环节的活动相对简单一些，所需时间也会少一些，这样算来，中间三个主体活动环节展开时间要更多一些。活动时间长度与该活动的重要程度、学生活动的充分程度、教学目标的达成程度成正比。

第二，该设计紧扣作者"看北平的视角"这一点展开学习，主要活动都指向教学目标。活动目的明确、集中，通过学习，学生可以比较充分地体会这一点，并且学有所得，以后可以此理解同类文章。

第三，该设计中的教学活动环环相扣，真正有"流程"的感觉。从学生对北京的感受谈起，进入对文本中作者呈现的观察视角的感受、分析，最后落到对其他文学作品观察视角的判断分析，以及对自己习作中呈现出的视角的反思修正，使教学内容由浅入深，逐步推进。

修炼建议

1. 自己选择一个学期的教学设计，统计其中教学活动环节数量，分析活动之间的关联度以及活动与目标之间的关联度，据此写出分析报告与改进建议。

2. 收集于漪、钱梦龙、魏书生、李镇西、程红兵、程翔、余映潮等名师的教学设计或教学实录，统计他们教学活动环节的数量，分析活动之间的关联度以及活动与目标之间的关联度。

第四节　作业设计

问题展示

王老师：布置作业是每节课不可或缺的环节，作业的重要性我也知道，可是至于布置什么作业，布置多少作业，我时常拿不太准。我通常选择这样做：如果想得出比较好的题目我就布置作业，想不出题目就不布置作业，比较随意。我认为与其布置一些学生不喜欢、没有意思的作业，还不如让学生少受折磨！至少他们可以休息。这是一个问题。

还有，最近我上《安塞腰鼓》，根据课后的"研讨与练习"中的知识点"排比"设计了教学目标：掌握排比的修辞手法，感受安塞腰鼓的豪迈气势，培养热爱祖国民族文化的思想感情。下课前我布置了两项作业：一是运用排比的修辞手法写一写自己的校园生活，二是自己回家上网观看安塞腰鼓的视频，之后写一写感受。我觉得自己的作业设计得很好，与教学目标也很吻合，学生听到布置这些作业也很高兴。可是等作业交上来一看，与我预期的目标相差甚远。为什么我用心设计的作业得不到好的效果呢？

案例分析

王老师应该是一位很有想法、很有追求的语文教师。从他布置的《安塞腰鼓》课后作业上，可以看出他的教学理念非常好，如他所言，布置作业首先考虑的就是与教学目标一致，作业是对教学目标的巩固或者迁移。这是设计作业时首先要考虑的一点。

王老师对学生作业的失望，可能与他布置作业的习惯和给出的要求、提供的条件等不够充分有关。从习惯上说，他布置作业注重创造性、追求有意思，这是很好的，但我猜测，他在作业的规范方面可能不是很讲究，包括是否定期布置、要求按期完成、及时反馈等。俗话说，教师是学生的旗子，学生是教师的影子，王老师应该反思一下，是不是有这方面的问题。此外，作业的要求还不够具体。如第一项作业"排比写作训练"，看不出王老师的明确要求，要求不具体，学生做的往往就不具体。

写几句话组成的排比（写一段）吗？写几组排比（写几段）吗？排比的方式有要求吗？

是词与词的排比、句与句的排比，还是段与段的排比？是描写同一对象的排比，还是不同对象的排比？是同一个叙写对象不同角度的排比还是同一对象不同程度推进组成的排比？一般来说，教师的要求到 10 分，学生一般能做到 7 分，你的要求只有 5 分，学生做 3 分是很正常的。

再看第二项作业，要求学生"自己回家上网搜集安塞腰鼓的视频，观看之后写一段文字表达自己的感受"，学生都有条件上网吗？学生都会搜索打开视频吗？有时间搜索吗？家长都愿意孩子上网吗？诸如此类问题，都会影响到作业能否按照期望的质量完成。因此，布置作业还要考虑到可操作性。

总之，布置作业看似是一个小的活动，但也需要多方面的考量，综合多个因素，不能随意，更不能大意。

当然，我们赞成作业要漂亮、有趣，少布置没有意思、纯粹折磨学生的作业。但漂亮主要应从内容来判断，还要有作业步骤，有具体要求，只有一个好点子恐怕不能算是漂亮的作业。

理论点拨

学习专业知识，掌握基本技能，需要做大量练习，慢慢积累，因此，语文练习必不可少。所以，依据学习内容设计相应的训练题，并要求学生完成作业，是教师的一项基本工作。作业一般分课堂作业与课外作业两部分。课堂作业可以促进学生对学习内容的记忆和迁移，还可以检测学生的学习状态和教师的教学结果，帮助教师了解学生的表现及自己的教学绩效，为调整后续的教学活动服务。课外作业应更多地用于消化、巩固教学效果，帮助学生能力的迁移。但两者之间又应有内在联系。苏霍姆林斯基在《教师应当怎样布置家庭作业》中指出，教师不要把课外作业当成课内作业的量的追加。他对课外作业与课内学习的关系作过比较科学的阐述。他认为，课外作业应当是课内学习的发展和深化，是为改善学习能力服务的，或是为掌握课堂知识所做的准备。他还论述了课外作业的其他作用，如课外作业可以促使学生观察自然界的事物和劳动现象，发展个人爱好和需要，满足和发展个人多方面的智力需要等。这些作用，主要是从学生身心发展和成长的角度来说的，我们这里，主要讨论的是作业对语文学习的作用。

作业设计是教学设计中的一项重要因素，但是，不少老师对作业的教学价值认识不足，在作业的设计与布置上比较随意，往往形式大于内容，对量的要求大于对质的追求，缺少有效设计作业的意识，这是不利于教学效果的巩固和提高的。对此，我们提供几条设计作业的建议供大家参考：

1. 作业内容应指向教学目标

无论课堂作业还是课外作业，首要的作用就是促进学生对学习内容的记忆与迁移，所以，教师设计作业时，第一个原则就是作业内容与教学内容应保持一致。教师的"教"与学生的"学"是否一致，学生的"学"与"练"是否一致，学生的"学与练"与教师对学生的"评价"是否一致，是考量教学是否有效的关键标准之一。不少教师在做教学设计时，不清楚在明确了"教什么"之后（或者同时）就应该考虑"练什么"的道理，没有把作业设计放在应有的地位上，在一些教学设计中出现"学"与"练"、目标与手段不一致的情况。例如，只有学没有练；作业训练的内容不属于学习的主要内容；作业琐碎，对主要学习内容训练量不够；作业与学习目标毫不相干。这样的作业设计不利于教学目的的达成。

2. 适合不同层次的学生

为了学生的全面发展，为了全体的学生，这是新课标的基本指导思想。作业设计也应该考虑到全体学生的不同层次需求。作业的难易度、作业量，乃至作业的形式，教师都应该精心设计。苏霍姆林斯基指出，对家庭作业的个别化应当予以特别的重视，如果教师不给某些学生布置一些个别性的作业，那就说明他没有研究过每一个学生的力量、可能性和能力。魏书生在《教师课上"十条"》中的第八条强调："一堂课要留有三种不同类型的作业题，让学生按照自己的学习情况选择完成。"这两位教育专家从不同的角度阐述了作业难度、针对性等问题，可见其重要性。

有一位老师上史铁生的《秋天的怀念》，临结束时，他布置作业，要求学生"课后阅读史铁生的《灵魂的事》，并做读书笔记"。一些听课教师对这一作业提出质疑，他们说，史铁生的《灵魂的事》虽然是一本散文集，但是哲学意味很强，就是一些语文教师也不一定喜欢读，也不一定能够坚持读完，而现在的学生是读漫画长大的，不大会去读这样的作品，真正读懂就更困难了。让初中生读这本书并且做读书笔记，是不是要求过高了？

实质上，不是这项作业本身要求过高，而是它没有区分。如果是喜欢阅读的同学、基础好的同学，当然可以去读。其他同学可以读《我与地坛》，也可以读别的。笼统地要求所有学生都去读同一本书，这件事本身就值得商榷。

3. 作业形式最好能丰富一些

学生情况是制约作业好坏的因素之一，不同认知风格的学生对学习内容、学习材料、学习活动形式等都有不同的偏好。不同形式的作业可以更好地满足具有不同认知风格学生的学习需求。赖丁和道格拉斯（1993）以 59 名 15～16 岁的学生为被试者，研究了学习材料呈现方式对学生学习的影响。他们发现，以"文本＋图片"的组合形式来呈现的学习材料，与采用"文本＋文本"的组合形式呈现同样的内容相比，更能够促进表象型学生的学习，如下图所示：

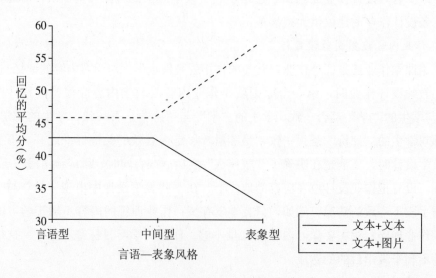

回忆与呈现方式

从上图可以看出，对于表象型学生来说，"文本＋图片"形式对学习效果的影响明显，其平均分是"文本＋文本"呈现形式学习效果的近两倍。对于言语型的学生来说，两种呈现方式下的学习水平相似，"文本＋图片"的学习材料略微有利于学生的学习。他们的研究成果为教师改进作业设计提供了启发。

另外，作业形式变化还能用于丰富课堂教学手段，控制课堂节奏，调节学生的学习状态和精神状态，对教学有多方面的促进作用，值得教师钻研。

4. 要求具体，表述明确

作业是教师布置给学生做的，很容易因为理解障碍而影响学生对作业的感情与投入。在内容上，作业应向学生提出指向明确、要求具体的任务，不要出现笼统、空泛的要求。例如：

明确作业涉及的范围，如读一段、读一篇、读一册，还是做其他事情。

规定或建议采用的方法，如上网查阅资料、向父母调查、小组讨论、做批注等。

作业过程具有操作性，如让学生小组讨论，应要求几人一组，是否选出讨论主持、记录人、汇报人等。

作业质与量的要求，如完成时间、作业的字数、用图表表示等，应尽量有明确要求。

发布、交流的方式，如是网上发布还是口头交流等。

评价的依据，大体给出评价标准，以便学生按要求做得更好。

激励的办法，告诉学生可能获得何种奖励，会激发学生作业的积极性。

有时候，教师在设计作业的时候，自己感觉不到学生在理解上会有难度，不认为学生不会操作。因为教师对自己所布置的作业经过了长时间的思考，熟悉有关知识、背景、方法甚至答案，但学生没有这个积淀，出现不理解、难操作等情况是很正常的。其实，教师换一个角度——站在学生角度思考，往往就能看出问题。例如，有位教师布置的一项作业这样要求："……以上是某某人的一段话，请你对这段话作出理解。"这里的"作出理解"一语，是要求学生在作业本上写出理解，在班级讨论时谈理解，还是只在心里理解就可以了？这是一种歧义。此外，是理解其观点，理解其态度，理解表达方法好坏，还是理解其意境？作业表述也不清楚。这道题要求的行为指向不明，学生就无法完成。若是按照"具体、明确"的原则，那就应表述成"你对它（名人保留故居的观点）有什么看法，说出赞同或反对的理由"，这样学生就能明白了。

在语言表述上，作业要尽量做到句式简短，表意明确，不能出现含糊不清甚至有歧义的词句，否则，会让学生无所适从。教师布置作业时应注意以下事项：

（1）不要出现学生以前没有接触过的新概念、新知识。

（2）不要出现会引起误解或产生歧义的词句。

（3）避免用关系复杂、读起来拗口的句式。

（4）尽量不用被动句。

按照上述原则衡量，以下这些作业的内容及表述就是不好的：

谈谈这句话的表达作用。

这篇小说给我们什么启发？

作者在文章里说，"人是会思考的芦苇"，谈谈你对这句话的理解。

阅读文章，写一篇鉴赏文章。

你对他的观点被人们予以否决有怎样的观点？

这些题目的共同点是空泛。如第一个训练题里，表达作用有许多内容，作用的范围也不同，有在一句中的作用，有在一段里的作用，也有在全篇里的作用；有塑造人物的作用，有表达情感的作用，有衔接文章的作用。文章里的一句话可能兼有很多作用，答案如果多而杂，学生思考时会无所依傍。第二题也是一样，一篇小说对读者的启发可能有很多，有做人方面的，有做事方面的，还有创作方面的，学生谈起来不着边际，教师也难以评价。最后一道题的表述不简洁，理解起来别扭，应改为直接表述。

下面这些作业及表述是合格的：

依照提示的样子，完成下列表格。

你赞成作者（在某件事上）的结论吗？说出你的理由。

这篇小说中的某某，使你想到现实社会中的哪些人？你愿意和他在一起工作吗？说说理由。

选择其中的一幅图，为其配上一段30字左右的说明性文字，向你的父母作介绍。

为这幅漫画起一个标题，要体现出漫画的寓意。

这些题目的共同特点是角度小，目标明确，要求具体，学生能依据题目要求进行操作，教师也便于评价。这样的题目，做与不做，学生得到的锻炼不一样，因而就有训练价值。

5. 适合教师检查批阅

作业适合检查、批改能够解放教师自己。中学教师的工作负荷很大，如果作业很难批改，首先会影响作业批改质量，也不利于学生的学习。但要求作业适合检查、批改，并不是降低训练量和训练难度，而是说作业的训练价值高、测试价值高、精当精练。例如，有的教师要求学生抄写古诗词一律要求多少遍，不管字写得好还是差，不管学生有没有默写，这会增加写作业和检查作业的成本。其实，可以让写字不好的学生临古诗词字帖，让已经背诵过的学生检查背不出来的学生就可以了。再如，有的教师布置"名著阅读"作业，并要求写读后感。可学生的读后感交上来之后，老师往往只给一个"阅"字，或者笼统地打"优""良""中"一类的评价，缺少具体的批改。几次之后，学生得不到有效反馈，以后再做就容易敷衍了事。其实，可以把学生的读后感贴在墙报栏里展示，大家课间阅读，每周评一个班级"读书之星"就可以了，这对学生的激励效果也许更好。教师布置作业的总原则为：一要控制总量，争取以少胜多；二是注意作业设计；三是创新批改方式。尤其是第二点，其实改进的空间很大。如西方国家的学生作业，有很多采用"制式"，即有规定格式、图样的作业，教师瞥一眼就能看到作业中的核心信息，批改起来既快又准确，我们不妨"拿来"一用。

拓展延伸

下面是大洋彼岸开发的作业设计，这与本文说的课堂作业设计当然不一样，是一份暑假读书的"长作业"。但是，这份设计与所读书籍内容的一致性、检测能力的丰富性、学生学习的差异性、教师检查批阅的可操作性等作业设计的要求非常吻合，引用在这里，算是一块"他山之石"。

暑假读书笔记的 12 种新模样

至于读书笔记的内容，美国的教育专家告诫说，千万不要只是让学生复述故事的大意。你可以要求你的学生照着下面的方案去做：

1. 想象你就是书中的某个人物，根据"你"的经历和感受写一本日记。

2. 给书中的某个人物写一封信，向他提出你的建议。

3. 想象你就是这本书的作者，描述一下书中的人物在本书诞生之前的几年或之后的几年经历了什么。

4. 根据该书表现的某个主题写一篇短文。例如，如果该书的一个主题是爱，你可以写一篇关于爱的文章，并用上书中的例子。

5. 创作一首诗歌、歌曲或一个故事来表现书中的人物、冲突或主题等。

6. 根据书中的某一人物或情节画一张画或图表，并作出相应的详细解释。

7. 想象对书中某一人物进行采访，你可以问他书中有关的内容，也可以问他其他问题。用你自己的语气提问，然后用该人物的语气进行回答。

8. 回顾整本书的内容，给出你对这本书的评价。无论你认为这本书是有趣还是无趣，都从书中找出例子来证明。你会向你的朋友推荐这本书吗？为什么？

9. 写出书中的主要问题或冲突，涉及的人物，以及结局。

10. 将下面这个句子填写完整：我喜欢（不喜欢）作者（或某一人物）……的方式，因为……（字数 250～300）

11. 描述一下你读这本书时的感受（愉快、悲伤、解脱、愤怒或充满希望等），并解释你为什么会有这样的感觉。

12. 为这本书设计一套试题。包括 5～10 道判断题，10 道多项选择题，5 道简答题，1 篇作文。并制作 1 页完整的答案。

（引自李茂编译《彼岸的教育》）

作业设计是一门高深的学问。如果你不知道如何检查学生的读书效果，可以仔细研究这份暑假读书笔记的作业设计，可能会有一些启发。如果让做作业变成一项有趣而富有挑战的思维活动，也使教师从乏味的作业批改中解脱出来，我们的作业设计就成功了。

一位老师执教《散步》，教学目标是"知道庄重的语言表达在词语句式等方面的特点，感受浓浓的亲情与作者强烈的使命感"，下面是她设计的作业：

必做题：

文章中还有一些也透露出作者郑重其事的感情的词语或句子，我们在课上没有讨论到，把它们画出来，选择其中的一处，说说它的表达效果。

选做题：

1. 这篇课文用作教材时，给原文删去了三处文字，讨论编者删改的意图，比较删与不删的效果。

（1）在清明将到的时候死去了。

（2）就像民族领袖在严重关头时那样。

（3）我伴同母亲的时日已短。

2. 朗读《金黄的大斗笠》，比较它与《散步》在语言表达上的异同，从两篇文章不同的语言特点揣摩两位作者不同的表达意味。

根据本节内容，说说这位教师作业设计的优点或不足，向他提一些改善的建议。

专题二　教学实施

第一节　课堂教学导入

问题展示

周老师：我是一名教研员，听课是家常便饭。我发现大多数老师都很重视课堂导入环节，尤其是观摩课、研讨课。我看过许多成功的课堂导入，也见过失败的导入。我最无法忍受的是不少老师过度采用多媒体、声光电刺激，学生头都痛了，哪里有心思学习！问起他们的目的，不外乎是创设情境，激发兴趣。在我看来，不少老师创设的情境与课文相去甚远。下面就是我听《我爱这土地》一课的导入，可惜幻灯片上的美丽图片展示不出来了。我很希望大家一起来参加讨论，加深"如何导入课堂教学"的认识。

呈现图片，配以画外音：

我爱这土地——因为他美丽

我爱这土地——因为他富饶

我爱这土地——因为他繁荣昌盛

我爱这土地——因为他文化灿烂

我爱这土地——因为他历史悠久

定格"苦难的土地"，课题《我爱这土地》艾青——

"诗缘情，诗言志""情志合一"的诗歌方能真情流露、感人肺腑。

土地，万物生灵的根基。曾有人掠夺它并百般践踏，曾有人捍卫它并披肝沥胆。在它的脊梁上演绎着多少可歌可泣的故事，在它的肌肤上烙印着多少眷恋情结。谁不钟爱自己的土地？谁不爱恋大地母亲？

让我们深情吟唱诗人艾青的《我爱这土地》，随着诗中所迸发的爱国情感火花而燃烧，并从那沸腾的语句中来解读作者所缘何情、所言何志。

慢品。

知人论世（作者简介、背景交代），播放朗读录音。

老师：在我们的记忆中，爱国诗篇历代层出不穷。唐代王昌龄誓言"黄沙百战穿金甲，不破楼兰不还"；宋代陆游以老病之躯仍然"夜阑卧听风吹雨，铁马冰河入梦来"；辛弃疾一生立志"了却君王天下事，赢得生前身后名"；岳飞更是"壮士饥餐胡虏肉，笑谈渴饮匈奴血"，欲"直捣黄龙，与诸君痛饮耳"；清代谭嗣同"我自横刀向天笑，去留肝胆两昆仑"；女革命家秋瑾巾帼不让须眉，写出了"拼将十万头颅血，须把乾坤力挽回"这样豪气冲天的诗句；而徐锡麟的一句"只解沙场为国死，何须马革裹尸还"道出了古往今来所有男儿的爱国心声！是的，他们是诗坛的巨人，他们更是战场上的勇士，用笔、用枪、用血、用心捍卫着脚下这片土地和心中那个梦想！

但是，艾青的诗中没有刀光剑影，没有豪言壮语，有的，只是……

案例分析

是不是每节课的导入都需要创设情境？

是不是创设情境都需要多媒体课件？

是不是学生活跃了或注意力高度集中就是课堂导入成功？

什么样的导入活动不会喧宾夺主？

以上诸多问题，是我们听过一些经过反复打磨的观摩课、精心设计的导入课件后思考的。在这个问题上，周老师的看法的确值得慎重对待，我们可以试着回答上面的几个问题：

不是每一节课都需要创设情境。是否需要创设情境的关键取决于教学内容，如学习议论文，需要的可能就是理性和冷静。

多媒体课件创设情境也未必最佳。多媒体有明显的局限，如果要唤醒学生的生活积累、阅读经验，走进丰富的文本世界，多媒体情境可能就会成为障碍。

课堂教学导入时，学生活跃了，课堂氛围好了，要看是不是能为下面的学习打下基础，与后面一个环节的活动能不能形成彼此呼应的关联，否则就是表面的热闹，就是喧宾夺主的活动。

钱梦龙老师一再强调，一节课的导入环节最好是使学生人人愿意讲，人人能讲，也就是教师所提的第一个问题既要容易，又要能引起学生的兴趣。钱老师这方面的成功实践很多，他教《死海不死》时，是这样导入的：

教师："今天要和同学们一起阅读的是一篇说明文。先请同学们打开课本，看一下目录的第一页，这一页共列出两个说明文单元，我们要阅读的说明文就在这两个单元里，同学们还不知道是哪一篇，现在给你们一个条件：这篇文章的标题很能引起人们阅读的兴趣，你们猜是哪一篇，看谁猜得快、猜得准。"

学生学习的热情一下子被激发起来，纷纷回应，开始有分歧，意见最后统一为《死海不死》。

教师："完全正确！但你能说明一下，为什么你猜是这一篇呢？"

教师引起学生的思考，趁机解读了课文的标题。

这样的导入活而实，具有大家风范，值得我们学习。

初 中语文教师专业能力必修

Chu Zhong Yu Wen Jiao Shi Zhuan Ye Neng Li Bi Xiu

理论点拨

教师每一次走进课堂，面对的看似是一双双熟悉的眼睛，但是，在这些眼睛的背后，每一次却是不同的起点。这堂课，老师会给我们带来些什么新东西？接下来的这40分钟将是一段枯燥的时间，还是一次精彩的历程？聪明的学生往往从教师的头几句话里就能找到部分答案。教师在一堂新课开始时所说的几句话或所做的几个举动，就称作是课程的"导入"。

课文导入有两个基本功能：一是引出话题，概括学习目标；二是激发兴趣，为进入下面的学习阶段创造条件。如果一个导入能达到其中的一个目的，就算是合格的；如果同时能满足上面的两项要求，就是优秀的导入；如果在满足这两个要求的同时，还让学生觉得特别新颖独特，特别有吸引力，那它就属于精彩的导入了。俗话说，"万事开头难"，一个好的课堂导入往往能抓住学生的情绪，营造有利于学习的氛围，同时，教师也可以赢得学生的信赖，接下来的学习也会越来越顺利，这就为圆满完成学习任务打下良好的基础。反之，如果一个开头很不成功，学生就提不起兴趣，教师也无精打采，随后的课堂气氛和效果都会受影响。因此，聪明的教师，常常会花不少心思去精心设计一堂课的开头。

如何判断一个导入的优劣？导入除了满足上面所说的两个基本功能，还应该满足一些质的要求。我们不妨从这几个方面去衡量它：

（1）关联，即导入语、导入手法与学习内容有内在联系，而不是纯粹地赚噱头。

（2）自然，即从导入板块过渡到学习活动自然顺畅，不是生硬地嫁接。

（3）简短，用几句话、几幅图片迅速导入下面的学习活动，不要让学生过于欣赏导入本身。

（4）独特，不同的课要采用不同的导入方法，让学生始终对新课充满期待，不要每一次都是同一番说词。

这些原则看上去并不难理解，但是在实践中，教师们未必会自觉按照这些原则去要求自己。其中，导入冗长和不花心思，是两种最常见的现象。例如，一位教师上《石钟山记》，他的导入是这样的：

（1）放映幻灯片，展示苏东坡的诗、书、画图片。

（2）让学生谈谈对苏东坡的评价。

（3）教师引用古人的话，强调苏东坡"诗书画三绝"的才能，补充介绍他还是一位"科学家"，有科学研究的头脑，实地考察过石钟山，引出"石钟山"话题。

（4）播放录像，观看石钟山公园的风光片，介绍石钟山的地理位置、山石形状、江边风光。然后才进入主题，教师宣布：今天我们要学的是苏东坡的《石钟山记》，请大家翻开课本。

教师的这段导入，每一个局部都不乏精彩，但合起来却用去了12分钟，占用了过多学习课文的时间，就不能算是好的导入了。当然，这是一个很极端的例子，不过，在一些青年教师中，导入冗长的毛病并不少见，尤其是一些公开课、参加大奖赛的课，教师越是想把课上得精彩一些、手段多一些、表现得完美一些，就越容易犯这样的毛病。在备课时，有的教师同时想到了几种导入法，觉得每一种都挺好，不忍心割爱，于是全部用上去，这是导致导入冗长的重要原因。

一般来说，一节课的导入部分3分钟足够，若超过5分钟就已经长了，应考虑压缩、精简。

一个导入只选用一种元素即可，如放幻灯、看录像、听录音、介绍一则新闻、检查预习、展示实物等。如果两个元素并用，就会多余。

导入与学习活动合二为一，可不受时间限制，如检查预习，与下面要开展的学习活动可完全融为一体。

与冗长导入相反的是不用导入，教师长年累月都是这样一句话："同学们，今天我们学一篇新课文，请翻到某某页……"这无疑在一开始就给这节语文课定下了四平八稳甚至死气沉沉的基调。大家想，学语文若是没有了活力和激情，效果还能好到哪里去呢？

其实，为一堂新课找一个过得去的开头并不难，在备课时，只要花5分钟时间想一想即可，还可以套用模式。下面介绍一些常用的导入新课的方式：

1. 温故知新

回顾过去学过的某位作家、某篇课文、某条知识，引出下面的话题：

鲁迅是现代文学大家，以前我们学过他哪些作品？

今天，我们要学的一篇新课文，是他的代表作。

适应类型：古今中外名作家的作品，如李白、杜甫、苏东坡、蒲松龄、朱自清的作品，可以考虑用这种方法导入。

2. 角色置换

把课文里的主角换成学生，让学生设身处地地想象、体验、感悟，从而引出话题。例如：

谁去过北京？去过的同学说说对北京的印象。

今天，我们来看看老舍眼里的北京是什么样子（板书：《想北平》）。

适用类型：课文描写的生活内容、场景与学生的生活经验相似。如：《风筝》——"谁放过风筝？有没有自己做过风筝？"《故乡》——"我们班有几位同学老家是外地的，你们有没有跟爸爸妈妈回过老家？"

3. 创设情境

用多媒体等手段再现与课文内容有关的场景、人物、情节片段，引出课文。如播放一段"安塞腰鼓"视频画面，引出课文《安塞腰鼓》。

适用类型：画面感突出，离学生的生活距离远，而且有相应视频资料的课文，如

《诺曼底号遇难记》《再别康桥》。

4. 借用社会热点

从最近发生的某个新闻、某部热播的影视作品入手，引出内容类似或相关的课文。

例如，最近，一部电视剧《亮剑》（也可以换成《英雄》《士兵突击》《潜伏》）十分火爆，最让人敬佩的是剧中人物的英雄主义，今天我们学的课文，也是介绍一位英雄。（板书《军神》）

适用类型：人类历史上的重要事件、当前重大的社会问题、与人生有关的重要命题，这类题材的艺术作品，总是被反复表现，它们与一些经典课文的相关度极高，很多课文都容易找到与它们的关联之处。

例如，《给女儿的一封信》——关于爱的电影、流行歌，《诺曼底号遇难记》——自然灾害。

5. 描述生活见闻

从身边的生活细节出发，引出与课文相关的话题：

今天早上路过校园，看到许多同学都在草坪上踏青（有没有注意到树上的变化），这告诉我们，春天来了——《春》。

适应类型：课文里的某个场景、细节、人物与现在的生活细节有共同点，或反差极大。

比如，昨天儿童节（或前几天中秋节、母亲节），我给我儿子发了一条短信，你的父母有没有给你发一条？——《给女儿的一封信》。

6. 检查预习作业

许多教师在上新课前经常布置预习作业，那么，上课时用适当时间进行检查，既了解了学生的预习情况，也顺理成章地进入学习环节，是一种不错的导入方法，可应用于各类课文。

7. 实物展示

出示一件生活中不太常见的或意义不凡的物品，造成悬念，导入教学话题：

教师出示一串荔枝，导入《荔枝图序》的学习。

出示一件微雕作品，导入《核舟记》的学习。

适用类型：说明文阅读，作文（描写）训练课等。

8. 发挥教师特长

许多语文教师都多才多艺，如写诗、绘画、唱歌、朗诵等，这些特长，都可以用来作为新课导入的手段。例如，一位教师很擅长写诗，在每一堂新课前，她都先向学生展示她写的一首配合课文内容的短诗，日久天长，欣赏她的诗成为每一堂课的固定环节。试想，如果学生对教师充满敬意，对语文课堂怀着期待，学好语文不就变成自然而然的事了吗？

上面仅仅列举了几种常用的方法，实际运用起来可以说是变化无穷。其实，每个教师还可以根据自己的特点，创造适合自己的方法。你想，如果你花点精力构思，及时总结提升，一个学期设计两三篇课文的导入问题，几年下来，你在每一篇经典课文上，就都有了比较精彩、也相对固定的导入手法，不仅上课效果好，反过来还可以省下你宝贵的备课时间，实在是一举两得！

拓展延伸

下面节选的是李镇西《山中访友》教学实录的导入课堂教学部分。李镇西老师主张爱心教育、民主教育，从他的课堂导入活动中我们不难发现，他对学生学习积极性的保护是多么的小心翼翼，对学生学习习惯的引导是多么细致入微，充分体现了他对教育理想的追求。

（2005年10月15日下午，湖北省宜都市宜都剧场会场上座无虚席。利用上课前的几分钟，李老师再次和宜都市外国语学校七年级学生专心致志地看课文）

师：（面带笑容走上讲台）上课！

生：（精神抖擞，声音响亮）老师好！

师：同学们好！请坐！

师：今天我们学习《山中访友》。刚才老师把课文读了一遍，也很有感触。文章题目是《山中访友》，我今天是宜都访友，我第一次来宜都。

（生笑）

师：文中有一句话，在倒数第二段倒数第二行。"茫茫天地间，我们也做了一回患难兄弟。"今天是一个幸运的日子，因为到宜都来，这辈子或许不会只有一次，但今天毕竟是第一次。大家想想，茫茫天地间，我和大家在这个舞台上相遇，恐怕再也没有机会了。我以后可能还有机会遇到你们中间的某一位同学，但是绝对不会在这个舞台上和所有的同学上一节课了，正所谓空前绝后，这就叫缘分，所以我们要珍惜这次缘分。这篇文章老师也才接触，这节课，我和大家一起来分享。

师：同学们都读完了这篇课文，喜欢这篇文章的同学请举手告诉我。喜欢就喜欢，不喜欢就不喜欢，请明确地告诉我。

（同学们高高地举起自己的小手）

师：（环顾整个教室）喜欢这篇文章，证明大家都读懂了这篇文章。有谁告诉老师，你觉得怎样才算读懂了？

生：我觉得就是弄明白了作者要表达的意思。

师：（点头）读懂，就要知道作者写的是什么。那么，读懂有什么标准呢？

生：要了解作者的思想感情，同时要让自己和作者有一个感情上的共鸣。

师：（赞许地）说得多好，要有情感共鸣。

生：要一边读课文，一边能想象出课文所描绘的情境。

生：还要在课文的基础上展开联想。

师：（快速地接过话题）你读这篇文章，有什么联想？

生：我联想到了山里的景色。

师：嗯，不错。刚才老师就由文中作者和蚂蚁的缘分，联想到我和大家的相遇，也就是一种缘分，这也是展开联想。

生：我觉得要揣摩作者的写作意图，明白他的用意。

李老师一上来用"我今天是宜都访友"，化用文章标题，接着用"缘分"二字拉近自己与学生的情感距离，并引用文章中"茫茫天地间，我们也做了一回患难兄弟"，强调这种缘分的珍贵——这样的交流是空前绝后的，看似拉家常，但是李老师的高明之处就在于不只是套近乎，更是在随意的聊天中反复介入课文的相关内容，而且这两点（一是标题，一是关键句）都是课文的重要之处。

李老师接着用"喜欢这篇文章的同学请举手告诉我"切入课文学习的初步交流，这是一个难度系数很低的问题，每个学生都能够回答，在舞台上上课，学生难免会紧张，李老师用低难度的问题让学生体验到成功感。接着他又用"你觉得怎样才算读懂了"带领学生进行深度交流，这是一个开放性的有较大思维容量的问题，学生可以各抒己见，但一定都会反思自己的阅读经验，对自己的阅读经验进行提炼总结。

可以说，李老师这样的导入活动是步步为营、环环相扣。

修炼建议

1. 回忆近年来你上课时比较精彩的一些课堂导入，用简要的语言把它描述出来，如果有可能，可以发到博客上去与大家分享。

2. 选择几本名师的课堂教学实录，摘录他们的课堂导入，归纳名师们常用的几种课堂导入法，完成小论文《名师课堂的导入艺术》，尝试向与语文教学有关的杂志投稿。

3. 为一篇课文设计几种不同的导入方式，在不同班级尝试运用，看看哪一种效果好，想想为什么。

4. 把收集到的导入方式记录到你的教材或备课笔记中，时间长了你就有了一套自己的课堂导入法，你也变成了这方面的专家。

第二节　讲授

问题展示

张老师：语文教师要有几手硬功夫，如要能说会写。我有一位同事就是这样的人，他表达能力强，知识面宽，上课从来不用花招，往往是他一个人一讲到底，学生听课的兴趣也不错。可是，尴尬的是他教的班考试成绩平平。

人们对他的评价褒贬不一，有人说他会讲课，有人说他不会讲课，他的问题是讲课的问题吗？应该从哪些方面判断教师的讲课水平呢？

庄老师：同样的是讲授，为什么有的效果好，有的却不够好？下面是一位教师在《克隆技术的伦理问题》一课的起始环节与结束环节的两段讲授内容，希望大家分析一下这个案例的讲授质量。

片段一：假如你是足球迷，你肯定希望世上再多一个罗纳尔多；假如你是音乐爱好者，你当然愿意再有一个贝多芬；再有一个爱迪生、爱因斯坦也是许多人所梦想的。古希腊有位哲学家曾经说过"世上不可能有两片完全相同的叶子"，换句话说，以上的梦想都只能是空想，没有实现的可能。但是，现在情况却有了变化，有一种新兴生物技术"克隆"，或许可以做到这一点。那么什么是"克隆"呢？它的奇妙之处在哪里呢？今天，就让我们一起走近——"奇妙的克隆"。

片段二：同学们各抒己见，对此提出了不少看法，或许不够深刻，却是朴素而真实的。坦白地说，我在这方面的知识未必比你们高深，你们的发言给了我很大启发。克隆技术取得突破性进展，世界为之轰动，它对我们人类究竟是利大于弊，还是弊大于利呢？现在下结论还为时过早。这篇课文里引用了诺贝尔奖获得者、著名分子生物学家 J. D. 沃森的话作结束语："许多生物学家，特别是那些从事无性繁殖研究的科学家，将会严肃地考虑它的含义，并展开科学讨论，用以教育世界人民。"这也正是我们所期待的，我们希望"克隆技术造福人类"。

案例分析

对讲授法的内涵，人们在教学实施与教学评价中容易出现两种错误的理解。

一是重讲、多讲，教师把讲授作为唯一的教学方式。在教学实施中，教师以讲解、讲授为主，甚至只讲不问、只讲不练的做法不同程度地存在着。理论与实践都说明，这样做弊多利少，正如张老师的那位同事，讲授的水平虽然很高，学生也爱听，但是教学效果却很一般。因为无论是阅读学习还是写作训练，都是实践性很强的学习活动，必须让学生多参加实践，在课堂上多训练，才能提升读写等能力。如果那位教师兴之所至，偶尔为之，一节课从头讲到尾，很难说不好。但是如果"历来如此"，那就有问题了。他教的学生成绩不好可能有多种因素，但可以肯定的是，教师讲得多，学生动得少也是重要原因。因为教师的讲代替不了学生自己的读写，不能转化为学生自己的语文素养。

庄老师提供的这个案例中，在导入环节中老师通过讲人们的梦想而联系到"克隆"，这当然是可以的，但感觉有些"多"，一多就容易"杂"。例如，引用古希腊一位哲学家的话——"世上不可能有两片完全相同的叶子"，就与"克隆"这个话题距离较远。另外，这篇文章的关键词是"伦理问题"，"克隆是什么呢？它的奇妙在哪里呢？"不是这篇文章的核心。所以，教师的讲授看似精彩纷呈，但是与文章的关键内容以及下面的学习之间有一定距离。结尾的讲授，这位教师表现出了很好的民主意识，但是一节课的归纳，还是需要一定的指向，一节课学了一些什么，引发了哪些思考，哪些思考更有价值等，教师都不置可否，也是有些缺憾的。

二是认为少讲比多讲好，甚至完全否认讲授的价值。如果是一些不需要教师讲学生也会的内容，教师却硬去讲，当然没有必要。但一些需要讲的，教师讲效果更好的，则一定要讲清楚。有位老师执教《中国石拱桥》时，谈到赵州桥为什么需要用二十八道拱圈而不是二十九道也不是三十道。老师当时上课也和同学们讨论，但是得不出什么结论。老师就自己讲了一段，指出这二十八道拱圈是对着天上二十八个星宿的。整个赵州桥的建造，也反应了中国人对宇宙和社会生活的理解。这样一讲，学生的视野开阔了，学生的兴趣就被激发起来了。课接着深入下去，学生就会产生对中国文化的崇敬与认同。从二十八这个数字的讲解中，学生不仅仅学到了语言和桥梁建筑知识，还了解了赵州桥背后的文化，这就是好的讲解。

其实，教学方式没有绝对的优劣之分，任何不分学习内容，不看学生实际情况、不顾教学目的，机械理解教育学理论的做法，都是违背科学的。评价讲授法好坏的标准，不在于"讲不讲"，而在于"讲什么""如何讲"，这才是问题的症结所在。

十多年前，上海市虹口区提出在语文课堂上实行"五讲五不讲"的试验。"五讲"是指必须有教师自己研究课文的心得体会、感悟、发现才讲；必须高于学生之上才讲，要讲得学生感兴趣，讲得学生记得住，讲得学生开眼界，讲得学生佩服你；必须是传授程序性的知识，而不是陈述性的知识；必须传授逻辑上有必然联系的知识；必须传授主题性的知识。"五不讲"是指学生已经懂的不讲，学生自己能讲的不讲，支离破碎的分析不讲，学生听不明白的不讲，教师讲不清楚的不讲。今天看来，这些提法还是很有道理的。

理论点拨

讲授就是教师讲、学生听的知识传播形式和过程。

在传统语文教学中，讲授始终处于主导地位，这种教学方式有其一定的历史和现实合理性。首先，在漫长的中国古代社会，儒家经典代表的是一套权威性的知识体系，体现着社会的主流价值观，并且与政治秩序和行为准则融为一体，容不得半点走样。其次，在知识匮乏的时代，学生与教师之间存在巨大的知识鸿沟，学生几乎不可能占有学习材料，缺少独立探究知识的可能条件，因此他们只能从教师那里被动地获得知识，这是导致学生对教师无条件服从的客观因素。这种情况不仅在中国长期存在，处于落后状态下的其他族群也同样如此。

人类进入近代民主社会后，讲授法得以存在的上述两个条件都出现了重大改变，讲授这种知识传播形式也随之受到挑战，取而代之的是各种以学生为本的教学方式，如开展探究性学习、合作学习、综合性学习、对话教学等。

不过，在中学里，教师的角色不仅仅是政治意义上与学生相互平等的公民，还是社会主流价值的传承人、科学知识的传播者，以及青少年社会化的促进者。也就是说，在基础教育领域，"讲授"之所以存在的两个基本条件——灌输主流价值和传播知识的需要依然存在，因而讲授在学校也就具有独特而不可取代的地位。

讲授的主要优点可以概括为以下几个方面：

（1）教学效率高，可以一对多传播信息，能节省时间。

（2）知识传递性好，由教到学的传递中损耗较少，有利于学习者准确掌握权威、科学的概念和定理。

（3）教学流程可控，能随时根据情况调整教学计划。

（4）有利于发挥教师的特长。

由于讲授法并非一无是处，因此，问题的关键不是教师要不要讲授，而是应如何发挥讲授的优点，体现讲授的价值。判断讲授是否合理有效的因素主要包括以下几方面：

（1）讲授的内容。

（2）讲授的时机。

（3）讲授的技巧。

（4）讲授与其他教学方式的关系。

如果教师能依据教学内容，把握讲授的时机，控制讲授的时间和节奏，掌握讲授的技巧，并把讲授与其他学习方式有机结合起来，这样的讲授有何不妥呢？

1. 选择讲授的内容

理论上说，在课堂里任何时候都可以讲授，什么内容都可以由教师讲出来。但是，如果教材里写得清清楚楚、学生自己看得明明白白的，是不需要教师讲的。比如，关于课文作者的信息，在许多教材下方都有专门注释，学生对这些文字完全没有阅读障碍，教师要做的，只是要求学生如何去阅读、掌握到什么程度就可以了。有些文章的时代背景对理解文章并没有多大意义，完全可以不讲。但一些教师不管上什么课，都按照作者简历、时代背景、创作风格等一路讲来，这就有些机械了。其实，教师应讲授那些"学生不能讲""教材里没有讲""教师讲而优"的东西，如果学生能从文章里自己读出来，基本就不需要教师讲。

教师讲授的功能和内容主要有以下几类：

（1）调控性讲解：宣布教学目标，布置活动要求，对教学活动的串联、过渡进行调控。

（2）理解性讲解：经典文章、核心概念、科学知识的界定和理解。

（3）归纳性讲解：归纳知识要点，讨论结论。

（4）补充性讲解：补充必要的背景、专业知识、研究方法及对比材料。

（5）引申性讲解：对课文抒发的情感进行理性议论与升华。

初

中语文教师专业能力必修

Chu Zhong Yu Wen Jiao Shi Zhuan Ye Neng Li Bi Xiu

这些内容，如果教师不讲的话，学生未必能自己发现，或者学生虽有发现，却不够深刻，有一定的提升空间，此时，教师就要通过讲解将学生的认识引向更高的境界。

2. 把握讲授的时机

教师选择怎样的讲授时机对讲授效果有重要影响。有时候，同样的内容在不同的时机下，讲授效果会有很大差别。什么样的讲授时机，能让讲授获得更好的效果呢？

（1）在学习难点、学生理解的障碍点上，教师的讲解有利于学习。

（2）在关键性概念、公共知识的引入与界定上，教师讲解能提高其权威性、准确性。

（3）对重要结论、核心观点进行归纳、强调，有利于实现教学目标。

（4）对学生发言中闪现出的思想火花及时捕捉、评价、引申，能提升学习层次。

（5）教学过程中遇到问题，讲解可成为学生学习的催化剂。

（6）必要时教师的讲解能调节课堂气氛，控制教学节奏。

当然，上课是一个由多种因素构成的随机过程，情况千变万化，机会转瞬即逝，因此，所谓讲授时机只是相对的。我们只要能遵循一些大的原则就可以了，没有必要时时在意、句句计较。有时候，在某个局部上，教师多讲一点或少讲一点并不是很重要，而尊重课程流程的自然状态则更加重要。有一次，一位教师上公开课，最后只剩下一分钟了，但按照他先前的设计，此时还有一个问题没有讨论完，而按照教学设计，这个问题又是通过学生讨论来归纳结论，可学生的发言偏偏都不得要领，结果，教师一直换了七八个学生发言，拖了十多分钟才勉强结束，匆匆下课。其实，教师在这里直接说出问题的答案也没有什么不好。生搬硬套所谓教学原则，非要等学生自己得出答案，反而会误了大局。不过，要把握灵活性与原则性的关系，需要教师在实践中多总结。

3. 讲授前做好充分准备

"凡事预则立，不预则废。"教师要想在课堂上讲得清晰、有效，课前就要做充分的准备工作。

首先，教师要熟悉课文和教学过程。教师应熟悉课文内容，经典课文、精彩段落最好背熟，课文层次、关键词句了然于胸；对课文涉及的知识、背景、作者、风格有比较全面的了解；梳理教学设计，对教学目标、教学环节有很好的把握；对课堂学习中可能提出的问题、可能涉及的知识有足够的预计；对不同学生的需要有一定的预测；在一些讨论的关键点上，设想可能会得出什么样的结论。如有必要，对核心结论、抒情或议论的生发点、重要学习段落的总结、最后的课堂总结等，可以事先打好草稿，甚至写成小卡片。

其次，教师还要收集必需的辅助资料，如他人的观点、相关实例、图表等。许多时候，支持观点的例子可能不是唯一的，教师要准备用两个或者更多的例子来辅助讲解。根据教室里的设备状况，有些资料还可以做成幻灯片、张贴画等视觉材料。如果是实物，教师要考虑到展示的条件等。

再次，如果是新教师，为了保证讲授的流畅进行，可以事先把讲解要点在头脑中进行排演，有时甚至需要试讲一遍。如有必要，对一些重要段落，可以预先写成课堂对话的"小剧本"，把预设段落的部分内容背诵出来。这种做法看上去可能比较低级，但是，对一些青年教师来说却很有帮助。听过上海著名特级教师于漪老师上课的人，都十分佩服她流畅、精致的课堂表达。殊不知于老师刚走上讲台时，用的就是"背教案"这种"低级"做法，坚持几年以后，于老师实现了从"背"到"说"的飞跃，练成了炉火纯青的讲授本领。

4. 掌握一些讲授的技巧

讲授需要有价值的内容，也一定要有好的表达方式和技巧。比如说，在什么地方要用重音，什么地方要用轻声，什么地方快，什么地方慢，什么地方可略而不讲，什么地方需要重复，这些讲授的技巧都很重要。教师讲授的语言，应该具有几个特点，即准确、简洁、清楚、明白、生动、风趣、流畅。教师的讲授，应是规范性和艺术性的结合、审美性和教育性的结合、平实性和趣味性的结合、普遍性和针对性的结合、预定性和应变性的结合。

澳大利亚课程专家马什教授提出以下几个有效的讲解技能（见科林·马什著《初任教师手册》）：

（1）用逻辑清楚的步骤讲解话题或问题，在头脑中排演你将运用的顺序和序列。

（2）用直白的语言并避免专业术语。

（3）向学生呈现信息的速度恰当。

（4）运用例子描述观点。

（5）重复难点。

（6）同时运用多种交流方式（如投影仪、幻灯片和口头论述）。

（7）用生动有趣的语调。

（8）用眼光接触保持注意。

（9）在整个讲解过程中给学生提问的机会。

课堂讲授技能很多，我们不可能一下子全部掌握。大家不妨试着这样做：一开始，我们可以在一堂课上有意识地锻炼某一种技巧，等熟练掌握了它以后，再逐渐扩展试验范围，换另一种技巧，直到掌握教师必备的主要技巧，再形成适合自己的讲授技巧和风格。

拓展延伸

从许多名师的课堂中可以看出，该讲的内容还是要讲的，而且应讲得清楚、透彻，甚至不用考虑一段话的长短。余映潮 2002 年 3 月 31 日在湖北省高中语文特级教师教学艺术研讨班执教《我原意是急流》，就有几段关于学习要求的讲授，下面是有关内容的节选。

师：好，下面就由我们自己来朗读了。读，也要读三遍。第一遍，读的要求是把握整体，读准语音（课件显示）。老师先示范第一段（范读第一段）。读的时候语音要饱满、圆润，每一个字读出来都带有情感，也就是说，"未成曲调先有情"，而不是泛泛地读。下面大家就开始自己读一遍。

（生各自朗读）

师：请看第二遍读的要求：重在体味情感，注意语速（课件显示）。培根说："读诗使人聪慧。"怎样理解这"聪慧"二字呢？就是说读诗需要我们用自己的情感对诗的语言进行再表达，这就要注意节奏、停顿、快慢的问题。读懂了诗，就能够通过节奏、停顿和快慢把它的情感表达出来。下面我示范一节，看第三节（范读第三节）。这个节奏就不是很快，要稍稍舒缓一点，同时注意有的地方适当地停顿。好，同学们自己再体味一遍，从头开始自读。

（生各自朗读）

师：好，请看第三遍朗读的要求：重在进入情境，注意把握好语气（课件显示），要抒情性、个性化。大家在读的过程中要特别注意"个性化"三个字，就是伴随着你对诗的体会和自己的性情，你认为该怎么读就怎么读。这首诗在电影《人到中年》里面被引用过，当时的朗读是作为主人公的一种内心独白，它的声调很小、很轻。但是有的朗诵家在朗读的时候为了表现出自己张扬的个性，极富激情地来朗诵这首诗。那么，各位同学就可以根据自己的体会，要么就把它读成内心独白，要么就好像讲给别人听，要么就大声地朗读。再试一次，开始。

（生各自朗读）

师：咱们来试一下，把第四节处理成内心独白式的朗读。该怎么读呢？声音要小（教师范读两句）。这是内心独白式的朗读，把这一节试读一下。

（生齐读第四节）

师：好，再激情飞扬地读第五节。（教师范读两句），请开始读。

（生齐读第五节）

师：好，下面咱们就来配乐齐读一遍。（播放音乐）

（生齐读全诗）

师：这一次大家进入了诗的情境！最后一句还有一点小小的技巧，有一个颤音要读出来。这个很难读。（教师范读"显出鲜艳的辉煌"这一句）这样颤一下，结尾就漂亮了。（生笑）

分析余映潮老师的讲授，会有以下发现：

一是他对自己讲授的内容了然于心，讲授及时。朗读三遍，三个层次的要求随之逐层推进，每个层次又不只是提出一个标准，还给出明确的指导方法。如第一遍朗读，余老师提出的要求是"整体把握，读准语音"，紧接着是方法的解释，使学生区分泛泛的读与他所要求的读法之间的差异。第三遍朗读的要求是"重在进入情境，注意把握好语气"，相对来说更难掌握，余老师作了更详细的介绍：读的要求是抒情性、个性化。他特别强调"个性化"三个字，提醒学生带着自己对诗的体会、自己的性情去读，认为该怎么读就怎么读。学生按照他的三次朗读要求和方法，一步步理解朗读要诀，学生的这种改变，很大程度依赖于教师的讲授。

二是余老师讲授的技巧娴熟。看他的课可知，讲授也不是单一的行为，除了示范朗读，他还用投影展示辅助朗读。在第三遍朗读指导时，他借助电影《人到中年》中的内心独白，让学生区分不同目的、不同风格的朗读。

三是余老师在讲授时很注意与学生的互动，老师讲讲读读，学生边体会边朗读，一点一点推进。学生在朗读上的进步很明显，成就感强了，参与度也就会进一步提高。

余老师的课启发我们，想提高自己讲授能力的教师，可以多研习一些名师的授课实录或者教学录像，并在实践中反思自己的得失，随着时间推移，讲授能力就会有一个明显的提升。

修炼建议

1. 集中观看一位名师的课堂教学录像，分析他在讲授时有什么特点或优点值得你学习。

2. 征求学生、家里人以及同事的意见，找出影响你讲授质量与效果的主要因素，把它分门别类列出来。

3. 选择其中的一个因素，制订有针对性的改进计划，坚持做一段时间的专门训练，如练习用一定的手势增进表达效果，看看改进效果如何。

第三节　提问

问题展示

林老师：满堂灌不好，满堂问就好吗？像下面的教学活动中的问问答答，价值似乎并不大。

师："天气那么暖和，那么晴朗！"这是什么描写？有什么作用？

生：景物描写，烘托出小弗郎士欢快的心情，为下文写他的转变作铺垫。

师：回答得很好。请同学们找到描写韩麦尔先生外貌的句子，体会一下，他今天的穿着为什么会与众不同，说明什么？

生：第10自然段和第16自然段有对韩麦尔先生衣着的描写，他衣着整齐是为了纪念这最后一堂课，说明他是个爱国者。

师：如何理解韩麦尔先生所说的"法国语言是世界上最精美的语言"和"亡了国当了奴隶的人民，只要牢牢记住他们的语言，就好像拿着打开监狱大门的钥匙"？

（学生小声议论）

师：汉语难道不如法语精美吗？

生：不是。

师：那"法国人说法语精美"如何理解？

生：说明老师热爱自己国家的语言，也可以说是热爱自己的国家。

师：说得真好！那为什么又说"记住语言就好像打开监狱的大门"？

生：也许韩麦尔的意思是说做了亡国奴的人，语言却是相通的，慢慢的，说同一种语言的人最终还会团结起来打败敌人吧。

案例分析

提问是组织教学的重要手段。离开了提问，语文课堂教学真的是无法想象。以往，一些教师习惯一讲到底，很少向学生提问，被称作"满堂灌"。新课程实施以来，课堂提问得到大力提倡，课堂提问的情况有了很大改观，不过，目前语文课中的提问质量并不理想。不少教师简单机械地理解提问，变"满堂灌"为"满堂问"，从一个极端走向另一个极端，不利于教学质量提高。

像案例中的那位老师，除了一个问题以外，其他 5 个问题都是一问即答，一答即对，说明这些问题都是问在学生的已知内容上。另一种可能就是老师提问的学生属于班级的优等生，在选择提问的学生时，老师自觉或者不自觉地选择了优等生。这样的课堂提问看起来问得多、答得准，但是在全班学生内心并没有产生真实的交流碰撞。

一位青年教师在观摩多位教师的课堂教学后，总结出目前语文课堂的提问中存在的问题有以下几种情况（见寸彦琳的《课堂提问现状的调查报告》）：

（1）提问过于频繁，数量过多。

（2）重复问题和重复学生的回答，使大量有意义的时间丢失，降低了课堂教学的效率。

（3）不会倾听学生正在回答的问题，这样，会挫伤学生思考和回答问题的积极性。

（4）提问面过窄，喜欢选择部分好学生回答问题。

（5）控制问题的答案，使整堂课都是教师的观点，没有学生自己的观点。

（6）给予消极的反馈，会降低学生参与课堂交流的愿望。

（7）忽视学生的提问。

这位教师在调查中发现的问题还是比较普遍的，甚至可以说，教师"不会提问"的问题，不仅语文课堂里有，在其他学科的教学中也存在。出现上述情况，有的是观念问题，教师只顾着完成既定的教学任务，把提问当做完成教学任务、串联教学流程的工具，而忘记了学生是课堂学习的主体，提问主要是为了更好地帮助学生这一根本任务。有的是技巧问题，如不了解提问的类型和功能，在课堂上乱提问、多提问，提问的质量和作用都难以保障。所以，教师要改善课堂提问的质量，要从改变教学观念、掌握提问的技巧两个方面入手。

理论点拨

课堂提问是师生间交流的一种重要途径，教师通过提问来检查学生对课文的理解，学生通过问题表达自己的困惑。课堂提问能促进师生双方的思考，提高师生交流的质量，从而改进教学。

客观地说，教师从"不提问"到"多提问"，已经算是一个进步，但这还远远不够，我们还要争取从"多提问"再改进到"善于提问"，实现教师对课堂驾驭的质的飞跃。

要改善课堂提问的质量，可以从三个方面入手：了解提问的作用；改进提问设计；实施有效的提问。

1. 课堂提问的目的

教师提问学生有多种目的，不是所有的问题都需要学生思考回答。有的提问只是为了唤起个别学生的注意力，起到提醒学生回到课堂参与学习活动的作用；有的提问是为了激励学生的意志，使学生树立自信心，当教师相信学生会作出正确回答时提问他，能够提高学生学习的热情；有的提问是为了检测学生掌握知识的情况，诊断学生的不足；有的提问是为了检查学生对关键问题的理解，教师借此组织并推进教学活动；还有的提问可激发学生独特的思维，培养学生的创造力。

有效提问有没有标准呢？国际培训、绩效、教学委员会（IBSTPI）颁布了最新的（2004年修订的）教师能力标准，其中包含五个能力维度的18项能力，以及98条具体的绩效指标的描述。其中，能力10是关于有效的提问技能，具体有以下指标（见《教师能力标准》）：

（1）提出清晰和恰当的问题。

（2）有效跟进学习者所提的问题。

（3）使用多样的问题类型和问题层次。

（4）提出并重新引导到那些促进学习的问题。

（5）用问题激发和引导讨论。

（6）以回答问题来连接学习活动。

课堂教学中运用好提问能帮助学生巩固、深化已学过的知识，能活跃课堂气氛，吸引学生关注教学内容，启发学生积极思考，培养和发展他们的独立思维能力和语言表达能力。

2. 课堂提问的策略

教师提问题，首先要明确问什么，问题的指向要清楚，让学生知道应该怎样思考，应该回答什么。其次，问题的题干不能太长，问题长了学生很难记住，难以回答。一般来说，一个问题的字数不应超过 10 个字，也不要一口气问一组问题，因为人的瞬间记忆有一定的局限。当然，如果对学生进行了长期的训练，经常性一组一组地提问，这就是另外一回事了。问题也要具体，不要太概括、太宏观，否则学生回答时难以把握。此外，问题也不能问得太碎，不少老师很多时候是从头到尾问。

备课时，教师要设计好若干与教学目的直接相关的问题，这些问题应该包括不同水平的问题。其中，基本问题的次序对学生来说是合乎逻辑的。教师除了可在教案上写下主要问题外，还可以把主要问题写在小卡片上或即时贴上，这样在上课时便于随时参考。

上课时，教师提问要注意问题的表述句式，如尽量用单句，如果有必要，可改用别的措辞表述以保证问题的清楚，难度上要适合学生的水平。教师提出问题后，要给学生足够的时间（包括等待时间）回答问题。教师提问时要注意肢体语言，避免针对部分同学提主要问题——用来组织教学的那些基本问题，教师要把主要问题分配给全班每个学生。

在解答时，教师可以用不同的方式对学生的回答作出反应，可以是肯定、赞扬、否定、修改、忽视、纠正和接受等态度。有时候，如果某个学生在课堂上调皮捣蛋，故意作出引人发笑的回答，教师可以忽视甚至可以否定该生的回答。教师可以请其他学生评价该生的回答，也可以把一个学生的回答和别的回答放到一起作总结，或者进一步追问，或者给予表扬，但建议学生在其他方面还要考虑等。需要注意的是，教师应该谨慎使用"齐答"的方式。"齐答"往往只针对少数陈述性知识的问题，有思考容量的问题是很难"齐答"的。即便是对陈述性知识的检测，采用"齐答"的解答方式也会让部分同学"浑水摸鱼"，蒙混过关。

语文教师尤其需要运用"追问"的提问策略。教师的追问能促进学生思考的深入，能引导学生改善其语言表达。追问应注意一定的技巧，如追问的问题必须针对学生的回答，切入口要小，这样才能让学生明确问题要点并深入思考。有时候，教师需要换个角度追问学生，以避免使问答陷于僵局。

善于调整提问角度可使问答顺利、回应精彩。有时，教师提出的问题因指向不明而导致学生难以理解，教师应及时发现，并对原来问题的大小范围、答案的指向性、表述句式等给予修正，或提供参考材料和思考路径，帮助对话双方接上思维的线路。下面这则材料是钱梦龙先生的一个教学片段，借此我们可以了解转换视角提问的奥妙。

生：远近横着几个萧索的村庄，为什么用一个"横"字？（问题来自学生）

师：你很会咬文嚼字！为什么用"横"字？（学生的原问题，不知如何回答）

师：可以换上别的字吗？（教师用换字法，转换角度提问）

生：有。（学生"顺流而下"）

师："有"也可以，哪个好？（联系原来的问题）

生："横"好，村庄好像是躺着的。（导向原问题的答案）

生：给人悲凉的感觉……（问题解决）

根据内容和学生情况及时调整问题，是教师提问的基本技能，同时也需要有一种时时关注学生的意识。钱老师认为提问的价值不仅在于问题的数量，更主要的在于问题的质量。他曾在《导读的艺术》中介绍为自己定下的保证问题质量的四项要求：（1）来自学生的问题，"先让学生在自读中质疑问难"，教师从中发现有价值的问题；（2）牵一发而动全身的问题；（3）学生普遍关心的问题；（4）存在着两种对立的意见，这个问题如何解决肯定会引起学生的兴趣。有人称赞钱梦龙老师的课像一台精心编导出来的戏，而钱老师自己则像一位收放自如的"导演"，这种效果，很大一部分属于组织教学所提的问题的功劳。

3. 反思自己的课堂提问技能

提问的重要性不言而喻，教师应经常问一问自己在课堂提问方面的表现。

提问的目的：为了解学生而问，为讲授知识而问，为管理班级纪律而问，还是为组织教学、推进教学活动而问？为激发兴趣而问，还是为激发学生思维而问？……

提问的对象：为部分人的深入理解思考而问，还是针对全班同学的理解思考而问？或是针对个别同学而问？

提问难度：是检测陈述性知识？是关于听说读写的策略？还是反思性活动？

提问频率：问题多吗？一次是只问一个问题吗？

提问的方式：主问题之间合乎学习的逻辑吗？语言表述清晰准确吗？

理答方式：齐答？个别答？有等待时间吗？提问前指定学生回答还是提问后点名回答？只请举手的学生回答吗？……

上面的问题只是反思课堂提问质量与技巧的一部分内容。无论做教学设计还是课堂教学，教师都应该有第三只眼睛，审视自己的问题设计与提问的质量。只有常常反思，及时总结，才能使你的提问能力不断提高。

拓展延伸

钱梦龙老师的提问艺术享誉语文界多年，下面是他的经典课例《死海不死》教学实录的节选，让我们来享受一次美好的提问之旅吧。

师：（继续启发）这篇文章是什么文体？

生：是说明文。

师：说明文是个大类，包括各种产品说明书、书籍的出版说明和内容提要、词典的释文、影剧内容介绍、除语文以外的各科教科书及讲义、知识小品，等等。凡是以说明事物或事理为主要表达方式的文本都是说明文。（指一学生）你说说看，这篇课文是说明文中的哪一种？

生：是知识小品。

师：（问全班）他说得对不对？同意的请举手。（多数学生举手）你说对了。但什么是知识小品，你知道吗？

生：不知道。

师：知识小品有什么特点，知道吗？

生：不知道。

师：你都不知道？（生点头）那你怎么知道这篇课文是知识小品呢？

生：我是瞎蒙的。（笑声）

师：不，你肯定不是瞎蒙的，你心里肯定有一个关于知识小品应有的"样子"，而这篇课文正好符合你心里的这个"样子"。是这样吗？

生：我心里没有样子。（笑声）

师：那你为什么不说它是产品说明书或别的什么说明性文体，而偏偏要说它是知识小品呢？你在说的时候心里肯定有过一些选择的，是不是？

生：是的。

师：好好想想，你在各种文体中选定知识小品，当时是怎样想的？

生：因为它是介绍关于死海的知识的，文章很短小……所以是知识小品。

师：说得对呀！知识小品就是介绍科学知识的，文章篇幅又很短小，所以叫"小品"。你看，你说出了知识小品的一些重要的特点，你明明知道，怎么说不知道呢？

生：这是我看了课文后临时想出来的。

师：这更了不起，说明你的思维很敏捷，很有判断力。我早说过你不是瞎蒙的嘛！（笑声）

节选的教学实录中，钱梦龙老师与同一个学生有 8 次交流，这被许多语文教师或语文教育研究者看做钱梦龙老师教学机智的集中体现。学生的两次"不知道"、一次"瞎蒙的"、一次"我心里没有样子"，将师生间的交流一次次推到绝境，可是峰回路转，在这一次次似乎已经到了"绝境"之中的时候，钱梦龙老师是怎样让他在第七次说话时，讲出"知识小品"的重要特点的呢？这样的变化是不是仅属于一个专家型教师的教学智慧？是不是普通语文教师就望尘莫及呢？

要解开其中的奥秘，我们不妨分析一下钱老师中间 6 次的提问（黑体为作者所加）。

序号	问题摘要	问题指向	问题难度
1	……但什么是知识小品，你知道吗？	"科学小品文"的概念界定。	
2	知识小品有什么特点，知道吗？	描述问题的特征。	
3	你都不知道？那你怎么知道这篇课文是知识小品呢？	针对具体例子——这篇课文提问概念的理解。	逐次降低
4	你心里肯定有一个关于知识小品应有的"样子"，而这篇课文正好符合你心里的这个"样子"。是这样吗？	结合具体例子——这篇课文，描述知识小品大致形态。	
5	那你为什么不说它是产品说明书或别的什么说明性文体，而偏偏要说它是知识小品呢？你在说的时候心里肯定有过一些选择的，是不是？	提供比较对象，寻找比较点，发现知识小品的形态。	
6	你在各种文体中选定知识小品，当时是怎样想的？	回忆思考的过程，明晰潜意识里的判断依据。	

通过以上的分析不难看出，教师有一个不断调整提问难度的过程。这一过程中，教师对学生有足够的信任，更重要的是，教师对问题难度的调整非常清晰，尤其是"你为什么不说它是产品说明书或别的什么说明性文体"一问，提供了比较的对象，即建构主义常说的"支架"，难度系数很低，学生的心理状态得以调整，学生一下子进入了积极思维的状态，这就将师生艰难的交流逆转了过来，将课堂学习顺利推进下去。而这清晰有效的调整，如果缺少教师对学科知识的把握、对问题的设计等课前准备工作，仅仅依靠所谓的教学机智，恐怕是很难保证这样鲜活的交流出现在课堂上的。

修炼建议

1. 回顾一下：你课堂提问的问题是事先想好的，还是临时想到的？你通常会把事先想到的"问题"记在哪里？

2. 把自己的一些上课过程记录下来，整理成上课实录。

3. 摘录出你一堂课中所有的提问并进行研究。比如：

你的提问数量、提问频率、分布时段。

你的提问内容——哪些问题与学习内容有关，哪些与维护班级秩序有关，哪些与调节课堂气氛有关，哪些是无关的口头禅？

你的提问表达——问题是否清晰、简短，句式有没有变化？

你的提问范围——你是否喜欢问少数学生？

将统计数据与名师课堂作对比，看看差异及影响。

4. 选择几项作提问方面的改进训练。

第四节　开展对话教学

问题展示

戴老师："对话"是现在语文教学中的一个热词，大家写教案、写课后反思都喜欢用上"对话"。什么"师生对话""生生对话""与作者对话""与文本对话""与教材编写者对话"，说法很多，似乎没有写上"对话"就没有符合新课程的教学，不与文本对话就不符合新课程的理念。我是一个工作了二十多年的老教师，对这些新名词虽然不抵触，但有时会被各种各样的说法弄糊涂了。"师生对话""生生对话"和后三种对话似乎不是一回事情，我很想知道确切的说法。

案例分析

戴老师看到了目前语文教学中"对话"一词的滥用和误用。的确，"对话"分"阅读对话"和"教学对话"。接受理论的大师级人物沃尔夫冈·伊瑟尔认为："作品的意义只有在阅读过程中才能产生。它是作品和读者相互作用的产物，而不是隐藏在作品中的微言大义。"《课程标准》指出："阅读教学是学生、教师、教科书编者、文本之间对话的过程。"这是强调阅读过程中读者的主体地位。

"教学对话"则是针对教学过程中师生的交往活动而言的。巴西教育家保罗·弗莱雷在他著名的论著《被压迫者教育学》中说："没有了对话，就没有了交流；没有了交流，也就没有了教育。"可以说，在阅读教学对话过程中，阅读对话在前，教学对话在后。苏联文学理论家米哈伊尔·巴赫金是把"对话"作为哲学的术语来思考的。他认为，对话既是目的又是方式，它强调对话参与者的投入，没有使对话参与者产生变化的交谈不能称之为对话。

有位教师在上鲁迅《故乡》一课时，先让学生通读课文，然后以问题导入："小说中的'我'这次回故乡的感受如何？"教师期望的回答是"故乡的萧条和冷落，正和'我'的悲凉的心情一样"。但一位学生却这样回答："我认为小说中的'我'此次回乡最深切的感受是故乡变了。"其实，这位同学的回答正是他对课文整体感知的结果。于是，这位教师改变了既定的教学步骤，以一个"变"字为解读的切入点（教师在黑板上写了一个大大的"变"字），引导学生进行讨论，学生分别从故乡的人（闰土、杨二嫂）变了、故乡的景物变了、人与人之间的关系变了三个方面，展开了热烈的讨论，从而完成了对小说的情节、人物、结构等方面的解读（见余文君的《新法引出新见解》）。

这位老师的教学就是"对话教学"的范例。相反，看似热闹的问答未必开展了"对话教学"。钱梦龙老师曾对一位青年教师写道："从学生的积极性可以看出教学内容环环相扣，整个教学过程几乎没有松散、拖沓的环节。在评课时，老师都肯定了你的成功，我也为你的进步高兴。""但是，如果我们换一个角度来看这两堂课，恐怕就不免有点遗憾了。确实，学生在回答你的提问时，举手踊跃，发言也很广泛，给人造成了学生思维活跃的印象。其实，这只是一种假象，事实上，学生学得并不主动。在整整两堂课内，学生们除了听你讲解外，就是回答你提出的问题。你的讲解和精心安排的那一串串连珠炮似的问题，就像一条无形的缰绳，紧紧地拴着学生，把他们牵来牵去。学生们争先恐后地发言，似乎思维活跃，实际上，思维活动的余地非常狭窄。不知道你自己意识到没有，在整个教学过程中，你没有安排哪怕几分钟的时间给学生自己读书和思考。我认为，课文中那些描写小弗朗士和韩麦尔先生的精彩感人的语段，你会指导学生在朗读或默读中去细细品味的，可结果呢？都被你的'分析'和那些烦琐的问答挤掉了。我有些怀疑，这样上阅读课，真的能提高学生的实际阅读能力吗？"这位青年教师的教学中存在的问题恰恰是我们要避免的。

理论点拨

近年来，"对话教学"已经成为基础教学领域内的一个热门概念。有没有对话、对话效果如何，也常常作为衡量一堂课成功与否的重要指标。不过，对于什么是对话，什么是对话教学等基本概念，一些人还仅仅是从字面的意义去理解，未必领会了其实质，因此，运用起来，也自然存在不少误区。

一般意义上的课堂对话往往是以师生问答的形式呈现，引出讨论的话题，完成学习的内容。而"对话教学"则不仅仅是让师生都有说话的机会，不只是表面语序上的"你有来言，我有去语"，还是一个多层面的学习与思维活动。戴维·伯姆认为，从本质上说，人类的思维并非是对客观实在的完全真实再现，每个人都是有限的媒体，接近正确的意见生成于集体之中，在集体的对话中不断修正与维持。因此，对话教学的价值，不完全在于学习新知识，也在于借助信息的交流整合思维，学会如何思考、如何接近真实的客体。当然，对话教学还有利于培养倾听、尊重、宽容他人的人文精神。

关于对话的性质，戴维·伯姆认为，对话不是无目的的闲聊，不是为争输赢的辩论，不是共分利益的"协商"，而是一种"谈"。他在《论对话》中指出："其意图是为了实现最自由、最彻底、最无拘无束的交流和沟通，在谈话过程中去探索和发现真知与灼见。""不同的观点和意见之间彼此碰撞、激荡、交融，从而让真理脱颖而出。"而利普曼则认为，在对话过程中，"一种观点常常会引发另一种相反的观点，而后一种观点可能会推翻前一种观点，也可能被前一种观点推翻"。在利普曼看来，对话是参与者为了快速解决他们共同面临的问题，因而将彼此视作合作者来共同研究讨论问题的。

初

中语文教师专业能力必修

Chu Zhang Yu Wen Jiao Shi Zhuan Ye Neng Li Bi Xiu

不难看出，戴维·伯姆侧重的是对话中交流的一面，利普曼强调的是对话解决问题的功能。在教育活动中，对话的这两种功能，可以转化为相应的教育功能——前者对应于学生的成长，即通过语言沟通，促进学生个体的社会化；后者对应于学生的认知，即通过学生、教师、学习材料、学习环境、学习活动等要素的多元互动，逐步接近学习对象，促进学习目标的达成。甚至，我们还可以这样理解：对话本身也具有人文性与工具性。

教师在尝试运用对话式教学的时候，应注意它与社会生活中的对话活动有很大的差别，从而让"对话教学"发挥应有的作用。

"对话教学"有明确目的，不是开无轨电车。

"对话教学"是教师引导下的对话，是对话中的引导。

"对话教学"是多元参与，不是部分尖子生的表演。

"对话教学"不是简单的问答，而应开展有效对话。

语文课堂教学需完成既定的学习任务，其目的指向性很强，因此课堂对话要求围绕固定的讨论话题，设计恰当的对话步骤，遵循一定的对话规则，保证对话有序有效进行。

无论是对话理论所界定的对话者，还是法律意义上的社会主体——师生，他们之间都应是平等的，但在教学活动中，教师与学生的对话角色之间又不可能完全平等。一方面，在面对教材、面对事实和真理时，师生是平等的对话者，任何一方不能强制另一方接受自己的观点；但另一方面，教师又是教学活动的设计者、引领者，教师应根据教学需要控制对话的走向，以便于学生对教学目的的接受。

社会生活中的对话，主要是为了一个终极问题的解决，而"对话教学"则是通过解决问题来提升对话人的素质；社会对话主要由两种人群的代表构成，而"对话教学"中，对话者具有多元性。不同个体都是独立的对话单位，因此，在实施"对话教学"中，教师要注意，对话的目的并不单单是为了解开一个难题，还要看在解决难题过程中不同个体的参与程度和收获，兼顾不同学生的个体差异。

对话教学的核心价值，是促进学生的认知和个性发展，不是为了使课堂气氛看起来很热闹。只有存在认知冲突、需要解决疑难问题、需要听取不同看法的时候，对话教学才有价值，也就是通过对话获得新知、提升能力。否则就可能是无效对话。请看下面一段学习《散步》的所谓"对话教学"：

师：在这篇文章里，作者写了一件什么事情？

生：散步。

师：谁和谁散步？

生：我，我母亲，我儿子。

师：他们在哪里散步？

生：在田野上散步。

师：散步中，他们遇到了什么问题？

生：母亲要走大路，儿子要走小路。

师：后来怎么解决的？

生：……

我们来看这段教学，尽管答案都是从学生嘴里说出来的，但是，师生的问答解决的都是一眼就能看出来的信息，对话既没有促使学生接近真实的功能，也没有培养倾听、尊重不同意见的功能，因此，这样的对话，如果从"对话教学"的角度衡量，基本上就应该归于"无效对话"。

另外，组织者也应该知道，"对话教学"不应是各抒己见，而应该围绕一个话题，有问题需要解决，双方有冲突和交流。有一次，一位教师上过这样一节"对话教学"课：课的主体活动是把学生分成两派，围绕一个话题进行辩论。应该说，辩论这种形式本身是比较接近对话的，但那位教师在组织上犯了两个比较致命的错误。第一，对话贵在面对真实的情景，思考真实的问题，发表真实的想法。但是，辩论却不管学生在一个问题上真正的想法是什么，你把他分到正方，他就扮演支持者，分到反方，他就成了反对者，人为地分观点，容易使学生脱离实际，变成了言不由衷的演戏，这就背离了对话的实质。第二，教师担心学生在课堂上辩论不起来，因此，为了追求课堂效果的热闹、精彩，在上课之前，教师做了大量的组织准备活动，如让学生查找许多资料，把本方主要观点事先组织成一篇篇短文，并抄写在小卡片上，每个人读哪一段都有明确分工。结果，课堂展示的时候，学生都是自顾自地陈述自己的观点，辩论双方没有思维的碰撞，自己一方的队员之间也缺少交流，其他学生更成了看热闹的听众。这样的做法勉强算是语文活动，但却不能算是合格、有效的对话教学。

拓展延伸

韩雪屏教授在《从创作空白处与文本对话——阅读教学中的多重对话之一》一文中，提出"预设、角色、省略、隐蔽、中断、冗余、隐喻、陌生化"这八种"文本的创作空白"，这些研究可以帮助读者更好地解读文本，与文本对话。以下文字是该文的节选：

预 设

预设是一种先于表达和接受而存在的经验信息，因此，在逻辑学上叫做预设。"预设作为隐匿在话语深层的无形力量，既规定了表达者的话语权，也规定了接受者的解释权。"例如，鲁迅的《藤野先生》首句是"东京也无非是这样"，莫泊桑《项链》的首句是"她也是一个美丽动人的姑娘"。两个"也"字，都埋伏下一种相信读者能够理解和认同的经验预设。

角 色

角色指的是诗歌作品中的抒情主人公，叙事作品中的人物和叙述人等。特别是在叙事文本中，作者身兼叙述人的时候，角色的自由变化就更使文本呈现出多义性的特点。例如，历来人们都把《孔乙己》这篇小说的叙事者看做是十二三岁的酒店小伙计，其实这个叙事者是个三十多岁的成年人。"小说采用这样一个叙事者，在艺术上取得了很特殊的效果：他有时可以用不谙世情的小伙计的身份面对孔乙己，把镜头推近，叙事显得活泼、有趣、亲切；有时又可以把镜头拉远，回忆中带有极大的悲悯、同情，更易于传达出作者自身的感情和见解，甚至说出带点感叹的话：'孔乙己是这样的使人快活，可是没有他，别人也便这么过'，暗中鞭挞那些只把孔乙己当做笑料的看客们。这就是可以悄悄移位的叙事者的好处。"这样，在这篇小说中就出现了两种声调：既批判了世人对孔乙己的冷漠、无情，又表现出对他的悲悯、同情。这种多声部现象在鲁迅的多篇小说中都有所体现。因此，"总体上说鲁迅小说还是以多声部的复调为特点的"。这种特点和角色叙事角度的自由变化有密切的关系。

省　略

文本中有形或无形的省略，都是读者介入文本的艺术空白。

有形的省略往往用省略号表示。如鲁迅的杂文《为了忘却的纪念》中的"原来如此……"，小说《故乡》中"我"与闰土三十年后见面时，闰土说话时的断续省略，都是含义丰富的空白。而无形的省略也十分常见，如汪曾祺的《胡同文化》中的"虾米皮熬白菜，嘿！"虽然没有省略号，但是，北京人易于满足、自得其乐的心态，北京大白菜饮食文化的传统习俗，都在一个"嘿！"中透露了出来。

隐　蔽

文学文本往往只给读者提供一个艺术空框。作者只用有限的语言去引导读者进行无限的审美创造，生成丰富的"象外之象"。例如，杜甫的绝句："两个黄鹂鸣翠柳，一行白鹭上青天。窗含西岭千秋雪，门泊东吴万里船。"同中国大多数抒情性作品一样，这首诗并没有出现直接的抒情主人公。但是读者却可以去追寻一个隐形的"我"。"由于隐形之'我'在读者心目中的存在，诗中就有了景外景、象外象，一首小诗因此也就成为空纳万境、万象我裁的艺术形式。"

中　断

连续叙述的中断、戛然而止的结尾，隐含着悬念，给读者留下了想象的空间。例如，莫泊桑在叙述路瓦栽夫人以十年的劳苦艰辛偿还三万六千法郎可怕的债务之后，突然中断了叙述，插进了一段感慨："要是那时候没有丢掉那挂项链，她现在是怎样一个境况呢？谁知道呢？谁知道呢？人生是多么奇怪，多么变幻无常啊，极细小的一件事可以败坏你，也可以成全你！"这一串连续的感叹和诘问，显示出作者内心因人生的偶然性造成的命运悲剧、人性扭曲而产生的焦躁不安。小说结尾以佛来思节夫人的"可是我那一挂是假的，至多值五百法郎！……"戛然而止，再一次展示了造化的偶然作用于人物命运的残酷力量。

冗 余

文本的意义一般都来自于必要信息。但有时冗余信息也可以打开读者的想象世界。例如，小说《祝福》中，"我"想到："不如走罢，明天进城去。福兴楼的清鱼翅，一元一大盘，价廉物美，现在不知增价了否？往日同游的朋友，虽然已经云散，然而鱼翅是不可不吃的，即使只有我一个……无论如何，我明天决计要走了。"在这段言语中，有关鱼翅的话，显然是一种冗余信息。但是，这几句话，却更让我们读出了"我"在面对祥林嫂的关于"灵魂有无"的质询之后心理的不平静。为此，"我"企图转换思路，力求平静，压抑不安；但终于不可得，心绪极度焦躁和郁闷。

修炼建议

1. 思考：对话与师生问答有什么联系或差别？为什么？

2. 利用最近的听课机会，试着从对话的角度研究别人的一堂课，找出他在教学问答中值得肯定的地方，看看哪些还可以做得更好。

3. 留心观察社会中不同人群的交谈，看看时间、场合、人员成分、目的、话题等对交谈方式、交谈语气的影响，写下你的感想。

第五节　组织教学活动

问题展示

李老师：同样一种设计思路，有的教师教出来死气沉沉，有的却将课堂营造得很有灵气。这是因为教师素质不同吗？老教师说我语言表达不够好，我有些不服气，要知道，我在大学里可是参加过辩论赛，还拿过中文系的最佳辩手奖呢，这到底是为什么？

蔡老师：我觉得下面的教学活动组织得有问题，但是有什么问题我也说不太清楚。这位老师开始的活动有三项：

开始是"情境导入"。这位教师说了一段很抒情的话："有一种水，能让你喝醉，这种水叫做母爱，因为母爱如水。有一座山，能让你坚韧，这座山叫做父爱，因为父爱如山。我们的父母在艰辛和苦难里繁衍生息，才有了我们的幸福与安宁。如今，他们老了，屏弱的双肩担不起重负，今天，就让我们搀扶着他们走进暖暖的春日，去进行一次心灵的散步。"与此同时，他板书了课文题目和作者名。

接着，他要求学生"听读课文，感受意境美"，并用幻灯片提出要求：（1）认真听读，标注生字拼音和自然段号，勾画不懂的词句；（2）用心感受散步的气氛。

听读结束，教师进行了三项检测：（1）读准下列字音：熬（áo）、粼（lín）、霎

初中语文教师专业能力必修　Chu Zhong Yu Wen Jiao Shi Zhuan Ye Neng Li Bi Xiu (shà)、咕（gū）。（2）哪些词语不理解意思？把它提出来。（3）你感受到了什么？

能否对这位老师组织的这段教学活动进行分析？说说它的优劣得失。

案例分析

李老师谈到"同样一种设计思路"在不同教师那里，教学效果大不相同，很大原因就是组织教学活动有差异。新教师入职伊始，没有足够的经验，是一方面原因。有些教师组织教学游刃有余，不纯粹是教学技巧高明，而是教育理念、教学技巧等结合起来的结果。

组织教学活动的一个关键是如何调动学生学习的积极性，也就是提高全体学生课堂学习的参与度。因此，教师需要尽量多地观察学生的表现（包括他的神情），关注每个学生对问题的把握程度，等等。教师请学生回答问题时，对问题的难度与学生的学习能力要综合考虑，先问学习能力一般或者学习能力较差的学生，多给中等上下的学生思考发言的时间与机会，很难的问题才请学习能力好的学生回答。不同的学生都得到教师的关注，都得到表现自己的机会，课堂的交流才会越来越好。

组织教学时，教师个人的魅力展示等应该退居二线，课程标准制定专家方智范教授就说过，"课堂教学中，教师要善于藏巧，而不是藏拙"，这深得教学的要义。教室是学生成长的舞台，教育的艺术是教师成就学生的艺术，教师的成就就是成就学生。

所以，李老师虽然口才不错，曾是大学中文系的最佳辩手，但并未把学生的学习状态、学习收获等作为首要关注的对象，寻找更切合学生的学习内容、学习活动，而这些都是组织好教学活动的关键。组织教学活动当然需要做好准备——写好教案，但同样需要实施教学时全身心的投入。

蔡老师举的案例，就是执教者虽然用心设计了教学活动，开展教学活动也很努力，但是很显然，抒情导入语言与《散步》一文的内容契合度还不够，《散步》的关键是对中年人责任的感悟。此外，执教者在学生进行听读感受之后，没有马上组织学生交流感受，而是落实字音词义去了。学生的体验被中断，进入单个的孤立的字词学习中，上下环节脱节，形不成有效的认知链。

设计教学活动时，教师要随时反思这个环节的活动与上面一个环节的活动是什么关系，与教学目标是什么关系；组织实施教学活动时，要时时想着学生目前处在什么状态，能到达什么状态，怎样带着他们到达这一状态。

理论点拨

广义的组织教学是指教师对一节课的整个过程施加影响与控制，使其有利于教学目标的达成，它包括组织教学活动、达成教学目标、评价教学效果等。狭义的组织教学是指在相对独立的一个教学活动单元里，教师如何根据教学活动的特点，充分调动学生的积极性，有序、有效地完成教学过程，达成教学目标。

提高组织教学的能力，可以从这样几个方面入手：

1. 准备充分，有备无患

做好准备工作是组织好教学的前提。有的老师说，他准备上课就像行军准备打仗一样，事先都会做好充分准备，努力避免出现漏洞。一堂课中如果出现一处类似"知识介绍错误""设备故障"等比较大的漏洞，这堂课就会难以组织好。有时候，一堂课出现一些比较多的小漏洞，这堂课也难以流畅圆满。教学组织的准备工作主要有以下几点：

（1）备课充分，避免留下知识盲区、自身不能解答的疑问等。

（2）了解学生，包括学生的学习特点、生理和心理特点、近期关注的话题等，注意从学生的视角去选择材料、安排内容、选择教具。

（3）按照教育规律、课堂规律设计课程，包括保证学生的主体地位，采用讨论、探究等教学方式，注意课堂节奏、提问技巧、板块结构、板书设计等。

（4）注意自身形象，如精神饱满、衣着得体、语言健康、充满活力。因为一个精神低迷的教师，是很难在课堂上让学生活跃起来的。

（5）以积极的态度影响学生，保持亲和力，多鼓励学生。

教师组织教学受教学观念的影响，一般来说，教师有什么样的教学观念，就会形成什么样的组织形式。当然，教学观念也需要一定的技巧来体现，教学观念先进，没有基本的教学技巧，上课也可能一塌糊涂。

2. 充分利用教学活动的优势

大家知道，每一种教学活动都有其自身的特点。在设计教学的时候，我们已经比较多地考虑了各种教学方式的特点，并依据教学内容、教学目标、班级学生情况等因素，选择了相对适合的教学活动。而组织教学的主要任务，就是把原来的设想付诸实践，让它体现出应有的价值。可是，有的教师设计了某种教学活动样式，但他又没有去挖掘这种活动的优势，使教学活动流于形式，这等于是浪费了这项教学活动的价值。因此，教师无论是设计教案还是在实施教学中，都要把握住教学活动的特点，把它的优点尽量体现出来。例如，小组讨论的特点就十分鲜明，若要采用小组讨论的话，以下这些方面都要注意做到：

（1）话题有讨论价值，难度要适中，不要为讨论而讨论。

（2）组成有利于讨论的组织形式，如四人一组，或移动桌椅组成讨论小组。

（3）教师布置学习任务要尽量明确、具体，重要的要求应加以强调。例如，教师要说"注意，一个小组找一个同学负责记录，把主要观点记下来，一个同学代表小组汇报"，而不要说"等一会我们来交流"。

（4）教师要给出讨论过程，如第一步如何，第二步如何……或者是：第一，找出你认为精彩的句子；第二，每个小组选出公认的两句；第三，说说这个句子精彩在哪里。

（5）教师要给予一定指导，在小组讨论中，教师要巡查一些小组的讨论情况，对学生遇到的困难给予帮助，这有助于教师了解学生讨论的进展、层次，便于把握学生的情况。

（6）注意各小组之间的平衡。

以上所列举的，都属于组织教学的工作，如果把这些细节完成好，教学效果自然会有保障。

3. 充分利用各种教学资源

有人说，组织教学就像指挥一支乐队，要把每一个成员都调动起来，充分发挥他们的长处，并且形成有效配合，才能演奏出精彩的乐章。对于语文课堂教学来说，主要教学资源有学生、学习材料和教学环境三类。其中，学生是教学活动的主体，教师在使用教学资源时，应围绕学生主体，以促进学习为目的。

（1）让多数学生参与教学活动，不要让多数人成为看客。

（2）充分利用教室的各个空间，学习中心不要固定在一个地方，让学生的注意力跟着教师转移。

（3）适当改变活动规则，让学习过程充满变数。

（4）采取新奇恰当的激励手段，让学生对学习产生兴趣。

（5）尝试着变化一下教师角色与语言风格，不要总是做学生的教导者，也可以做学生中的一员。

（6）妥善处理课堂突发事件，试着把它转化为学习活动的一部分。

（7）必要时可运用些多媒体技术。

一些教师对组织教学的认识存在两个误区：一是无所作为，二是做表面文章。平时，总听到一些教师抱怨学生不活跃，不配合教师，不喜欢发言，不善于表达，而不反思自己在组织教学方面的缺陷。实际上，没有不喜欢表达的学生，只有不会调动学生的教师。上面的建议，在组织教学中如果能用上几条，相信学生不会无动于衷，课堂里也不会像一潭死水。还有一些教师过分相信自己的教学"实力"，靠"学富五车"和"口若悬河"进行教学，也不大注意组织教学的技巧，这种轻视组织教学的做法都会使自己的教学成效打折扣。还有的教师认为，自己的性格比较内向，在课堂上放不开。其实，性格不是主要的，在课堂上，真诚、有学问的教师都会受学生欢迎，如果再掌握一点组织教学的技巧就更好了。

还有一些教师可能会走向另一个极端，他们比较看重外在的形式，这种课看上去形式丰富、笑声满堂，但实际上有可能只顾及了表面的热闹，学生的情绪在课堂里沉不下来，无法聚焦于对一些关键知识和能力的学习，反而不利于教学目标的达成。

下篇

技能修炼

165

下面是我执教《狼》一课的片段，从教学组织上可以作一些分析交流。

生：老师好！

师：同学们好！请坐。课前，我布置了作业，现在请你把预习成果拿来与同学们分享。谁先来朗读这篇课文？好，这位女同学来读。注意，其他人要注意听，找到她要改进的地方，还要找到她值得我们借鉴的地方，这就是认真听，有事情做。好，开始读！

（生读课文）

师：最后一句有点着急了，好，应该给予掌声的。

（学生鼓掌）

师：我们做听众的两件事，谁先来完成？（多人举手）我们的同学真好！来，这位同学，你来说说。

生：首先就是，她读得还是比较流畅的，然后呢——也带有感情色彩。

师：两个优点：流畅，有感情。你认为她读出什么感情色彩了？（指另一生）

生：这个感情色彩方面就是表现……没有什么起伏……

师：不要着急。

生：还有，她读得很平静，这样就给人感觉这个屠夫比较镇静，（教师板书：屠夫，平静——镇静，没有起伏）但是呢，对于当时比较危险的情境来说，还是太平静了，给人感觉就不怎么危险了，就是没有危险的感觉，感觉屠夫就是很平常地完成这件事情，这个跟文章稍微有点不符合。

师：感情不太吻合。你们认同他的回答吗？

生：认同！

师：认同什么？来，这位同学！

生：我认同说她读的时候感情比较平静，没有起伏。我认为屠夫在屠狼的时候心情是非常激动的。因为当时是已经很晚了，而且自己孤身一人，对着两头狼，心里总有点害怕。

师：是激动吗？

生：是！我想就应该是在"屠暴起，以刀劈狼首"和"又数刀毙之"这两个地方读得激动一点！

师：用什么词？刚才有同学说，好像不是激动，是什么？

（学生思考）

师：是紧张、惧怕！我们看这些词，哪个词表述得更好呢？（板书：紧张、惧怕）

生：紧张！

师：很多人都说用紧张！理由在哪儿？来，我们还有好多同学，请你们把手高举起来！好，前面这位同学！

生：感谢这位同学的朗读，但是我也要提出几个建议，我觉得她这个感情色彩不是很浓，而且我觉得她读得没有紧凑感，应该像读章回小说一样，但是她没有听到我们之前的建议而能读出这样的文章，是十分可贵的。

（学生大笑）

师：好，还有同学想说，来，这位同学！

生：我对她的看法跟之前几位同学有相同的，但是我还要提出她读的一个优点，就是她断句断得非常好！

师：恩，比如说——

生：比如说……

（学生笑）

师：我发现同学们都适合做外交部发言人，但不适合做中学语文老师，为什么？给别人的评价很快上到一个高度，定性的高度，讲得很大气，但是忘了细节！从现在开始，请我们把身份降低一点点，请你们跟我一样，都做中学语文老师、中学生，这样一个身份，注意关注同学发言过程中的细节。你看，我已经尽量把你们的一些东西板书在黑板上，你们有没有做笔记？

生：有！

师：有就好！你自己的也要记下来，不要等着哪个老师给你。哪个答案是标准的？有没有标准答案？我们先不讨论，但是我们关注的是众多同学的思考，然后在众多的思考中，我们获取最好的、最合适的思考！好吗，好，你来关注一下细节！

生：比如说"一狼得骨止"这里，如果她读得很快，没有停顿的话，像"一狼得骨止"，听的人会以为是一条狼得到"骨趾"这个东西，而她读"一狼得骨止"，就知道它得到骨头之后停下来了，让人听的时候更能明白里边的意思，她在标点的时候的一点停顿，能让人有空余的时间来想她读的那句话，来想一想这句话是什么意思。

师：非常好！这位同学关注了文言文朗读中的一个很重要的什么？停顿！（板书：停顿）他也举了一个细节，"一狼得骨止"。我们现在有多少要讨论的东西？我看你们手都举那么高，我都不知道要叫谁好，我们能不能在这点上先停留一下，把这个问题先搁一搁。还记得吗，刚才我们要讨论的是什么问题？

上述教学片段，应该说比较充分地阐释了教学组织的内涵和价值。

检查预习作业既是让学生对新内容有所准备，从形式上看也是很简洁的新课导入方式。检查预习虽然是教师的家常便饭，但做得好并不容易。预习是否有效，一是看预习布置的针对性，二是看教师对预习结果的处理。

在对待预习上，有两种不太好的做法：一是单纯布置预习作业，为预习而预习，预习任务与后面上课的主要内容关系不大；二是学生预习以后教师没有检查，使学生的预习效果得不到检验，成功期望落空，久而久之学生就失去了对预习的兴趣。

教师让学生充当检察官的这类小技巧，可以使检查预习过程变得有冲突、有悬念，也更有趣，能把简单的教学内容变成有意思的活动，不妨一用。这里，要学生当检察官的学习指令看似重复，实则必要。教师的指令不仅要具体、明确，有时还要反复叮咛，尤其是一开始上课，许多学生的注意力还没有集中到学习上来，教师郑重其事地强调可以迅速使课堂学习气氛进入正轨。

教师提议大家给读课文的学生鼓掌，借鉴的是娱乐节目的煽情手段，对学生有强烈的激励效果，对调动课堂气氛也大有作用。

教师在活动中的角色，有时是教练，向学生布置各项任务；有时是裁判，判定谁的发言正确、谁的表达值得推敲；有时是听众，为学生的精彩表演鼓掌、喝彩；有时还像一个调皮的小学生，在学生表现时捣点乱、搞点笑。这样一来，枯燥的课堂才可能生出趣味，沉闷的班级也活跃起来了。

修炼建议

1. 请思考：什么是组织教学？哪些要素会影响组织教学的效果？

2. 你的课堂偏热闹还是偏沉闷？列出你在课堂组织方面存在的主要问题。

3. 如果你的课堂表现沉闷，可按照下面思路分析原因，发现问题后可有针对性地进行训练、改进。

(1) 教学内容是否适合学生？

(2) 你的教学基本功是否扎实？

(3) 你的性格、技能是否利于你的表现？

(4) 你在教学组织上是否用心？

4. 如果你的课堂偏活跃，也要反思，看看活跃的课堂是否妨碍了对内容的学习。

第六节　板书

问题展示

王老师：《向生命鞠躬》是初一的一篇课文，文章讲述的是父亲与幼小的儿子看到一只深秋的蚂蚱面对强敌顽强逃生的故事。下面是一位教师执教《向生命鞠躬》时的一个片段：

教师要求学生自由地大声朗读课文，读完课文要求学生复述故事，并用恰当的词语概括蚂蚱逃生的经历。

学生思维活跃，发言积极，学生把蚂蚱逃生的过程概括为"被抓、受伤、逃跑"三个环节，教师边听学生的发言，边板书了备课时早已经拟好的另外三个词语：被擒、受创、逃生。

于是，教师顺利完成教学计划，学生安然接受教师的结论，课程进入下一个环节……

我看到这位老师自信而优美地写上自己备好课的几个词语时，心里有点堵。

案例分析

教师通过板书来呈现知识，记录思考过程，引导学生理解课文，是语文教学中常见的情景和手法。好的板书设计能将教材理解、教学过程、师生的思维灵感凝聚在一起。因此，许多教师在备课中都会花许多心思做板书设计。这位教师围绕蚂蚱逃生的过程提出问题，设计板书，板书概括精练、语言简洁、书写美观，显示了相当好的教学功底。

可是，这个片段显示出来的一个问题是，教师在教学中置学生的讨论和发现于不顾，只顾把备课时预先设计的关键词写到黑板上。这种情况看上去是板书设计技巧和课堂应变能力不足造成的，实质上还反映出教师的教学观念存在问题，即板书的内容应该从哪里来，它与课堂教学应该是什么关系，与学生的课堂发言又是什么关系。如果不解决这些问题，漂亮的板书设计只能是美丽的摆设。

的确，板书往往有一定的预设性。一般来说，教师的理解力较学生要好许多，对一篇课文的接触也比较早，研读时间充分，又有教参的帮助，在理解文章精髓、概括文章大意等方面，教师比学生有较大的"先发"优势。因此，教师事先设计好板书的内容以及关键词语，在教学中演示成板书，也是理所当然的。有的板书经过教师的反复斟酌，几轮磨炼，已经十分精练。相对而言，学生课堂的随机发言则稚嫩得多，这就容易出现板书以"预设"为主的情况。

上述教学镜头里，教师用"被擒、受创、逃生"这三个词语代替学生"被抓、受伤、逃跑"有充分的理由。从品味词语的角度分析，"被擒"比"被抓"更具书面语色彩，因而显得更典雅规范；《辞海》里注解"创"有"创伤"的意思，语感上"受创"似乎比"受伤"多强调一点受伤的过程，"受创"也比"受伤"更吻合文章的意思；"逃生"强调"逃"的价值，比"逃跑"似乎更有表现力。此时，教师有四种选择：

（1）直接用学生提供的词语。

（2）引导学生比较、辨别，调整表达，排除学生提出的词语，也不失为一种推敲词语的训练。

（3）把两种方案都写上，让学生自己判断，学生的辨析能力会得到锤炼。

（4）置学生的创造于不顾，直接写上预设的词语。

最糟的就是第四种。它收获了一点精确，但失去了很多。

从教十多年，曾经追求过板书的"词语美"和"图案美"的我，不知从哪一天开始已不再精心于板书设计。记得有一次公开课，大家在交流听课感受的时候，有几位老师都谈到我的板书写的都是学生的说法，说特别欣赏我边板书边把学生逼得无路可逃，只好一点一点调整自己的表达，最后居然说得很精彩。一个男生说到《雨巷》中的"我"的形象时，由"追求爱，却在现实中很无奈的人"到"追求爱，不满现实的人"，最后表达为"为理想而爱，为现实而哀的人"，我一次次提醒他"可以再调整一下吗""我就这样写（在黑板上）了"，我是微笑着的，他的表情似乎比较痛苦，一度还龇牙咧嘴的，但是当我把"为理想而爱，为现实而哀"写到黑板上，称他为"才子"的时候，这个矜持的大男生还是让我看出了他小小的得意。

理论点拨

在传统的课堂教学中，黑板是很重要的教学工具，因此，写好板书也是语文教师的一项基本功，许多老教师在备课中都会花许多心思来设计板书。

但是，现在一些青年教师对板书的设计和运用不够重视。除了书写不规范、字体缺乏美感等硬伤以外，板书中最常见的问题有两种：一是随意，即板书缺乏整体设计。教师在黑板上写什么内容，写在黑板的什么位置，先写和后写的内容是什么关系等问题，事先没有整体考虑。二是机械，即不顾课堂的具体情况，只按照教师备课前的设想机械地写板书。前者可以归结为板书形式的问题，后者可以归结为板书内容的问题。

在板书形式上，常见的不良板书习惯有以下三种：

（1）很少写或不写板书。

（2）板书散乱无序。

（3）随写随擦。

上述问题的产生，与教师对板书在有效教学中的价值认识不足有关。一些教师只把板书看成教师在课堂上口头表达的辅助手段，因此，板书的主要功能是记下他上课提到的自认为重要的几个关键词，相当于阅读材料中的几个重音。其实，板书在教学中的作用相当多，也很复杂。

板书的主要作用如下：

（1）参与建构课堂教学情境。如在上课之初，教师以大号而正规的字体书写课文题目、作家姓名、年代、背景，把学生的思绪带到特定的环境下，这就为该学习活动创设了一个简单的教学情境。

（2）明示教学目标。用简洁的词语将教学目标写在黑板上，有利于学生对课堂教学目标的认同，提醒教师教学活动的目的所在。这种"标志"对约束师生的发散思维，防止开无轨电车有显著的作用。

（3）辅助表达。在教师的口语表达以及教师与学生的对话中，常有一些生僻词语、陌生的概念、含有重要信息的短句。由于口语表达有一定的模糊性，并转瞬即逝，不仅不容易被学生理解，有的还会产生歧义，所以教师以板书的形式将某些口语表达固定下来，就能部分地消除上述问题，使表达变得清晰、简明。

（4）强调关键知识。对一些与教学目标关系密切的概念、术语、说法，学生在课堂上听一遍是不够的，写在黑板上，教师就可以反复提及，学生在讨论中会尝试着运用，从而不断深化理解。教师利用板书来强调重要信息，还可以引导学生做课堂笔录，帮助学生加深记忆。经验证明，学生对课堂板书内容的记忆要远远超过对说话内容的记忆。许多成年人多年以后往往还记着自己的中学老师在黑板上写板书的画面。

（5）记录学生思考或讨论的轨迹。教师用板书将学生的思考过程记录下来，既可以把学生的学习指向既定目标区域，也利于激发学生的积极性，促进知识的生成。

（6）作为组织教学的工具。巧妙的板书设计可以成为课堂教学的重要线索，使学生围绕板书的某一点内容展开学习，可使一定时间内的教学活动目标集中、表达直观、线索清晰，大大提高教学效果。

（7）展示主要教学板块、流程，揭示不同教学目标之间的内在联系。一堂课除了其核心目标外，还有支撑总目标的分目标，以及围绕着核心目标的次要目标。由于课堂流程是以线性方式呈现给学生的，不同教学板块的学习内容谁先谁后、谁轻谁重、谁主谁次，教师一般是比较清楚的，但是，对学习内容较为陌生的学生听后，往往难以建立起这些学习内容之间的内在联系，而合理的板书就可以呈现一堂课的全部教学流程，帮助学生建立起一堂课"完整的"的经验，帮助他们将零碎的知识和体验融为一体。

此外，板书还有帮助教师调节课堂节奏、集中学生注意力、为学生提供写字示范等功能。

好的板书设计能将学生的目光、学习内容与师生的思维活动有机地凝聚在一起，是有效教学的好帮手。因此，语文教师要重视自己的板书，注意改善自己的板书设计，可以参考以下的板书策略：

（1）为黑板分区。按照一堂课的内容，事先把黑板分成几个功能区，将重要的知识、学生的发言摘要、教师的观点分别写在不同的板块内。

（2）预先给教学流程设计一个框架，用简单明了的图形将主要内容联系起来。

（3）按照课堂的时间顺序安排书写内容，使书写顺序与课堂顺序基本一致。

（4）慎用黑板擦。对板书的容量事先进行预计，尽量不要边写边擦，保留记录课堂流程的主要信息。在擦去学生的观点标记前，应充分肯定其价值。

（5）教学中适当提示板书内容之间的联系，并提醒学生记录。

在板书书写的内容上，最常见到的问题是机械书写原来设计好的字词句子，不能随着课堂的变化和学生的表现及时做调整，甚至对学生发言中有价值的词语置之不理。

由于种种原因，学生的学习发现、学生归纳的关键词与教师的板书预设常常不一致。此时，有经验的教师不是对学生归纳的词语置之不理，或作简单否定，匆忙用预设的词语统一全班学生的思想，而是善于捕捉学生发言中的闪光点，并比较其差异，及时作出评价，使学生的认识一步步接近教师预设的结论，即与教师预设的关键词实现"平稳接轨"。这样，虽然板书仍然是教师备课时预设的几个关键词，但这些词语显然已经得到学生的认可，成了师生共同拥有的成果。

再退一步看，教师引导学生逐步接近自己的预设标准，是不是就一定好呢？其实也不见得。板书在课堂教学中具有标志性价值，它除了具有引导理解课文的功能以外，还应该担负着一定的促进学习生成的功能。在课堂教学中，学习的过程既是学科知识的接受过程，如学到新的语文知识、理解文章的结构和作者意图等，还是学习能力、思维品质的生成过程。学生阅读文章、选择板书关键词的过程，其实也是理解课文主旨和细节、辨析词语含义、比较自己与他人思想的过程。同时，也是与其他学习者交流、沟通的过程。在寻找发现板书关键词的过程中，学生由远及近、由不确切到确切、由争论到统一，一直在体会思考的乐趣，接受进步的激励，感觉做学习主人的满足。此时，教师的作用就是激发学生把自己的想象力、创造力尽可能地发挥出来，那时，具体的某个词语已经显得不那么重要了。这正是建构学习能力的理想模式。

因此，如果不是关乎科学知识错误、教学流程的偏离等大局问题，而只是微小的差别，教师选择学生的说法也许更好，当然，也要引导学生对不同的说法进行细致辨别，让学生自己作出更恰当的选择。

当然，这并不是说教师就用不着课前精心准备，到时候靠课堂上的随机应变就可以了。而实际情况恰恰相反，教师不是不要准备，而是要准备更多才行。只有对课文各方面理解透彻，对学生情况了然于胸，对语言的驾驭熟练精到，才能在课堂上游刃有余。从这个角度上说，板书设计实在是教师教学观念和素质的一面镜子。

拓展延伸

下面是一位教师执教《散步》一课设计的板书，我们可以通过比较这些板书发现教师教学的意图。

板书一：

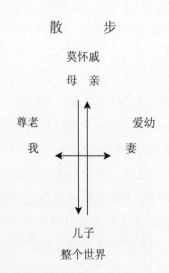

板书二：

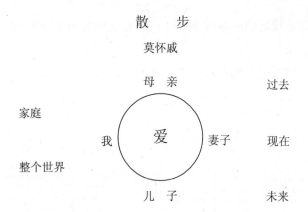

板书三：

　　这三份板书优点都很突出：条理清楚、指向明确。"板书一"梳理了文章主要人物之间的关系，标明作者的主要感悟，主要特点是简洁；"板书二"既从时间维度揭示了三代人散步的象征意义，又从空间维度揭示了家庭在整个世界中的核心地位，形象突出、内涵丰富；"板书三"紧扣本文"以小见大"的特征之一——庄重的表达，形成一个整体，其特点是与教学过程联系紧密、信息具体。

　　从教学道德的角度看，"板书三"的设计似乎更可取。从这份板书上能看出教学的基本信息——核心教学内容、涉及的主要概念与知识、课文的脉络、教学流程、学习重点以及部分教学活动的细节，也能看出从推敲品味词语转向鉴赏语言表达。一句话，从一份板书可以看出课堂教学的大概面貌。

修炼建议

　　1. 教师能写一手好的粉笔字是写好板书的有利条件，应持之以恒地练习粉笔字，如在每堂课上课之前、下课后往黑板上写几个字。

2. 有时候，下课后回忆、记录某堂课的板书，并根据课堂情况反思这堂课在板书方面的得失。

3. 收集你认为比较好的一些板书设计，研究这些板书在书写内容、版面安排等方面的特点。

4. 思考问题：信息时代传统板书的地位及注意事项。

专题三　说课·观课·评课

第一节　说课

问题展示

钱老师：说课要说一些什么？我听到的说课一般分为"教材分析""教学目标""教学手段""教学过程"和"板书设计"，这些内容够了吗？除了"说什么"的问题外，我还想知道"怎么说"。如有一次，我听到一位老师说《湖心亭看雪》一课，他先讲了"教材分析"，说了两点，内容如下：

（一）教材所处的地位及作用：本教材为人民教育出版社出版的八年级上册的《语文》课本，这是根据教育部制定的《全日制义务教育语文课程标准》（实验稿）编写的。这套教材体现了语文课程的整体性和阶段性。

（二）课文所处的位置及作用：《湖心亭看雪》位于八年级上册的第六单元，第六单元全是古代诗文，都是描绘自然山水的优秀诗文。阅读这类诗文，可以激发灵性、陶冶情操、丰富文化积累。

"教材分析"说这两方面内容，行不行？

案例分析

钱老师关心的有关说课"说一些什么""怎么说"都是非常关键的问题。

先说"说课说什么"的问题，钱老师问到说了"教材分析""教学目标""教学手段""教学过程"和"板书设计"这些够不够，从说课的内容上讲，一般还需要加上"学情分析"和"教学评价"两部分。当然，不同地区对说课内容的要求会有一些差异。有些规定是合宜的，也有些规定有强人所难的意味。如有省市规定观摩课需要体现新课程理念，教学中必须运用现代信息技术手段（一般是运用多媒体），说课比赛也需要运用多媒体。当然，也有与此相反的地区，规定语文教学不得用多媒体，必须引导学生直接玩味文字，不可越俎代庖、在文字的表面滑行。这两种规定都有一定的道理，在课程改革的不同阶段，这些要求都有它存在的理由。比如，课改初期强调现代信息技术与课程的整合，强调教师专业技能的丰富，提倡教师会用并多用多媒体，是可以的，但是一旦多媒体的运用影响了学生对文字的感受，那就需要降低运用多媒体的频率了。但作为一个地区，硬性规定一定要用或一定不能用信息技术还是缺少了弹性。所以，我们参加说课的展示活动或者竞赛活动，还得看向谁说及活动要求、注意事项是什么。量体裁衣，是每一个参加活动的人必须有的意识。

然后是"说课怎么说"的问题，具体的做法在"理论点拨"中会展开。这里就钱老师提到的案例作一点分析。

"教材分析"这样说是不够的。这位老师的"教材分析"说了这本教材是哪个版本、几年级等基本信息，以及该文所处单元的主题与文体。这些当然都需要，但是"教材分析"的关键是对这篇课文的分析，尤其是对这篇课文的核心教育价值是什么，必须分析透彻。如《湖心亭看雪》一文思想内容的核心是作者单独前往看雪的妙处，没有了单独前往，痴人就不痴了，意境就没有那么静美幽远了。还有，语言表达上的白描也是关键。这样说来，"说课怎么说"还得选好关键点说清楚、说明白，笼统地介绍一些人人皆知的基本信息就失去了交流的意义和乐趣，大而空的说法缺少聚焦点，也就缺少感染力，说一些无关紧要的话，无论是说课展示活动还是比赛活动，都是失败的。

理论点拨

说课是教师对自己的教学设想或教学过程所作的介绍与说明。说课通常以一堂课为基本单位。其中，在课前介绍自己教学设想的称为"课前说课"，上完课以后向别人介绍自己的教学过程和反思的称为"课后说课"，因为说课以课前说课为多见，因此说课一般指课前说课。

从教师的角度来看，说课可以在较短时间里向别人介绍自己对课程目标确定、教材分析、学生特点的掌握情况，展示对教学流程、教学效果的大体设想；从听者的角度看，从说课中能了解该教师的语文教育观、教材观、学生观，以及教师的分析能力和表达能力，能从一个侧面看出该教师的基本素质。因此，说课往往是了解教师备课情况、考评教师专业素质的常见途径。

要想把课"说"好，首先需要从根本上明白说课的意义，即说课与"上课"的关系，具体来说，即弄清这样几个问题：对谁说、说什么和怎么说。

1. 对谁说

有的老师不怕上课，却有些害怕说课，这是因为"说课"和"上课"的听众不同。听众不同，影响着"说什么"和"怎么说"。上课的听众是学生，与学生相比，说课的听众至少具有这样三个特点：（1）从身份来看，他们往往都是有一定专业修养的专家、领导，至少也是同行中的佼佼者，常常带着考察、评判的眼光来审视说课过程；（2）他们往往具有比较丰富的专业知识和教学经验，对课文的理解、对教学内容细微之处的熟悉程度往往超过说课者本人；（3）他们关心的不是哪一个概念的含义、对哪些具体知识的理解，而更多的是看整体的教学观念和教学思路。

这样的特殊听众，决定了说课者处于一种相对"弱势"的身份和角色，使你很难像上课时面对学生那样，可以充满自信地介绍与课文作者有关的知识，可以海阔天空地发表自己的感想，甚至还可以停下正常的语文学习，"插播"班级管理、天气变化等与语文教学没有关系的内容。相反，说课者的基本目的，变成了通过对"这一课"的设想，把自己在语文教学方面最优秀的一面展示给别人。一旦带有这样的目的，反而会束缚自己的思维和语言表现力，这是很糟糕的。

所以，说课首先需要放松心态，减少功利目的，不必唯唯诺诺，当然也不要夸夸其谈，只把说课当成普通的介绍即可。你的"听众"大多是长期从事语文教学的专家，你不需向他们介绍课文的主旨、背景、学习这篇课文的意义，也不需要过多解释具体的知识。多数时候，说课为 8～15 分钟，"听众"更关心你的整体设计，不需设想诸如如何写板书、如何利用 PPT、师生如何问答、如何转折过渡等上课细节。

2. 说什么

说课的内容与上课内容有一致性，只不过视角不同。上课是教师与学生一起学习交流的过程，说课则是教师介绍"教师与学生学习的过程"。具体说来，应涉及如下内容：

（1）这节课准备教什么。即教学目标，以及该教学目标与学科相关的事实、概念、原理、技能、策略等的关系如何。

（2）为什么教这些内容。包括学情分析、在课程计划中的位置、课文解读、分析的基本结论、重点难点的确定依据等。

（3）准备怎么教。包括为完成任务而选择的教学策略、主要的教学活动板块、教学设施的运用等，尤其是重点教学环节将如何展开，学生的学习活动特点等。

（4）教学效果如何评价。包括即准备用什么评价手段，如何评价教学目标的达成度以及课堂氛围等。如有必要，应重点设想学生在认知、理解、情感价值观等方面的学习收获情况，如记住什么，理解什么，能运用什么，可以分析评价和创造什么，应记住哪些事实性知识、概念性知识、程序性知识以及元认知知识。

说课的听众是与语文学科教学有关的人员，但"听"者的身份还有细微的不同，他们来听课的目的也存在很大的差异。按照说课的目的和功能，可以把说课分为下面三类：

（1）研讨性说课。即向本单位的同事介绍自己对某一课的教学设计思路，主要目的是征求他人意见，以利于修改完善。

（2）展示性说课。即对语文学科的同行介绍某一教学内容上的设计思路、自己学校的教研探索，主要目的是让人了解自己贯彻某种教学理念、进行某些教学探索的做法及经验。

（3）评比性说课。即向某些专家和领导介绍自己的教学设计思路，主要目的是让别人看清自己教学中某些方面的突出特点，以获得评委认可、欣赏。

注意，说课的内容始终应针对课文的特点，突出语文学习的特点，展示自己的探索实践特点，比较忌讳在观念上盲目跟风，或猜测评委的口味一味地投其所好。

3. 怎样说

怎样说属于技术问题，也从某些侧面反映出说课者的专业与人文素质。说课时，教师需要注意以下问题：

（1）明确身份。自己应该像是一堂课的导游，主要任务是客观简要地介绍，而不是像一名游客那样自己欣赏起风景（教材与教学过程）来，也不应像当地的主人一样强迫别人看这看那。

（2）认清目的。即展示自己最好的一面，一般不要对抗常识去发表自己的所谓主见，以介绍框架为主，包括目标、活动环节、评价等，少讲或者不讲解具体知识、概念和某个具体活动，避免多重解释。

（3）体现特点。如关于自己的学生观、教材观、教学观等教学理念。若是研讨性说课，侧重自己想探讨的问题、经验或困惑；若是评比、展示性说课，则可侧重最有特点、最有价值的地方，如对学习理论的运用、对学科前沿的借鉴。

（4）态度得体。谦虚而大方，不卑不亢。

（5）语言简练。可以有一定的语言修饰技巧，让评委愿意听、喜欢听。

（6）技术合宜。运用技术为课程内容服务，但不要喧宾夺主。

在说课中，有的教师会犯一些沟通方面的错误，从而影响说课的效果，在此提几点忌讳，建议大家注意：一忌态度倨傲，以为自己很有一套，属于长期受压抑的人才，言语轻狂，愤世嫉俗，诸如"只有我""我早就说过"的句子。二忌过分谦虚，未说先怯，检讨为主，把自己说得一无是处，诸如"我不行""我这里没有处理好"等句子。三忌纠缠概念，说课看的是教学设计的思路，只要符合以学生为本等基本理念即可，不应在教育理论和课文中的某个概念纠缠，尤其是并不太熟悉的理论、概念，既没有必要，又容易暴露自己的短处。四忌叙述细节，说课时间一般有限，听者感兴趣的是整体框架，如教学策略、主要学习活动样式，因此，只要叙述提要，不要介绍细节（除非听课人问及）。介绍细节不仅会出漏洞，还很容易颠倒详略、轻重关系，教学效果得不偿失。

拓展延伸

上海市卢湾区教师进修学院附属中山学校的段乐春老师执教《安塞腰鼓》一课，下面是她关于"教学目标"确定的说课内容：

《安塞腰鼓》的作者为展现安塞腰鼓壮阔、奔放、热烈的特点和陕北高原人民粗犷、豪迈、顽强的性格特征，表达对安塞腰鼓所宣泄的生命力量的颂扬，特意选择了与之相适应的文本表达形式：即通过大量的排比、反复、比喻等修辞和短句句式来传

初 中语文教师专业能力必修

Chu Zhong Yu Wen Jiao Shi Zhuan Ye Neng Li Bi Xiu

递作者的情感。像《安塞腰鼓》这类富有个性化表达特点的散文，如何快速有效确定课文的核心价值？

我把教学重点确定为"用还原把握修辞所体现的核心价值"。为此，我特意重点选取了课文中陌生化表达较为典型的一句：

"骤雨一样，是急促的鼓点；旋风一样，是飞扬的流苏；乱蛙一样，是蹦跳的脚步；火花一样，是闪射的瞳仁；斗虎一样，是强健的风姿。"

还原一：将比喻还原成惯常形式，即本体在前，喻体在后。

急促的鼓点，像骤雨一样；飞扬的流苏，像旋风一样；蹦跳的脚步，像乱蛙一样；闪射的瞳仁，像火花一样；强健的风姿，像斗虎一样。

原文喻体倒过来，更能直接表现作者的原初感受：震耳欲聋、撼人心魄、眼花缭乱、目不暇接、壮阔豪放。喻体特点：有活力、有气势、有力度，喻体前置，从声、形、光彩、力量角度突出表现安塞腰鼓壮阔、豪放、热烈的场面。

在教学中，学生可能还会有微妙的发现：原文用"是"，表达一种肯定的和不容置疑的语气，更加凸显安塞腰鼓的特点，而还原后的表达，用的是"像……一样"，只是说明二者的特点接近，缺少了像"是"一样的肯定和斩钉截铁、不容置疑的情感。

通过这样的还原比较，同学们对课文用比喻修辞的核心价值就能有效把握。

还原二：将排比还原成抒情意味很浓的诗行形式，进行比较。

骤雨一样，是急促的鼓点

旋风一样，是飞扬的流苏

乱蛙一样，是蹦跳的脚步

火花一样，是闪射的瞳仁

斗虎一样，是强健的风姿

作者用排比表达自己浓烈豪放的情感，而诗行形式的表达也能昭示出作者的豪情，但一经品味，同学们就看出了其中的差异：每一诗行的停顿时间相对比每一排比分句的停顿时间要长，停顿的时间越长，越难以表达热烈、豪放、应接不暇的场面特点，也越难以表现作者对安塞腰鼓所激发的震撼力的宣泄。

通过这样的还原比较，同学们对课文用排比修辞的核心价值就会有更明晰的审美体验和感悟。

段乐春老师作为卢湾区骨干教师，表现出了很好的课文研读、教学设计等专业素养。她说说课目标不是笼统地说说课程目标与教材分析，而是细读文本，发现《安塞腰鼓》语言表达中比喻、排比的独特魅力，据此设计用还原、比较等研读方法体验、感受课文语言的魅力。

这样的说课说得具体明确，说出自己独到的思考，相信段老师的课堂上语文味一定很浓，学生学习语文一定兴味盎然，并且富有成效。

1. 备完课以后，假设需要说课，模拟说课环境与对象，向虚拟的同事、专家默默说课，设想他们会对哪些内容感兴趣，会提出什么问题，预先设想你的回答。

2. 在教研室，与同事结成对子，互相向对方做说课练习。

3. 思考：如果你是专家，如何看待说课介绍的主要教学内容与上课真正的主要教学内容不一致？

第二节　观课

问题展示

场景一：

张老师匆忙走进听课教室："您知道××老师今天上什么内容吗？"

李老师："不知道，没有通知啊。"

看到李老师抱着学生的作业本，张老师说："你真行，边批作业边听课！"

李老师："记下教学亮点，回去模仿就可以了。"

场景二：

王老师："您知道谢老师今天讲什么内容吗？"

赵老师："知道，讲的是《老王》。"

王老师："《老王》是第几单元的？"

赵老师："我还真不清楚。"

王老师："赵老师，谢老师的话和教学环节您记录得好详细啊，可学生的表现你一点也没有记，为什么？"

李老师："听课，就是要向上课老师学习，所以我重点记录了老师的表现。"

王老师："马上就要评课研讨了，您去听吗？"

赵老师："不去了，讲得都差不多，我回学校还要改作业呢。"

案例分析

上述场景虽然分别发生在异时异地，但在全国范围内的许多中学当中有若干个"张老师""王老师""赵老师"，这些老师也是好老师，工作不可谓不认真，只是他们对观课的态度、方法有待商榷。

观课教师到了教室，还不知道教师要上什么内容，研讨什么问题就更无从谈起；听课，只关注教师讲什么，有些什么教学活动可以借鉴，没有或者很少观察学生怎么学习，以及学得怎样；听完课就走人，最多也就是积极地拷课件回去复制教学，对评课研讨没有兴趣。

这些现象都值得每一个有追求的语文教师警惕。当然，更有甚者，不喜欢听课参加研讨会，觉得语文课怎么上都行，这就另当别论了。这里我们主要研讨如何将"听课"的心态转向"观课"的心态、怎样"观课"等问题。

大多数老师听课重在看老师的基本功，看老师的教学亮点，进而回去自己进行借鉴、模仿，这当然没有问题，可以说这是听示范课、研讨课的一个直接目的。对于新手来说，这可能是最主要的目的。

但是，对于一个有追求的语文教师，想快速提升自己专业水准的语文教师，要将"听课"的心态转变过来，由观察"教师是怎样教的"，转向主要观察"学生是怎样学的"；由记录教师的言行，转向分两栏记录：一是教师的言行，二是学生的言行；由不关注课后的评课研讨，转向有目标地进行研讨分析。这样的观课，才会事半功倍。

理论点拨

观课，又称课堂观察，是教师或研究者以观察者的身份介入真实的课堂情境，凭借眼、耳、手、脑等感官和辅助工具，观察一位教师的课堂教学过程，收集与教学有关的信息，以便了解其教学特点、考察课堂教学及学习效果、评价教师素质。以前，人们通常把这种活动称作"听课"，现在通常称为"观课"，一字之差，反映了近年来人们对课堂研究的认识变化。与"听课"相比，"观课"这一概念的内涵既强调了观察手段的丰富多样，也突出了观课者应作为一个研究者、考察者去面对课堂，而不仅仅是以一个教师、同行的身份去面对课堂，身份的变化能保证考察的客观、冷静与学术水准。

1. 课堂观察的视角和目的

从不同的角度，可以把观课活动分成许多不同类型。如观课者可以是一个人，也可以是群体。观察对象可以是一次真实的教学过程，也可以是以往一堂课的教学录像。从介入程度看，观课者可以进入教室，与师生一起体验上课经历，也可以在专门的观课室进行"旁观"。从关注的内容看，可以分为有主题的观课（如开展合作学习、诗词教学、基于网络的教学等）和一般观课。

从观课者的身份和观课意图上，可以把观课分为如下几种类型：

（1）研习性观课。同事、同行为观课主体，以互相学习、共同研讨为主要目的，重在发现执教者上课的优点，学习执教者的长处，探讨有关问题。

（2）评价性观课。专家、权威、资深教师为观课主体，以鉴别、评价、选拔为主要目的，重在衡量教师对某些知识的了解、教学理念、教学技能等。

（3）反思性观课。教师本人或与教师有联系的课题成员、教研室同事为观课主体，通过反思发现问题、寻找提升空间，是一种以进修为主要目的的活动。

研习性和反思性观课在教研活动中最为普遍，无论对执教教师还是对共同观课的同事，这都是快速提高教学水平的途径。这是由观课的特殊功能决定的：

（1）教室是一个繁忙的地方，老师通常没有时间反思，观课能把上课的空间变为研究空间，有利于教师换一个角度看课程。

（2）观课时往往可以借助一定的工具把流动的课程以各种形式记录下来，使之形成一种静态的文本，便于反复研究。

（3）观课者通常有准备、有目的，便于其思考深层问题。

（4）观课可以做到用事实说话而不是凭印象说话。

（5）观课能放大特定的教学行为，便于透过现象学习看到本质。

（6）观课能将教师自己的观察与他人的观察相比较，可以让老师意识到偏见。

除此之外，在校内开展观课等教研活动，还能培养教师的学习意识，提高教师钻研业务的兴趣，挖掘教师的教学潜力，增进教师的凝聚力。因此，有追求的语文教师应主动地多参与这类活动。

2. 课堂观察的内容

课堂观察是眼看、耳听、心想、手记相统一的综合性活动，观察的内容十分丰富，从教师表现到学生表现，从教学目标到教学效果，从教学环境营造到教学资源运用，可以说，与课堂教学相关的内容几乎无所不包。为了便于掌握，我们可以把观察内容分成下面几类：

（1）关于教学内容及教学设计，即看教师"想教什么"。包括以下几点：

①教师对教材的理解——教学主要目的设定，教学重点、难点的选择。

②教学流程的设计——教学活动、教学手段的确定，教学时间的分配。

③教学内容及方法是否适合学生情况。

俗话说，"教什么"制约着"怎么教"，也影响着"教得怎么样"。因此，凡是设计教学所考虑的内容，应首先被列入课堂观察的范围，因为这是衡量一堂课的起点。

（2）关于教师的教学表现，即看教师是"怎么教的"。包括如下几点：

①教学流程是否合逻辑，是否体现三维目标，是否重点突出、详略得当、体现一定的节奏变化。

②教师对教学内容的熟悉程度，有无概念、知识错误。

③讲解是否流畅、简洁、清晰。

④教学基本功是否合格，如朗读、板书是否符合规范。

⑤教学活动的设计是否合理，如读书、训练量和思维水准是否设计得当。

⑥教学观念是否科学，如学生观、教材观、学习观等是否体现先进的理念。

⑦教师与学生的互动情况。

⑧评价、反馈手段的运用是否有利于学生学习。

⑨教学中突出的特点及问题。

⑩课堂应变能力和控制能力。

（3）关于学生的学习表现，这一部分既是看教师"教得怎样"，同时也是看学生"学得如何"。包括以下几点：

①学生的学习态度、精神面貌。

②学生的学习行为、习惯。

③学生参与课堂活动的参与面及参与程度。

④学生的合作情况。

⑤学生知识、技能、行为的改变或习惯的建立。

⑥学生在学习过程中某一方面的突出表现。

（4）与教学有关的其他情况，即长期形成的教学条件、学习环境，从中能更准确地了解教师的教学习惯和水平。包括以下几点：

①课堂环境布置及学习氛围。

②教学设施方面配备及掌握运用。

③教学中表现出来的师生关系。

④课堂整体学习水平、风格及表现。如阅读面、知识面、学生的口头表达能力表现如何。

当然，一堂课不可能考察教师教学中的所有内容，在观课之前，观课者应依据需要和以往所了解的信息，有选择地确定观察重点，避免不分主次、盲目杂乱地观察记录。

3. 课堂观察的方法

有效的方法往往是引导人们通向目的地的最短距离，课堂观察也不例外。常用的观课方法有定量课堂观察和定性课堂观察两大类。

定量课堂观察是运用事先准备的一套结构化的记录工具——量规（表格体系），对课堂教学某些项目上的表现进行数据性考察、记录，以备详细研究。在记录体系里，往往会明确地规定需要观察的行为或事件的类别、观察的对象以及观察的时间单位等。定性课堂观察是研究者依据粗线条的观察纲要，在课堂现场对观察对象作观察、判断、记录，并在观察后根据回忆加以必要的追溯性的补充与完善。

定量课堂观察是西方社会科学研究中广泛采用的实证研究方法，它通过对观察对象某一方面客观科学的考察记录，掌握第一手资料，其可信度高、说服力强、后期研究价值高。但是，定量研究有一定的局限，一是量表制订的科学合理问题，量表如何才能真实、典型、全面地反映语文课堂的面貌和实质，这在目前仍然是一个难题；二是灵活性不够，不能根据随时变化的课堂，抓住反映一堂课最有价值的信息。其根本原因是定量研究以科学思维为路径，往往忽视人的主观因素，忽视一些非语言性的、情境性的信息，有时难以描述或解释课堂最具有活力的部分。如两堂课的观察数据可能差不太多，但我们看起来的实际教学效果则会大相径庭，尤其是语文、艺术类学科，在观察时一定要注意，不要一味地相信定量课堂观察得来的数据。

定量课堂观察的要点及过程如下：

（1）选择观察项、制订记录量表。

（2）选择观察点。

（3）实施观察、记录。

（4）分析数据，完成考察报告。

一堂课可以研究的内容有很多，定量课堂观察一般是从某个侧面入手看一堂课在"这一点"上的情况，因此，定量研究多用于专项研究，如教师提问、教师的活动范围、教师对学生的关注、教师的板书、教师对多媒体的使用、学习中涉及的概念、课堂阅读、课堂训练、学生回答、学生对教师的关注等。当然，如果想要全面反映一堂课，可采用多人、多角度观察的方法。

量表制订是定量研究的关键，刚尝试观察的教师可采用国内外专家专门研制的现成量表，或者在专业量表的基础上根据自己的研究需要作些增减。当然，也可以自制一些简单实用的量表。

表1　课堂读书情况观察表

序号	读书时间段落	读书内容	读书方式	目标及效果
1	记录读书起始的分、秒时间	记录读课文的哪一段、哪一句	记录采用领读、范读、自读、齐读、默读、朗读等方式	读前的要求、读的效果、读后的评价
2				
3				
4				

运用这样的量表，大体上可以反映教师在一堂语文课中"读课文"这一环节上的做法和成效。

对有些难以判断"是与非""有和无"的内容，可以采用等级量表来考查记录，以反映有程度差异的内容（常见的等级有三级、五级、七级、九级等分量）；也可以在一条连续的线段上标记相应的位置来表示等级差异，观察者在线段上标记不同位置，研究的时候再折算成百分比。但等级量表也带有一定的主观性，这是需要考虑到的。

定性课堂观察与定量课堂观察恰好相反，它是从整体上，伴随具体情境、开放地考查一堂课；研究过程具有动态性和灵活性，观察记录简便；能随时根据课堂的变化改变考查和记录重点；能反映观课人情感上的细微感受。但是，定性课堂观察的结果会受观察者的知识、经验、喜好、情绪等因素的影响，观察结构差异较大。常用的有全程描述法和要点摘录法两种。前者是在一定的分类框架的引导下，对观察目标进行除数字之外的各种情形的描述。这种方法记录的是观察者经过一定的筛选、归纳、判断以后得到的信息，它比定量研究粗疏，是一种准结构的、粗线条的、带有结论性的观察记录。

表 2　课堂教学观察表

教师教学活动	学生的学习活动	课堂效果	问　　题

要点摘录不是着眼于课的全程做详细记录，观察者只关注与记录那些感兴趣或觉得有特点、有问题的方面，并伴随思考和质疑。例如：

对教材主旨的理解、教学目标的设定有没有问题？其他人是怎么上这篇课文的？

教学的主要板块、主要活动有利于目标达成吗？如果是我，会怎么设计？

有没有体现较先进的教学思想和方法？

学生的获得情况？如果我是学生，掌握和理解了什么？

教师明显的成功与不足之处在哪里？是什么原因？对这堂课的影响有多大？

这种观察不能反映全课的整体状况，但重点突出，往往能抓住要害，在评课、研习中使用较多。以往，普通教师在听课中所做的笔记，大体可以归于这一类。但是，要点摘录要注意整体与局部、教育规律与个人喜好的关系，防止以偏概全。

4. 对课堂观察的反思

课堂观察凭借它的观察工具、观察流程，让教师观课有一定的科学性、客观性，但是，任何一种工具在拥有优势的同时也有一定的局限。我们在运用课堂观察的一些方法开展观课、议课的时候，需要注意以下几点问题：

（1）观察是研究的起点。教师要改进教学工作，必须坚持深入课堂，长期作深入细致的观察。

（2）教师要学会观察和聆听，应当掌握基本的方法和技术，充分占有事实和数据。

（3）定量课堂观察和定性课堂观察各有所长，教师运用时要根据需要选择或结合使用。

（4）进行课堂观察仅有方法、技术是远远不够的，还需要不断学习先进的教育理论，调整观察视角，改进思维方式。

（5）观察、指导者与执教者是合作关系，要客观描述特点，善于发现长处，不能代替别人去思考和行动，更不能对执教教师颐指气使、指手画脚。

（6）考虑观察者对上课的影响，尤其是评价性观课。

下面提供两份定量课堂观察的量表，供老师们进行课堂观察时使用，老师们也可以借鉴量表，根据所任教学校的教学研究计划，设计几份量表。

1. 弗兰德斯语言互动分类分析体系（FJAC）

教师讲	间接影响	①接纳学生感觉 ②赞许学生行为 ③接受学生主张
	直接影响	④问学生问题 ⑤讲解 ⑥指示或命令 ⑦批评或维护权威
学生讲	间接影响	⑧回答老师的提问或按老师的要求表述
	直接影响	⑨主动表达自己的观点或向老师提出问题
静　止	直接影响	⑩静止或疑惑，暂时停顿或不理解

2. 各种提问行为类别频次统计表

行为类别		频　次	百分比（％）
A. 提出问题的类型	1. 常规管理性问题		
	2. 记忆性问题		
	3. 推理性问题		
	4. 创造性问题		
	5. 批判性问题		
B. 挑选回答问题方式	1. 提问前，先点名		
	2. 提问后，让学生齐答		
	3. 提问后，叫举手学生答		
	4. 提问后，叫未举手学生答		
	5. 提问后，改问其他同学		
C. 教师理答方式	1. 打断学生回答或自己代答		
	2. 对学生回答不理睬或消极批评		
	3. 重复自己问题或学生答案		
	4. 对学生回答鼓励、称赞		
	5. 鼓励学生提出问题		

续表

行为类别		频　次	百分比（%）
D. 学生回答的类型	1. 无回答		
	2. 机械判断是否		
	3. 认知记忆性回答		
	4. 推理性回答		
	5. 创造评价性回答		
E. 停顿	1. 提问后，没有停顿或不足 3 秒		
	2. 提问后，停顿过长		
	3. 提问后，适当停顿 3～5 秒		
	4. 学生答不出来，耐心等待几秒		
	5. 对特殊需要的学生，适当多等几秒		

修炼建议

1. 选择一位特级语文教师的教学录像进行课堂观察，可选择一个教学观察内容，尝试用定性或定量的方法进行观察。

2. 可以邀请年级同事一起做同一项内容的观察，看看观察结果有什么差异，分析导致观察结果不同的因素，思考为什么。

3. 选择自己的一堂课的录像进行课堂观察，体会观察自己与观察别人时心态有什么不一样。

第三节　评课

问题展示

袁老师：我做教研组长这几年来，最痛苦的就是听完观摩课后的评课。不论是我自己评课，还是我主持评课研讨，都比较痛苦。

我自己评课的苦恼在于不少观摩课没有亮点，不说他有什么优点面子上过不去，毕竟大家都很熟悉，再说上好一节公开课也不是一件容易的事情。组织评课就更苦恼了，大家都不愿意发言，每次总是动员几个教师讲，讲的时间短，内容又差不多，不外乎符合新课程理念，学生的主体地位得到保证，小组合作学习很好，注重了朗读，等等，小组两三个人讲下来就没有什么气氛了。

我很想组织教研组同事学习怎样评价一节课，提高观摩研讨的质量。

教育部近年来越来越重视教师的专业发展，各种培训研讨活动开展得很多。而观课、评课交流是这些培训活动中的重头戏。就是没有国家、省市、地区等一级的培训，正如袁老师所说，学校一级的教研活动也常常有观课研讨活动。总之，评课研讨是我们教师专业活动中的一项绕不开的工作，怎样做得有效，是我们必须思考的。

袁老师担心评课没话说，或者大家没兴趣说，说不多且讨论不开，这是很多学校评课时常出现的现象。大家都是同事，总觉得评课重不得，重了伤人；轻不得，轻了无关痛痒。为解决这个问题，让评课能交流起来，首先要端正研讨的姿态。如前两节所说，观课评课是促进教师专业发展的必由之路，观课评课是对课不对人，实事求是地讨论，为追求理想课堂的平等对话，这是每一个观课评课人应有的心态。其次是需要确定观课评课研讨的主题。听课教师带着研讨的问题走进课堂，有目的地听课，集中话题研讨，交流就有可能充分。比如，专门观察、记录研讨教师的提问次数、问题类型、应答方式等。再如，讲授的时间是否合宜、讲授的内容是否正确清晰、辅助手段是否得当等。根据这些记录交流各自的看法，聚焦一点，有依据地讨论，平心静气地交流，渴望改进自己的教学，真诚平等中有思想碰撞，教师在这样的研讨中才能乐在其中。

当然，开一节课不容易，应该以鼓励为主，这也是有道理的。一位教研员说，"我评课总是实行三一律，就是讲三点优点、一点缺点"，说的也就是这个道理。

会评课，也是一个业务成熟的语文教师的素养之一，正如一个语文教师会命题才会更轻松地教学生应对考试一样，会评课的语文教师，往往也会上课。

课堂教学的绩效评价，是教育研究领域的难题，语文课堂的教学评价尤其不易。因为语文学习既涉及多元目标，教学过程也复杂多样，不同的教材、不同的对象，甚至教师课堂的表现差异，都会影响一堂课的教学质量。同样，对于同一堂课，不同的评价者，也往往会根据自己的关注点、自己的认识标准与情感倾向作出不同的评价。这是因为长期以来，语文的听课、评课一直缺少明确、统一的规范，大家只是凭自己的感觉和喜好行事，导致在评课时出现公说公有理、婆说婆有理的情况。

语文课，能不能找到一种大家普遍认可的评价尺度，使不同的评价者在面对同一堂课的时候，能关注同一些点，使用同样的评价标准，在同一个层面上展开交流？

其实，语文课堂教学的要点虽然千差万别，但要试图评价一节刚刚听过的语文课，首先必须弄清"评什么"，包括下面这些内容：

（1）语文课应该教授哪些知识？这节语文课涉及哪些知识？这些知识是必要的吗？

它们作为这堂课要达成的核心目标的价值如何？

（2）教师通过哪些学习活动使学生来获得这些知识？这些学习活动之间的内在关系如何，有没有教育学依据？

（3）教师在这堂课中是通过什么方式（或者活动）帮助学生获得上述目标的，教师的表现如何？

（4）学生在这堂课上有哪些收获？这些收获与课程设计的出发点是否一致？学生获得这些知识是不是有效的？

对于任何一堂语文课，如果我们能从这四个方面去考察，并能从课堂表现中寻找具体依据来回答问题，且理清这些问题之间的内在联系，我们就可以对这堂语文课进行评价，并得出对这堂语文课的一个综合评价。当然，具体到某一堂课、某一篇课文，这些评价项目可以有所侧重。

还有的评课，有事先制订的评价量表，只要按照量表为每一项的表现打分，逐项相加就可以得出一个整体评价。以下是某初级中学制订的评价语文课堂教学的一份量表，量表考察的内容及这些内容所占的比例，可以供大家在制订自己的评价标准时作参考。

表3　语文课堂教学评价体系与标准

评价类别	评价项目	要求描述	分值
价值体系 30分	教学目标定位 20分	1. 教学目标在语文课程目标的体系内，是阶段目标的一部分。 2. 三维目标有机融合。 3. 教学目标是课文所蕴涵的主要教育价值之一。 4. 核心知识有教学价值，难度与容量适合多数学生。 5. 语文新旧知识的联系，语文知识与其他学科知识、与生活有机联系。	
	教学生成性 10分	1. 知识传授与理解、应用、分析、综合以及评价等层次清晰，体现以学生为本的原则。 2. 学生自主活动的频次、参与面、活动质量的比例恰当。 3. 学生在知识、技能、情感方面获得提高。	
课堂形态 30分	课堂逻辑性 20分	1. 教学活动与主要目标一致。 2. 核心线索（学习主题）贯穿始终。 3. 教学设计有明显的板块意识，教学环节环环相扣。 4. 根据教学目标选用合宜的教学方法。	
	课堂节奏 10分	1. 教学环节简明，环节之间过渡自然。 2. 活动形式比较丰富，如讲解、提问、讨论、朗读、质疑等综合运用。 3. 整节课有节奏感，轻重、快慢结合，搭配合理。	

评价类别	评价项目	要求描述	分值
教师表现 30分	教学态度 20分	1. 熟悉教材，知识表述准确，教材难点钻研透彻。 2. 了解学生情况，指导学习有针对性。 3. 学习活动有很好的针对性。 4. 教学情绪饱满，对学生有亲和力。	
	教学表达 10分	1. 教学语言：准确、流畅、自然、简洁。 2. 课堂提问：简明、直接、有启发性和探讨价值。 3. 课堂驾驭能力：课堂的全局观好，及时捕捉学生的问题及反应，应对及时、准确，并适时调整目标和组织教学。	
其他 10分		1. 熟练、得当运用探究、合作的学习方式和网络等学习工具，有明显的教学效果。 2. 自觉、适宜地借助本地、本校资源开展教学。 3. 教学有创意。	

有人指出，"评分量表"采用的是西方科学研究的思路，它比较适合衡量客观世界的事物，而语文教学所教的内容是文科范畴，教学过程又有许多不确定因素，在很多方面类似于艺术创造。如果用格式化的量表，也许有的课在每一项上衡量都合格，但整体感觉却很可能是糟糕的。因此，用实证数据是否能衡量语文教学？人为设计的这些评价点是否能描述和评价语文教学的特点？这些问题都值得商榷。的确，是相信机械的量表还是相信专家的直觉？这是许多领域的评价活动——尤其是人文社会学科的评价常遇到的问题。事实上，更多的评课者也的确是凭感觉为一堂课来划分优劣的，就像教师都会撇开评分表，还是凭感觉给一篇作文打分一样。在这里，我们介绍这类量表，主要目的还是帮助大家对评课的内容——"评什么"有所认识。

评课也称议课，是指对课堂教学的成败得失及其原因作出分析。从理论上说，评课的内容也就是观课的内容，或者说，在观课中看到的现象、发现的问题、受到的启发、引起的联想等，都可以用来评课。但评价目的、形式及内容有不少区别。从交流形式上看，评课主要有：面对面评课，观课者与执教者面对面地交流；书面评课，是观课者与执教者背对背地交流，即以书面报告的形式评课。从评课的人员组成上可以分为：一对一评课，一个观课者与执教者交流；小组评议，即小组围绕一堂课进行研讨；专家点评，往往是专家对着众多教师（包括执教教师）对这堂课进行分析。不管哪一种方式的评课，都应该坚持以下基本的评课原则：

（1）了解开课目的，如随堂课还是比赛课、示范课还是研讨课。不同的观课活动要求不一样，应紧扣课的特点，防止评课时跑题。

（2）实事求是，言之有据，以理服人，不应以势压人。

（3）平等尊重，承认多元，鼓励探索。尤其是对一些青年教师的试验课、探索课，应该持宽容原则，即使出现严重偏差，也应与人为善，对课不对人。

（4）突出重点，不应面面俱到。

（5）激励为主，善于发现别人的优点，客观指出问题，不要把课说得一无是处。

（6）讲究评课的艺术，控制评课时间。

评课是思想交流，有不同意见是正常的，对相同的教学内容，对同一节课，从不同的角度看，自然会得出不一样的结论。评课者除了考虑教学内容以外，还应考虑其他许多制约因素，弄清上课的主题，明确自己的身份（如领导身份、专家身份、同行身份），选择评价角度和以什么语体来评课。

评课中常见的问题如下：

（1）不注意交流的场合、身份，或下课伊始指手画脚，或语体不得当、官腔十足，或唯我独尊，强迫他人接受自己的意见。

（2）纠缠于个别概念、细节，无谓争执。

（3）重复他人意见，或泛泛地谈论常识，没有针对性、启发性。

（4）只说优点不谈缺点，一团和气，起不到交流、提高的作用。

（5）东拉西扯，不着边际。

评课前要清楚上课意图，明白学术研究与日常工作的界限，否则，很可能出现上课与评课风马牛不相及的情况。例如，一位评课专家因不同意某位执教教师对课文中一处知识的理解，便全盘否定这节课；某一地区邀请了一位教育专家担任教学技能大奖赛的评委，该专家得知参加这次教学技能大奖赛的教师全部是"借班上课"后，便对上课教师的能力大加怀疑，因为他平时是反对"借班上课"的。这类评课只看枝节不看根本，可能会让教师无所适从。

拓展延伸

下面是王荣生教授评价语文课的 9 级标准及其分析一节语文课的节选，值得大家认真研习。

1.2006 年王荣生教授提出"从教学内容角度观课评教"，并开发出评价一堂语文课的 9 级累进标准：

		"进行连续性考察"		
	是9	教学内容切合学生的实际需要	9否	
	是8	教学内容与语文课程目标一致	8否	
好	是7	教的内容与学的内容趋向一致	7否	坏
	是6	想教的内容与实际在教的内容一致	6否	
课	是5	教学内容与学术界认识一致	5否	课
	是4	教学内容与听说读写的常态一致	4否	
	是3	教学内容相对集中	3否	
	是2	教的是"语文"的内容	2否	
	是1	教师对所教内容有自觉的意识	1否	

2. 王荣生教授关于欧阳代娜执教《岳阳楼记》教学实录的"课例评议"（节选）：

"课堂教学的结构"，其实就是教学内容的安排、教学内容的展开过程。……如果要从这堂课的外形上看，那么就是先学第1～2段，再学第3～4段，再学第5段，最后把各段联系起来，总结出作者的思路……

我以为关键是要看各个环节的功能以及功能的实现方式。我们用欧阳老师所比喻的"一锅出"和我所看出来的"一根筋"，才能体认《岳阳楼记》的课堂教学结构，实际上也是语文课一堂好课的课堂教学结构。

"一根筋"是从纵向来说的，也就是前面讨论过的"实"：教学的各个环节围绕、指向核心教学内容的核心点，在课堂教学的整个线路上连贯地落实教学内容。

先来看预习。为什么是这些预习题而不是那些题呢？为什么检查这些题而不查那些题呢？答案是围绕、指向核心教学内容的核心点。预习共5题，第1题通读全文，第2题口译1～2段，这两题是实的，尤其是第2题，这堂课检查的就是它。关于"体裁""线索""写景段的作用"的三道题是虚的，目的是形成阅读的思维导向，为接下来的教学进行必要的铺垫和准备，所以只是要求学生"思考"，也就是"想一想"，并不真的指望学生去完成它，事实上也不可能完成，否则这堂课就没有必要上了。这三道题，实际上就是一道，即关于作者的思路，指向集中。

第一个环节是"检查预习"，实际上是借"检查"名义按文言文的阅读方式学习1～2段。我们看课文的这一部分，应该关注欧阳老师"检查"的落点。欧阳老师这部分的教学，显然有意把学生的关注点引向文章的结构，而落实在关键词语"守""备""然则""异"。正如欧阳老师在"教学笔记"里说的："备"与"异"，"抓住这一闭一合，教学的第一个难点就解决了，为教学进入下一步打下了基础"。

第二个环节是学习课文的第3～4段，关于这一环节的处理，欧阳老师有一段这样的描述："第3、4、5自然段是文章的主体部分，但没有必要平均使用力气去精雕细刻，要分清主次，以找出思路脉络作引导。不过这里有一个难题要处理好，那就是3、4两段虽然不是主要的，但文字较长，词汇较多，写景较生动，有不少名言佳句，阅读时会有一定的难度。如果处理不好，就会影响对第5自然段的精读。我采用以学生自学的办法，即由学生口译，教师指点关键的或难懂的字词的方法来加深学生的理解，解决了难题。在这里，我只轻轻地提出一个'小'问题：这两大段的景物描写，写出作者所说的'异'了吗？作为承上启下的铺垫，把学生的思维引向课堂讨论的高潮。"

这段描述，清楚地说明了教学的各个环节如何围绕、指向核心教学内容的核心点。显然，如果把教学的核心内容定位在教材所指示的"学习比喻、对偶、排比等修辞手法"，那么对3～4段的处理就完全是另一种情况，也必须是另一种情况。这也解释了为什么欧阳老师的这堂课只把对偶留个习题，只在布置作业时稍许提示。时下有些老师看课，只从教法着眼，朦胧地觉得某个环节的处理好，就想"借鉴"，并且想与它完全是另一码事的教学内容"综合"，所谓"博采众长，为我所用"，这是种自以为是的做法。

第三个、四个环节不必说了。第三个环节："对第5自然段的精雕细刻，是教学全过程中最关键最核心的部分。抓住'或异二者之为'一句中的'异'字，以便把全文的思路贯穿起来；对'二者'的含义的正确理解，则解开了上面提出的'小'问题，从中可以领悟到作者构思的匠心。"第四个环节是抓住"微斯人，吾谁与归"，回顾全文，从而归纳作者的行文思路。

教学线路"一根筋"，是语文教学一堂好课的显著表现。遗憾的是，我们的语文教师似乎很少有人领会"一根筋"；教学的各个环节如何围绕、指向教学内容的核心点，似乎很多老师不会，包括许多特级教师……

"一锅出"是就教学的一个环节内部说的，与前面讨论过的"巧"有关系：提问要围绕、指向核心教学内容的核心点，尤其是关键词句，也就是在一个个的点上具体地落实教学内容。"一锅出"，要求把语文教学的多项任务巧妙地统一在一个环节里，而不是几个方面各行其是，把课堂教学弄成一个一个碎片。欧阳老师的《岳阳楼记》近乎完美地体现了"一锅出"的精神，语文教师实在有必要经常地研习这堂课。

修炼建议

1. 参加一次本地区组织的观课评课活动，对别人的评课进行观察：

评课专家一般关注语文课的哪些方面？

如何衡量语文课的得失？

不同专家的评课角度、语言有什么不同？

如果你来评课的话，你将说什么？

2. 尝试在学校（或任教的年级组）连续开展观课评课活动，建立自己学校的"好课的标准"。

3. 思考：观课人在场与不在场对讲课人有什么影响？观课时如何把这个因素考虑进去？

第四节　写教学反思

包老师：我是一名刚走上讲台没多久的新教师，很想快速地提高自己的专业能力，我知道备课要认真，上课要关注学生，也听说过课后要写教学反思，很想知道写教学反思需要注意一些什么问题。

房老师：我们学校领导规定每上一节课一定要写"教学反思"，真是痛苦得很，哪有那么多话要说。工作这么辛苦，一个老师能备好课走进教室，上完课能坚持认真批改学生作业，我看就不错了。写教学反思，这种形式主义的做法是不是可以休矣？

案例分析

房老师和包老师的看法正好相反，一个听说写教学反思有助于专业素养的提升，一个觉得写教学反思是形式主义，没有用处。

实际上，每一个优秀教师的成长都离不开教学反思，只不过有些教师将反思形之于文字，有些教师只是在心里思考一番。教师的专业发展＝经验＋反思，这是研究教师专业发展的学者波斯纳归纳出来的著名的公式。教学是一件实践性极强的工作，凡是实践性活动，都需要实践者有意识地反思、修正、改进，才能提高水平。如同一个人做菜，有的人做了一辈子菜，水平没有多少长进，有的人没做几次就能像模像样，关键就是在做菜的过程中，有没有琢磨怎样烧味道才好一点或更好一点，不断尝试调整，烧菜的水平才会提升。如果总是满足于烧熟了可以吃，没有思考好与不好之处，烧再多的菜也只会在差不多的水平上重复而已。

将课后的教学反思形之于文字，可以帮助自己相对深入地、冷静地思考自己教学的得与失。一段时间积累下来，可以发现自己教学的特点，扬长避短，或者扬长改短，教学水平的进步就会很明显。仅仅是心里想想"今天我哪里上得好""哪里比较遗憾"，时间一久，很多思考就如同过眼云烟一样消失得干干净净。

教学反思可以写一些什么，教学反思可以用哪些形式来呈现，这都是可以讨论的。最重要的是教师要有反思自己工作的意识，此外要将反思的意识落实到行动上，知行合一。

理论点拨

中国人有反思的传统，儒家提倡的"吾一日而三省吾身"就是强调反思对提升自己的重要性。反思实质上是思考者把自身行为当做观察研究对象，试图进行客观的监测、分析、研究、评价的一种高级思维活动。在人类早期，智力活动处于蒙昧时期，人类祖先认识活动的目的主要是通过感知器官探讨外部世界的奥秘，外部世界几乎是人类研究的唯一客体。随着人类智能的不断发育，人类终于可以反过来也把自身当做客体加以研究了，这类以自身行为为研究对象的思维活动便是"反思"，因此，反思能力是人类智能发展到一定阶段的产物，也是人的主体意识真正觉醒的重要标志。美国的 Scott G. Paris 和 Linda R. Ayres 在《培养反思力》中说："对于不论什么年龄阶段的人来说，反思都是一个提高自律学习能力的有力工具。"这样看来，自从有了反思能力，人类认识世界和改造世界的速度便大大加快了。

1. 反思是教师专业成长的必由之路

教师对自己教学的反思，是教师专业发展的重要途径。教师反思有多方面内涵，如对教育的观念反思、对学科知识和语文素养的反思、对教师定位的反思、对课堂教学的反思。这里谈的主要是对课堂教学过程及效果的反思，简称教学反思。

对语文教师来说，开展教学反思具有特殊意义。教育教学是一种复杂的认识与实践活动。相对于一般认识与实践活动，语文教学活动具有明显的特点。

第一，在语文教学中教师具有多重角色。

教师是学习者，需作为认识主体去理解学习材料，受课文作者情感、思想等影响，把握环境与资源的意义，接受来自其他课堂成员的信息。

教师是学习活动的中介，负有创设情境、解释学习材料、引导学生学习的职责。教师的认知机能一部分要用来研读教材、适应环境，同时又要随时捕捉来自学生一方的反应和变化，判断学习效果等。

教师是课堂秩序的管理者、组织者，甚至是学习过程的控制者。

教师是社会主流意识和价值观的传授者和代表人物。

教师还是一个在课堂环境里生活着的社会个体，时时受社会角色的制约，对自己的举止行为随时作出判断、修正。

这就导致了教师在教学中经常游弋于几种角色之中，在某一时刻常常会顾及某个角色的职能而弱化或忽视其他角色的职能。如因维持班级秩序而中断课程学习，因顾及学生间的平衡而影响课堂效率，因关注知识而忽视自己的社会形象等。而当时教师出于直觉和经验的做法未必是最恰当的。

第二，教学过程是以物理时间为线索展开的，就像现场直播的电视节目一样，具有不可停止、不能再现的特点。在各种因素的制约下，教学流程中有许多变数，教学机会稍纵即逝，因此，才有"教学是遗憾的艺术"的说法。

第三，语文教学活动的另一方——学生群体，每个人的生理、心理、情绪、状态都有差异，且在教学过程中又始终是变动的，容易受各种因素的影响而有变化。我们都经历过这样的情况：同一个教案，同一个教师，在不同班级上课会出现截然不同的教学效果；同一个问题，同一名学生，不同的时机会产生截然不同的答案。再加上语文教材本身的多义性造成的理解偏差，一堂课教学目标的多元性造成的轻重详略的选择，就导致了教师在教学组织的许多段落常常是需要随机应变的。当然，这种根据情况随机应变会使得教学更有效，同时，也可能会带来不少失误。

第四，一堂课有许多评价视角和标准，备课时可能是从某一个视角来考虑问题的，上课的过程中说不定就会产生变化，下课后又不一样了，过一段时间再来看教学设计和实录，认识角度、层次又有不同。而教学反思，就是把以前上过的课作为固定的文本，尽可能排除环境变化、角色游移、标准不定等因素的影响，比较多的从教育学、学习理论的角度出发，对教学过程进行自我考察。

教学反思的对象，可以是刚刚结束的一堂课，也可以是一段时期的上课情况。

教学反思的内容，可以是一堂完整的课，也可以是一个值得斟酌的教学片段。教师还可以围绕某一个问题，借助某种理论进行专题反思。如对自己近一段时间里课堂师生互动情况的反思，对阅读教学中多元解读的反思。

教学反思的主体是教师自己，但反思过程中也可以邀请他人作辅助，如请记录人员帮助记录，邀请其他教师来观课评课，向学生做问卷调查等。

教学反思的意义在于自觉和坚持，不应为应付考核而反思。

2. 常用的教学反思方法

（1）记教学日记

日记本来就有反思自我思想行为的作用，如果日记的内容主要围绕语文教学来写，那它就是教学日记了。教学日记文体灵活，篇幅长短自如，交流也很便捷，是一种方便有效的教学反思手段。现在，不少教师都开了以反映对语文教学的思考为主要内容的博客，这其实就是一种教学日记，只不过这种日记不是记在日记本上，而是发到博客上。

教学日记的内容几乎没有限制，凡是与语文教学有关的思考，几乎都可以记。如备课遇到的问题，教材解读的心得，上课精彩的场面，学生的闪光之处，教学中的遗憾与花絮、经验教训，都可以记下来，供现时或以后回味、反思、总结。围绕一个问题而写的具有学术价值的教学日记也可以当做专业论文评奖或发表。

写教学日记的注意事项如下：

①教学日记的文体、字数都不限，有话则长，无话则短，但贵在坚持。

②每篇日记集中反思一个问题，争取把一个问题想清楚。

③每一篇教学日记不一定得出答案，也可以仅仅是提出问题。

④教学日记也可以与其他文稿结合起来，如必须完成的总结，参加论文比赛，交进修作业。这样可以节省精力，而且文章基于第一手材料，内容实在。

苏霍姆林斯基在《给教师的建议》中指出："那种连续记了 10 年、20 年甚至 30 年的教师日记，是一笔巨大的财富。每一位勤于思考的教师，都有他自己的体系、自己的教育学修养……我但愿把许多本教师日记收集起来，保存在教育博物馆和科研机构里，当做无价之宝。"教学日记对于作者来说，是他的教学智慧、教学经验的记录与反思，是珍贵的；对于同行（包括语言教学研究者）来说，是鲜活的案例，是无价的。

（2）写教后记

以前，很多老教师都养成了写教后记的习惯。事实证明，教后记是传统的教师反思教学的好形式，其特点是简便、切近，因而对提高教学技能有很大的帮助。

所谓简便，是指教后记不仅没文体、字数等限制，如短文式、语录式、点评式，写在哪里也可以根据情况而定，如写在备课本上，写在教材上，写在专门准备的"教后记"簿上，当然也可以发到博客上。

所谓切近，是指教后记往往写在一堂课刚刚结束之后，此时，教师对课堂教学记忆新鲜，细节描述清楚，感受真切，所以对细节描述往往比较鲜活，对课堂得失的感受比较强烈，因而比后来的追忆更加可信，反思指向更明晰。

教后记的局限，一是理性分析可能不如其他反思手段强；二是记录零碎，很容易散失，因此要注意定期整理。

（3）教学案例研究

案例研究是医学、法学、社会学等学科领域从事科学研究或课堂教学的常见模式，其特点是把真实情境作为分析研究对象，在解决实际问题中提高研究和学习能力。近些年来，这种模式也开始被引入教师的专业学习和教学反思中。作为教学反思的案例研究，在研究内容上与研究别人的教学没有本质的区别，也就是说上文所列的研究一堂课的所有内容，都可以作为案例研究的内容，不同之处仅仅在于是自己研究自己。

案例研究的主要流程如下：

①选择自己的一段教学实践作为研究对象，如一堂课、一类课、一段时期的课（录像或上课的文字实录）；在某一类语文内容方面的教学实践，如阅读教学、记叙文教学、口语教学；在与教学有关的领域的探索，如对语文学习薄弱学生的教学、自编教材、课外读书活动的组织等。

②选择适当的方法，如课堂观察、文本分析、访谈等方法，对与教学有关的某些方面作深入分析。

③发现问题，总结经验，探寻原因，给自己提出改进计划。

④撰写案例分析报告。

为了增强反思研究的学术价值，可以将自己的教学案例作纵向对比研究（与以前的教学案例对比）或横向对比研究（与其他人的同类教学实践对比），如果有必要，也可以与其他教师、专家组成课题组，对自己的教学作更全面、更深入的研究。

总之，教学反思是一项长期的事情。

197

这里选了于漪老师的两篇文章，一是她关于写教后记的思考建议，一是她教《藤野先生》一课后的思考。于漪老师作为我们中学语文界的领军人物，知行合一，恐怕是她远远超过同行的关键原因。

1. 于漪：《如鱼饮水，冷暖自知——谈谈怎样写"教后"》

上完一节课或教完一篇课文，坐下来稍作反省回味，把教学过程像放电影一样在脑子里过一遍，撷取其中有启发的写下几笔，既有意义，又是乐事。

教学有其连续性，教过不是了结，不能边教边丢，教后清醒地回顾一下走过的脚步，可使下一个步子走得更稳、更扎实。教师课前的准备，不管怎样从教材实际和学生实际考虑，写成的教案毕竟只是书面上的设计，将它拿到课堂上，付诸实施，师生共同活动，学生学习积极性发挥，教学中会出现不少意想不到的情况。及时地择要记一记，有助于知教知学，知自己、知学生，有利于总结和积累经验教训。

记自己的一孔之见。一孔之见虽未必成大器，但来自实践，发自肺腑，生动具体。点点滴滴记录下来，日积月累，对某一教学活动规律的探索就会从两眼漆黑进展到朦朦胧胧，再进展到曙光就在眼前。如教记叙文，最早我总是用"平推"的方法，别说学生感到无味，就是自己也教得没劲。有一次，我试着先拎出其中表现主题思想的关键语句引导学生理解、咀嚼，然后扣紧这一点设计几个问题，要求学生通观全文，理清记叙的脉络，体会篇章结构的安排。实践证明，这样教比"平推"效果好，学生既有兴趣，又意识到读书要学会抓要点。教学实践给我以启发，我记下了自己的一孔之见。"教"和"写"是两个不同的范畴。一篇文章从开头到结尾有其特有的逻辑顺序，这个顺序受作者意图所制约，为表达作者的写作意图服务。教文章，目的在以文章为依据，对学生进行听、读、说、写能力的训练。"教"有自己的目的要求，不能和作者"写"的意图混为一谈。"教"应该有自己的逻辑顺序，不能照搬"写"的逻辑顺序。善教者应该把两者有机地结合起来，使"写"的逻辑顺序为"教"的逻辑顺序服务，更有效地实现教学目的的要求。

有了这点认识，自己有意识地进行多次试验，发现有的文章用"平推"的方法教效果也不错，有的文章可在部分段落中作适当的顺序更动，有的文章甚至可在一个段落里将某个重要的句子作妥帖的安排。把这些零零星星的认识记录在案，翻阅，琢磨，就能领悟到看问题不能形而上学，不能不加分析地判断"平推"的教法好或是不好，应从教材和学生的实际出发，因文而异，因人而异，这个"异"不是标新立异、主观臆断，而是构建在深入钻研教材和了解学生的基础上。

记教学中的疏漏失误。教学能力、教学水平非自天而降，能力在不断纠正差错中增长，水平在努力克服疏漏中提高。"吃一堑，长一智。"经常回顾教学中的弱点、缺点、过错，能使自己聪明起来，考虑问题全面一些。我常常不满意自己上的课，有时觉得少讲了点什么，有时又觉得似乎讲过了头，有时觉得师生活动不十分合拍。这些自我感觉如果任凭它随时光流逝，不留一痕半迹，就无益于教学的改进。冷静下来，梳理教学过程，找"疏"，查"漏"，辨"差"，识"错"，透过现象捉住问题的症结所在，可使脑子开窍，少走弯路。比如，课堂上怎样让学生的脑子"转"起来，其中学问有很多。就以提问来说，有的能一石激起千层浪，有的只吹皱一池春水，有的却"扑通"一声，余波全无。起初，我责人多，责己少，常认为学生不愿动脑筋。平心静气分析解剖之后，才知自己颇应负疏漏失误之责。提问题常常欠深思熟虑，或失之于深，或失之于浅；或笼统难以捉摸，或枝蔓不中要害；或时机未掌握，或顺序欠妥当。凡此种种，及时地记几笔，犹如盏盏红灯，提醒自己在教学道路上不要再去乱闯。

记学生学习中的闪光点。课堂上，学生的注意力集中到特定的学习轨道上以后，潜心思考，阅读推敲，常会发表出人意料的见解，展开使课堂生色的争论。这些看来似乎是"神来之笔"的见解，闪发着年轻人智慧的火花，看来是幼稚的争论，却显示着运用语言能力、认识世界能力的增长。我珍惜这些闪光点，带着如获至宝般的心情记下它们。这些闪光点记录着一个个朝气蓬勃的学生的进步与成长，这些闪光点帮助我深入了解学生的思想、性格，其学习的深度、广度，这些闪光点也开阔了我的思路，弥补了自己教学的不足。"知之者，不如好之者；好之者，不如乐之者"，回味一个个闪光点，简直是乐在其中。

语文教学活动是复杂的师生双方的活动，既是科学，又是艺术，其中甘苦如鱼饮水，冷暖自知。教后提笔书写"冷"与"暖"，不仅别有一番滋味，更是为了孜孜以求，积极进取，做不畏劳苦的语文教学规律的探索者。

2. 于漪：《"日暮里"引起的争论》

这次教《藤野先生》，好几个同学问了这样的问题：文章既然是写藤野先生，为什么好多笔墨不是写他？前几节文章好像与写藤野先生联系不起来，似乎不搭边，是不是废笔？文章到底是写鲁迅自己还是写藤野先生？简直弄不清楚。学生质疑突破词句的局限，进入选材、谋篇的探索，思考问题的能力提高了。

原打算该课文两课时授完，课堂上小周同学提出关于"日暮里"的问题，引起了争论，于是我临时改变计划放手学生开展讨论，授课延长一课时。小周认为"思考和练习"的第二个题目欠妥。"为什么一直记得'日暮里''水户'两个地名"，后者可理解，表露了鲁迅强烈的爱国主义情感，而前者难以解释，牵扯不到爱国主义情感上。有的同学认为文中的话不一定每个句子都包含什么意思，法国大作家雨果也曾这样说过。有的同学表示异议，认为长篇小说尚可这样说，短篇小说，篇幅短的散文，如是好文章，就不应如此。小章说，鲁迅先生自己说"不知怎地，我到现在还记得这名目"，没有什么理由，不应该外加。此时，小曾用期待的眼光看着我，我立刻请他发言。他说："'日暮'象征着国家的衰败。鲁迅东渡日本为的是寻求救国救民的道理，可是到了东京看到清国留学生如此醉生梦死，感到前途茫然。旅途中一看到'日暮里'

这个地名，触景生情，故而印象很深。因此，记得这个地名同样是表露鲁迅先生爱国主义的情感。"他一口气讲得那么流畅，同学们用惊异的眼光看着他，我也有些愕然。这个不轻易发言、话音常憋在喉咙里的同学不是不会发言，不是不会响亮地发表自己的意见，只要真正拨动他的心弦，心中的话就能顺畅地表达。我对他的了解加深了一层，为他口头表达能力的进步而感到高兴。

抓住了这个有争议的问题，我就势对做学问的方法进行了指导。向学生指出：考证事物应注意本证，不能牵强附会。鲁迅先生说"不知怎地"是最可靠的证明。推论要有根据，不能建筑在臆断的基础上。

过去教《藤野先生》，一开头就讲"东京也无非是这样"，总讲不好，"无非"这个词的意味讲不出来。这次先引导学生弄清东京"清国留学生"的精神空虚，颓废腐败的情况，回过来再教这一句，"无非"就有着落了，学生能比较具体地领会其中饱含的厌恶之情。同时，能更为顺当地过渡到下文"东京也无非是这样""到别的地方去看看，如何呢"，由中国到东京，由东京到仙台，贯串了鲁迅对救国救民真理的寻求，其厌倦的心情与追求的愿望跃然纸上。

修炼建议

1. 上网浏览部分语文教师的博客，看看他们写的博文有多少篇与语文教学有关，有多少篇博文写自己的教学体会。想一想，这后一类文章属于教学反思吗？

2. 选择一个你认为教学反思写得比较好的语文教师的博客，浏览他的教学反思，看看他在教学反思上涉及哪些内容比较多。

3. 选择你认为写得比较好的反思文章，体会反思教学文章的特点，并与同事进行交流。

4. 给这位教师写回复，就他的反思文章乃至他的博客谈谈看法，并试着与他作更多的交流。

5. 建一个博客，尝试写几篇教学日记与大家分享。

西南师范大学出版社
《青蓝工程》系列丛书目录

系列		序号	书　　名	主编	定价
教师专业能力必修系列	小学系列	1	《小学体育教师专业能力必修》	毛振明	28.00
		2	《小学数学教师专业能力必修》	杨玉东　巩子坤	30.00
		3	《小学美术教师专业能力必修》	李力加　章献明	32.00
		4	《小学语文教师专业能力必修》	付宜红	28.00
		5	《小学音乐教师专业能力必修》	金亚文	25.00
		6	《小学英语教师专业能力必修》	鲁子问　王彩琴	25.00
		7	《小学科学教师专业能力必修》	教育部基础教育教材发展中心	25.00
		8	《小学品德、生活与社会教师专业能力必修》	张茂聪　史德志　张新颜	25.00
	初中系列	9	《初中历史教师专业能力必修》	朱汉国	26.00
		10	《初中地理教师专业能力必修》	王民	28.00
		11	《初中数学教师专业能力必修》	杨玉东　黄伟胜	28.00
		12	《初中物理教师专业能力必修》	刘玉斌	25.00
		13	《初中语文教师专业能力必修》	郑桂华	27.00
		14	《初中生物教师专业能力必修》	汪忠	25.00
		15	《初中英语教师专业能力必修》	鲁子问　王彩琴	25.00
		16	《中学体育教师专业能力必修》	毛振明	27.00
		17	《初中化学教师专业能力必修》	刘克文	24.00
	高中系列	18	《高中英语教师专业能力必修》	鲁子问　王彩琴	27.00
		19	《高中历史教师专业能力必修》	朱汉国　陈辉	30.00
		20	《高中地理教师专业能力必修》	林培英	27.00
		21	《高中物理教师专业能力必修》	刘玉斌	27.00
		22	《高中数学教师专业能力必修》	杨玉东　王华	27.00
		23	《高中信息技术教师专业能力必修》	张义兵　李艺	27.00
		24	《高中生物教师专业能力必修》	汪忠	25.00
		25	《高中语文教师专业能力必修》	郑桂华	29.00
		26	《高中化学教师专业能力必修》	刘克文	32.00
		27	《高中通用技术教师专业能力必修》	顾建军	35.00

系列	序号	书　　　名	主编	定价
名师新课标落实艺术系列	28	《名师新课标落实艺术：小学语文习作卷》	张文质　周萍	30.00
	29	《名师新课标落实艺术：小学语文阅读卷》	张文质　周萍	30.00
	30	《名师新课标落实艺术：小学语文口语交际与综合实践卷》	张文质　周萍	30.00
	31	《名师新课标落实艺术：小学数学数与代数卷》	黄爱华	30.00
	32	《名师新课标落实艺术：小学数学统计与概率卷》	黄爱华	30.00
	33	《名师新课标落实艺术：小学数学图形与几何卷》	黄爱华	30.00
	34	《名师新课标落实艺术：小学数学综合与实践卷》	黄爱华	30.00